L'ÉGLISE ARMÉNIENNE

DANS

L'OECUMÉNISME

Des suites du Concile de Chalcédoine à nos jours

Collection Religions et Spiritualité
dirigée par Richard Moreau
professeur honoraire à l'Université de Paris XII

La collection *Religions et Spiritualité* rassemble divers types d'ouvrages : des études et des débats sur les grandes questions fondamentales qui se posent à l'homme, des biographies, des textes inédits ou des réimpressions de livres anciens ou méconnus.

La collection est ouverte à toutes les grandes religions et au dialogue inter-religieux.

Déjà parus

Jean THIEBAUD, *Témoins de l'Évangile, Quinze siècles d'écrits spirituels d'auteurs comtois*. Préface de Mgr Lucien Daloz, archevêque de Besançon, 1999.

Jean THIEBAUD, présentation de : *Saint Coloban : Instructions, Lettres et Poèmes, suivis d'une notice sur le bienheureux Bernon, fondateur de Cluny, et d'une méditation de son disciple saint Odon*. Préface de Mgr Lucien DALOZ, archevêque de Besançon, 2000.

Dr. Francis WEILL, *Juifs et Chrétiens: requiem pour un divorce. Un regard juif sur le schisme judéo-chrétien antique et les relations judéo-chrétiennes aujourd'hui*.

Paul DUNEZ, *L'Affaire des Chartreux. La première enquête du XXème siècle*, 2001.

Jeanine BONNEFOY, *Catéchismes, expression du cléricalisme et du pouvoir occulte (1870-1890)*, 2001.

Pierre MIQUEL, *Les oppositions symboliques du langage mystique*, 2001.

Jeanine BONNEFOY, *Vers une religion laïque ?*, 2002.

© L'Harmattan, 2002
ISBN : 2-7475-2862-6

Albert KHAZINEDJIAN

L'ÉGLISE ARMÉNIENNE

DANS

L'OECUMÉNISME

Des suites du Concile de Chalcédoine à nos jours

L'Harmattan	**L'Harmattan Hongrie**	**L'Harmattan Italia**
5-7, rue de l'École-Polytechnique	Hargita u. 3	Via Bava, 37
75005 Paris	1026 Budapest	10214 Torino
FRANCE	HONGRIE	ITALIE

*A Maryse, mon épouse,
qui a su m'écouter,
m'encourager et me soutenir*

SOMMAIRE

CHAPITRE I: Les prolongements du concile de Chalcédoine............9

L'Eglise arménienne prend position, les empereurs Basilisque, Zenon et Anastase révoquent le concile de Chalcédoine, **9** - Les Syriens demandent l'aide des Arméniens, premier concile de Dvin, **13** - Les ambitions de Justin 1°, il réactive les décrets du concile de Chalcédoine, les Eglises arménienne et romaine lui résistent, **19** - Avènement de Justinien 1°, il convoque un concile à Constantinople, il persécute les chrétiens non-chalcédoniens, **21** - L'Eglise arménienne refuse les propositions de Justinien 1°, deuxième concile de Dvin, **24** - L'impératrice Theodora, la réforme du calendrier, l'empereur Maurice persécute les Arméniens, **28** - Maurice tend un piège au patriarche arménien, il installe un anticatholicos, la cathédrale d'Avan, le double jeu de Kurion, **32** - Heraclius, le monothélisme, chalcédoniens et non-chalcédoniens, **35**.

CHAPITRE II: Les Arabes en Arménie............39

Heraclius se réveille, la basilique sainte Hripssimeh, Heraclius veut imposer le concile de Chalcédoine aux Arméniens, **39** - Le Prophète Muhammed, l'Islam, le patriarcat de Jérusalem, Muhammed confirme les Arméniens de Jérusalem dans leurs possessions, le calife Omar, **44** - Les Arabes en Arménie, résistance de Théodore Rechtouni, Nersès III Chinogh, Zwartnots, les volte-face de Constant II, le concile de Dvin, **50** - Théodore Rechtouni s'allie aux Arabes, les persécutions de Constant II, il oblige le catholicos à s'unir aux Grecs avant de s'enfuir, **56** - Justinien II dévaste l'Arménie, déclenche de nouvelles représailles arabes et la déportation du catholicos Sahac III, **60** - Nouvelle alliance entre Arméniens et Arabes, Jean III d'Odzoun, concile de Manazkert, la bienveillance d'Omar II, les Abbassides, **64** - Les tapis arméniens, les Pauliciens, les débuts de la dynastie bagratide, Photius et le concile de Chiracavan, **69**.

CHAPITRE III: L'esprit sauvegarde de la nation............75

Le royaume des Bagratouni, l'Arménie prospère, l'émir d'Azerbaïdjan attaque, **75** - Le patriarche Georg II, le roi d'Arménie crée le royaume de Géorgie, la trahison des Ardzrouni, le martyre de Sembat 1°, **78** - Le roi de fer, la Croisade, fondation du Siège d'Aghtamar, la paix du roi Abas, la cathédrale de Kars, **83** - La force morale du patriarche Anania, les Thondrakiens, Achot III le Miséricordieux, l'éclatement de l'Arménie, **88** - Persécutions byzantines, Vahan 1° prochalcédonien, les malheurs du patriarche Stepanos III, Khatchiq 1° rétablit l'unité de l'Eglise, **92** - La cathédrale d'Ani, nouvelles persécutions byzantines, le roi Qaqig 1° et la reine Gatramidé, **94** - Saint Grégoire de Narègue, l'arrivée des Turcs, la lâcheté des monarques de Van et d'Ani, le catholicos Pierre, **99** - Qaqig II roi-théologien et soldat, les Byzantins s'emparent d'Ani par traîtrise, les Turcs prennent Ani, premiers contacts entre le patriarche d'Arménie et le pape de Rome, **104**.

CHAPITRE IV: L'Arméno-Cilicie et le pari de l'oecuménisme............115

La fin des monarchies arméniennes entraîne une dispersion, la création de la nouvelle principauté arménienne de Cilicie, **115** - La première Croisade et les Arméniens, le domaine de Basile le Larron, mariages et alliances, **118** Le catholicossat d'Aghtamar, tremblement de terre, mésentente avec Constantinople, la deuxième Croisade, **124** - Le prince Léon 1° prisonnier du basileus, les Byzantins soudoient les ennemis des Arméniens, la résidence patriarcale de Hromgla, saint Nersès IV Chnorhali précurseur de l'oecuménisme, **129** - Grégoire IV poursuit la politique d'union avec les Grecs, le concile de Hromgla, nouveaux contacts entre les Eglises romaine et arménienne, **137** - La troisième Croisade, Léon II feudataire de Frédéric 1° Barberousse, Nersès de Lampron, le couronnement de Léon, **142** - Les vues politiques du roi, le catholicos Jean VI le Magnifique, successions d'Antioche et d'Arméno-Cilicie, avènement de la famille de Lampron, **152**.

CHAPITRE V: Le pari perdu..**157**

Le roi Héthoum 1°, les Mongols alliés des Arméniens, la trahison des Francs, l'apparition des Mamelouks, **157** - La revanche des Mamelouks, art et culture en Arménie, les Ordres Mendiants, le synode de Sis (*1243*), le clergé arménien refuse la subordination à Rome, **162** - Règne de Léon II, désastre de Homs, Léon II fait la paix, **166** - Héthoum II roi-moine, chute de Hromgla, le Siège catholicossal à Sis, Héthoum II roi de Jérusalem, **170** - Léon III, concile de Sis (*1307*), assassinat de Héthoum II et de Léon III, Ochine roi, scission du patriarche de Jérusalem, **176** - Luttes intestines en Chypre, concile d'Adana (*1316*), tremblement de terre, papauté d'Avignon dominatrice, Léon IV, **180** - Les Frères Unitors, les «*19 accusations*» et les «*117 erreurs*», les Lusignan à la tête de l'Arménie, mercantilisme européen, Clément VI et Mkhitar 1°, **184** - Les Génois rançonnent Chypre, Léon de Lusignan, Sénéchal de Jérusalem puis roi d'Arménie, exil doré de Léon V, **193**.

CHAPITRE VI: Une Eglise méconnue..**199**

La chute du royaume d'Arméno-Cilicie, le catholicossat d'Albanie Caspienne, le concile de Florence, **199** - Retour à Edchmiadzin, Tamerlan, le catholicos d'Aghtamar, rétablissement du Siège de Sis, **203** - Les Ottomans en Europe, prise de Constantinople, «*la nation fidèle*», les patriarcats de Constantinople, **206** - «*Sahmanadrutyun*», le patriarche Malachia Ormanian, **211** - Malgré les guerres turco-persanes les catholicos renforcent l'Eglise, le shah Abbas déporte les Arméniens, réconciliation des Sièges d'Edchmiadzin et de Sis, **216** - Richelieu, Colbert, les Echelles du Levant, l'imprimerie arménienne en Europe, **221** - Jacques IV croit possible l'union avec Rome, le mauvais coup des Jésuites de Pologne, la Russie entre en scène, **229** - Le sultan Abd ul-Hamid II, le tsar Nicolas II, pogroms et génocides, la fin du XX° siècle, **233**.

Rien ne ressemble plus à la vive persuasion que le mauvais entêtement: de là les partis, les cabales, les hérésies. (La Bruyère)

CHAPITRE I

Les prolongements du concile de Chalcédoine

L'Eglise arménienne prend position, les empereurs Basilisque, Zenon et Anastase révoquent le concile de Chalcédoine

Contrairement aux trois premiers conciles oecuméniques dont les décisions furent appliquées par toutes les Eglises les canons de Chalcédoine trouvèrent des contradicteurs jusque dans les rangs de leurs promoteurs. Le pape de Rome cherchait à gagner du temps afin de ne pas se soumettre au patriarche de Constantinople, dont la prééminence avait été décrétée pour complaire à l'empereur Marcien. Les successeurs de Marcien, de leur côté, n'étaient pas enclins à accorder de l'importance à un concile coupant la chrétienté en deux. Quant à l'Arménie déchirée, son clergé martyrisé et dispersé elle se trouvait bien éloignée des spéculations métaphysiques et philosophiques de Chalcédoine.

Le premier patriarche à avoir été officiellement tenu au courant par l'Eglise syrienne de l'existence de ce concile avait été Babken 1° en 491. Son prédécesseur, saint Hovhannes 1° Mantagouni, fut persécuté par les Perses au début de son pontificat. Mais dès l'établissement du nouveau vice-roi, Vahan Mamikonian, le catholicos Hovhannes réorganisa l'Eglise. François Tournebize nous le décrit comme suit (*p. 613*): «*Savant, éloquent, austère, d'un zèle ardent, il lutta par tous les moyens en son pouvoir contre les mazdéistes et les autres fauteurs de corruption qui les secondaient; il interdit le mariage à ceux qui étaient déjà consacrés prêtres; il prêcha avec force contre l'orgueil, l'avarice, l'usure, l'impureté, et mérita d'être appelé le régénérateur des Arméniens, au point de vue religieux, comme Vahan, nommé marzban en 488 fut leur libérateur politique et civil*».

Le saint catholicos ne pouvait pas, malgré les désastres subis par l'Arménie et son Eglise, rester indifférent aux événements touchant l'Eglise universelle. Il semble avoir été informé des travaux de Chalcédoine. Une note ajoutée à la fin de «*l'Eglise arménienne de Malachia Ormanian*» (*p. 171*) par les responsables de la réédition de

l'ouvrage nous dit: «*Les travaux récents des philologues ont définitivement prouvé que l'Eglise Arménienne a rejeté les décisions du Concile de Chalcédoine du temps du catholicos Hovhannès (478-490), auteur d'une réfutation appelée «Preuves», contre la christologie de Chalcédoine».*
Le saint patriarche avait donc décelé les contradictions de ce concile et tout le parti que les nestoriens pourraient en tirer. Mais le refus officiel d'entériner les actes du concile de Chalcédoine sera le fait de son successeur Babken 1° d'Othmous.
En 476 l'empereur de Constantinople, Zenon, est détrôné par Basilisque. Celui-ci s'aperçoit que personne n'applique les édits de Chalcédoine. «*Un nouveau concile tenu à Antioche (476) en déclara suspecte la doctrine, et l'empereur Basilisque interdit d'en appuyer les décrets*»[1].
En 478 Zenon reprend le pouvoir, fait emprisonner Basilisque et le laisse mourir de faim. La politique de Zenon l'Isaurien allait prendre en compte les chrétiens d'Orient. Il avait conscience qu'en unissant Grecs, Arméniens et Syriens il dresserait un rempart contre les visées hégémoniques perses. La cohésion de ces chrétiens, auxquels il adjoignait les Egyptiens, consoliderait les bases les plus fragiles de l'Empire byzantin. Alors qu'une fédération avec un Occident déliquescent le contraindrait à courir sans cesse au secours d'une Rome décadente.
Afin d'assimiler plus rapidement les Arméniens de l'Empire byzantin il décida de dénationaliser les provinces sous son contrôle. Zenon enleva aux nakhararq la transmission de leur titres héréditaires ainsi que le gouvernement de leurs apanages pour leur substituer des gouverneurs grecs. Il s'agissait de fiefs importants tels que la Sophene, l'Antzitene et l'Asthianene. Un seul seigneur arménien conserva ses privilèges, celui de la Belabitene. Les nakhararq se soulevèrent aidés par le général Illos l'Isaurien, compatriote de Zenon. La rébellion fut écrasée et l'empereur imposa ses technocrates[2]. Malgré cette tentative d'assimilation forcée, qui ne se fit pas sans drames et pertes humaines, les Arméniens ne gardèrent aucune rancune à Zenon parce qu'il respecta leur Eglise et son orientation. Comme le rappelle René Grousset: «*En dépit de ces mesures qui ne tendaient à rien moins qu'à dénationaliser les provinces arméniennes échues à l'empire byzantin, la mémoire de Zénon, comme*

---

[1] Malachia ORMANIAN, *L'Eglise arménienne*, p. 26, Antelias, 1954.

[2] Procope, *De aedificiis*, III, 1, 2, 6; Kévork ASLAN, *Etudes historiques*, p. 256; Honigmann, p. 9; in R. Grousset, p. 233-234.

celle de son successeur Anastase, est chère aux chroniqueurs arméniens. C'est que l'un et l'autre avaient adopté les mêmes positions théologiques que le patriarcat arménien en matière de christologie ...»[3].

Zenon s'était rendu compte que le concile de Chalcédoine avait manqué son but. Réuni pour éliminer la papauté d'Alexandrie, ce concile avait, à cet effet, cherché un moyen terme, basé sur le Tomos de Léon, entre le dogme éphésien et l'hérésie de Nestorius de Constantinople.

«*Pour Nestorius, l'union entre le logos de Dieu et l'homme reste extrinsèque, externe; c'est une juxtaposition aussi serrée qu'on le voudra, mais non pas une union proprement dite. Pour Cyrille, l'incarnation, l'in-humanisation, est une union, enôsis, qui respecte la distinction des natures, mais une union telle qu'on a le droit d'attribuer au logos ce que l'homme vit et souffre. On a le droit d'attribuer à l'homme ce qui est propre au logos. Car Jésus de Nazareth n'est pas deux êtres associés l'un à l'autre, mais il est un seul être, pleinement Dieu et pleinement homme. Ce que l'orthodoxie entend par incarnation, c'est une union de la divinité et de l'humanité qui va jusque là, et qui ne reste pas extrinsèque*»[4].

Le grand théologien catholique romain dit mot à mot ce que l'Eglise arménienne professe depuis toujours. Il n'en reste pas moins vrai que le concile de Chalcédoine avait tenté une transaction de doctrine inacceptable pour ceux qui se conformaient à l'orthodoxie du concile d'Ephèse.

En second lieu Zenon remarqua la désorganisation de l'Eglise universelle provoquée par le concile de Chalcédoine. Les Eglises égyptienne, arménienne et syrienne avaient été englobées dans le mépris et tenues à l'écart des délibérations. Les textes hérétiques, comme les Trois-Chapitres, avaient reçu droit de cité à Chalcédoine. Ce qui permettait aux nestoriens de se prévaloir de l'autorité de ce concile pour élargir leur influence à l'intérieur et hors de l'Empire byzantin. La primauté du patriarche de Constantinople sur le pape de Rome n'avait pas été confirmée. En résumé Rome et Constantinople n'étaient pas parvenues à envoyer aux oubliettes les Eglises orientales ni à s'entendre sur une éventuelle prééminence de l'une sur l'autre. Latins et Byzantins avaient réussi cependant, sans doute contre leurs volontés, à renforcer considérablement le péril nestorien.

---

[3] JEAN catholicos, 108-111; trad. SAINT MARTIN, p. 52-53; in R. Grousset, p. 234.

[4] Claude TRESMONTANT, *Introd. à la théologie chrétienne*, p. 193, Le Seuil, Paris, 1974.

Ayant constaté tout ceci Zenon passa outre aux conflits de domination entre les deux capitales romaines et s'attacha à éliminer le nestorianisme. En 482 un concile fut assemblé à Edesse (*Ourfa*) qui rejeta les décrets de Chalcédoine pour soupçon de nestorianisme[5]. La même année l'empereur Zenon promulgua le «*Henotikon*» ou édit d'union. Se basant sur le troisième concile oecuménique d'Ephèse il condamnait le nestorianisme tout en passant sous silence les canons du concile de Chalcédoine[6]. Le pape refusa le «*Henotikon*», et: «*... décida d'excommunier et d'anathématiser le patriarche de Constantinople! Celui-ci, Acacius, riposta en rayant des prières de son Eglise le nom du pape: ce fut le premier schisme entre les Eglises d'Orient et d'Occident*»[7].

Si on doit parler de schisme entre Rome et Constantinople il faut dire **premier schisme entre les deux Eglises occidentales plutôt que schisme entre les Eglises d'Orient et d'Occident**. La première séparation entre l'Orient et l'Occident s'étant faite à Chalcédoine (*451*). Zenon préféra rétablir la communion entre l'Eglise occidentale byzantine et les Eglises orientales, arménienne, syrienne et égyptienne. Puis il s'occupa de Rome. Elle était bien mal en point. Odoacre, le fils d'un ministre d'Attila, avait envahi l'Italie, détrôné et exilé Romulus Augustule dernier et pâle descendant des Césars. Ayant désormais une solide base arrière les Huns menaçaient Constantinople.

Zenon gardait un atout dans sa manche: le prince ostrogoth Theodoric. Ayant reçu une éducation soignée et raffinée à la cour de Constantinople Theodoric y était respecté selon son titre et son rang mais il n'en demeurait pas moins un otage. La force des technocrates byzantins résidait dans le fait qu'ils avaient transformé leur prisonnier en zélateur de la civilisation gréco-romaine. A la mort de son père, Theodomir, Theodoric devint roi des Ostrogoths. En 488 Zenon l'expédia avec son peuple en Italie. Les Ostrogoths écraseront les Huns à Ravenne (*493*) et assassineront Odoacre.

Débarrassé des Germains, Zenon revint à sa préoccupation principale: l'éviction des nestoriens de l'Empire. Il ordonna la fermeture de l'école nestorienne d'Edesse (*489*) et chassa les adeptes de l'hérésie. Ceux-ci se répandirent en Mésopotamie, et grâce à la protection du monarque sassanide ils tentèrent d'envahir l'Eglise syriaque. Ils essaimeront en Iran, au Kurdistan, en Arabie, chez les Mongols de Chine. A partir du

---

[5] François TOURNEBIZE, *Histoire politique et religieuse de l'Arménie*, p. 89, Paris, 1910.
[6] M. Ormanian, p. 26; René GROUSSET, *Histoire de l'Arménie*, p. 236, Payot, Paris, 1984.
[7] Paul LEMERLE, *Histoire de Byzance*, p. 42, «*Que sais-je ?*», P.U.F., Paris, 1975.

XVI° siècle certains d'entre eux rallieront sans difficulté l'Eglise romaine et constitueront un patriarcat chaldéen. Une Eglise nestorienne dite assyro-chaldéenne existe encore de nos jours en Iraq.

En 491 à Zenon l'Isaurien succède Anastase 1° le Silentiaire. Un Silentiaire ou Silenciaire était un haut fonctionnaire, la plupart du temps secrétaire du cabinet du prince, chargé de protéger le calme du palais en y maintenant le silence. Anastase 1°, tout autant que son prédécesseur, était vigilant quant aux éventuels envahisseurs. Il fit entourer Constantinople de murailles et poursuivit la politique de Basilisque et de Zenon envers les chrétiens orientaux. En 491, dès son accession au trône, il publia un décret qui, cette fois, mettait nommément en cause le concile de Chalcédoine et lui ôtait toute autorité[8].

En 491, le catholicos Babken 1° était officiellement informé de la tenue de l'assemblée de Chalcédoine.

«Enfin les clercs de l'Arménie grecque, qui s'inclinaient encore devant les arrêts impériaux partis de Constantinople, sentaient grandir leur défiance pour les décisions du concile de Chalcédoine, en voyant les empereurs Basilisque, Zénon et Anastase 1er hostiles à ce concile»[9].

Le clergé arménien du côté byzantin avait les mêmes réticences que les Syriens envers le concile de Chalcédoine. Aussi se plia-t-il au verdict de sa hiérarchie, située en Arménie orientale, verdict rendu solennellement plus d'un demi-siècle après la réunion de Chalcédoine.

«L'Arménie resta en dehors de ces querelles jusqu'au commencement du VI° siècle. Les conciles convoqués pour et contre Eutychès avaient eu lieu à son insu; celui de Chalcédoine, qui s'était réuni le 8 octobre 451, n'avait été convoqué qu'après la grande journée d'Avaraïr (26 mai 451). Le pays se trouvait alors, nous l'avons dit plus haut, dans la plus grande confusion; le patriarche et l'épiscopat étaient incarcérés ou exilés; les satrapes persécutés ou dispersés, les milices débandées, et le peuple terrorisé. Dans ces conditions on conçoit que les querelles dogmatiques n'aient pu éveiller son attention»[10].

Les Syriens demandent l'aide des Arméniens, premier concile de Dvin

On doit comprendre la position difficile dans laquelle se trouvait l'Eglise syriaque. S'appuyant sur Chalcédoine, les nestoriens faisaient tomber des

---

[8] M. Ormanian, p. 26.

[9] F. Tournebize, p. 89.

[10] M. Ormanian, p. 27.

pans entiers de fidèles syriens dans le camp de l'hérésie. Aussi le patriarcat d'Antioche ne put-il s'empêcher de confondre les actes du concile de Chalcédoine avec le nestorianisme. Remarquons que les promoteurs de la déviation, Théodore de Mopsueste, Diodore de Tarse, Ibas d'Edesse, Nestorius et Théodoret de Cyr, étaient Syriens ou avaient été formés à Antioche. Ils avaient diffusé leur enseignement dans l'Empire byzantin. Cela se faisait dans le droit fil de la liberté de pensée et du libéralisme doctrinal régnant en Orient à cette époque. Ce qui n'avait en rien altéré l'attachement de l'Eglise syriaque à l'orthodoxie éphésienne alors qu'on ne pouvait pas en dire autant pour certains docteurs de Constantinople. Nestorius avait bien été patriarche de la Nouvelle Rome et Théodoret de Cyr réhabilité par le concile de Chalcédoine.

«*Les Nestoriens s'étaient installés dans la Mésopotamie persane. Comme les Syriens, restés fidèles à la doctrine orthodoxe du concile d'Ephèse, souffraient beaucoup de leur ascendant, ils demandèrent à l'église arménienne une règle de conduite*»[11].

Parmi les envoyés de l'Eglise syriaque auprès du catholicos arménien se trouvait le prêtre Siméon, curé de Beth Archam près de Ctesiphon. Il s'était distingué par sa résistance farouche aux nestoriens et sa fidélité sans faille à l'orthodoxie des trois premiers conciles oecuméniques. Siméon et les délégués décrivirent au patriarche Babken 1° les tourments que les nestoriens faisaient subir à leurs fidèles. Ils se plaignirent notamment de Bar Çauma et d'un exilé d'Edesse par le décret de Zenon, Johanan. Ils apprirent au catholicos que les nestoriens faisaient courir le bruit que Grecs et Arméniens les avaient ralliés.

En 505 Babken 1°, afin de répondre aux demandes des Syriens, réunit à Dvin un concile composé des évêques de son Eglise (*arméniens, géorgiens et aghouans*). Certains ont estimé à tort que ce synode fut assemblé à Vagharchapat en 491. La confusion est due sans doute au fait que le patriarche Babken fut officiellement informé par son homologue syrien en 491. Le catholicos refusa, bien sûr, à cette date déjà de se conformer aux décrets de Chalcédoine mais le rejet solennel eut lieu en 505 à Dvin[12]. Le concile de Dvin déclara que les Arméniens, les Ibériens (*ou Ibères ou Géorgiens*) et les Aghouans avaient la même foi que les

---

[11] M. Ormanian, p. 27.

[12] TER MINASSIANTZ, *Die Armenische Kirche in ihren Beziehungen zu den syrischen Kirchen zum Ende des XIIIe Jahrhunderts*, p. 152-157, Leipzig, 1904; in R. Grousset, p. 235-236; Jean catholicos, Ch. 16, Jérusalem, 1867; Oukhtanès, II, Ch. 47, *Lettre au catholicos ibérien Kyrion, Livre des Epîtres*, p. 176-177; Moïse Kaghankadouatsi, I, 47; Tchamtchian, II, 225 ...; in F. Tournebize, p. 90, 321.

Romains (*Byzantins*). Ils étaient formellement opposés aux déclarations du patriarche nestorien, installé en Syrie par le roi des rois, et de ses évêques. Ceux-ci osaient admettre deux fils de Dieu séparant la Divinité et l'humanité, ce qui était rejeté par l'Eglise arménienne[13].

«*Quoi qu'il en soit, l'Eglise arménienne n'a jamais été nestorienne ni monophysite dans le sens d'Eutychès; aujourd'hui ceci est universellement reconnu. Dans sa christologie, notre Eglise a adopté la ligne de la théologie alexandrine. Au début il y avait au sein de l'Eglise arménienne deux courants théologiques: antiochien et alexandrin. Finalement la ligne théologique alexandrine l'a emporté sur l'autre*»[14].

A Dvin, aux prélats arméniens, ibériens et albaniens s'étaient joints les représentants du patriarcat d'Antioche. Le concile porta l'anathème sur tous les fauteurs d'hérésie, reprit les condamnations prononcées par les trois premiers conciles de l'Eglise universelle. Il anathématisa Eutychès, le dernier hérétique en date, ainsi que son monophysisme.

«*Le concile des évêques arméniens, géorgiens et caspio-albaniens réuni à Douine (505), sous la présidence de Babken, proclama officiellement la profession de foi éphésienne, et rejeta tout ce qui était nestorien ou suspect de nestorianisme, inclusivement les actes du concile de Chalcédoine. Il n'alla pas cependant jusqu'à adopter la doctrine d'Eutychès, dont le nom, uni à ceux d'Arius, de Macédon et de Nestor, fut officiellement condamné. Telle fut la première déclaration de l'église arménienne au sujet du concile de Chalcédoine. Plus tard les églises grecque et latine, renonçant à leur opposition, le reconnurent comme quatrième concile oecuménique. L'église arménienne ne voulut point de cette transaction inspirée par des pensées qui n'avaient rien de théologique ... Elle s'attacha à repousser toute nouvelle addition dogmatique sur le dépôt de la révélation ainsi que toute innovation qui aurait pu altérer la foi primitive. Elle ne pouvait ignorer que le grand moteur de la question chalcédonienne était la jalousie réciproque des patriarcats du monde gréco-romain, question qui ne pouvait l'intéresser*»[15].

A chaque ordination l'Eglise arménienne enjoint au postulant de rejeter toutes les sectes et les 159 hérésies qui ont prêché contre la Parole du Christ, sont dirigés contre les Pères de la sainte Eglise apostolique, orthodoxe et catholique, et forment la troupe du Malin. Parmi les

---

[13] F. Tournebize, p. 322.

[14] G. GUAITA, *Karékine I° catholicos de tous les Arméniens*, p. 112, Montrouge, 1998.

[15] M. Ormanian, p. 28.

anathématisés on relève: Arius, Macedonius, Apollinaire de Laodicée, Pélage, Théodore de Mopsueste, Diodore de Tarse, Nestorius, **Eutychès**, Paul de Samosate, Manès, etc...

«L'Eglise arménienne n'est pas monophysite dans le sens qu'on donne ordinairement à ce mot, c'est-à-dire de reconnaître la seule nature divine du Christ, avec presque l'anéantissement de son humanité qui selon Eutychès serait perdue en sa divinité «comme une goutte de miel dans l'océan». Nous ne suivons pas non plus Nestorius, puisque nous n'avons jamais accepté cette dualité dans la personne du Christ, le Verbe Incarné, que Nestorius n'a pas su dépasser. La preuve en est que dans nos textes liturgiques nous anathématisons Eutychès, Nestorius et leurs doctrines. En ce qui concerne la christologie, nous restons dans la ligne de la théologie de saint Cyrille d'Alexandrie»[16].

Si Babken 1° agréa la demande faite par les Syriens d'une ligne de conduite ce fut au moins pour deux raisons: **rester dans l'orthodoxie** et **rejeter le nestorianisme**, fauteur de divisions dans l'Eglise.

Dès lors, le refus d'adhérer aux directives de Chalcédoine, accusées par l'Eglise syriaque de favoriser le nestorianisme, s'imposait comme une évidence en soi. D'ailleurs la papauté romaine se montrait réticente pour attribuer le qualificatif *«oecuménique»* à ce concile, les empereurs byzantins le récusaient. Ne pas se plier aux édits d'un concile si controversé ne revenait pas à accepter le monophysisme eutychien. Dès qu'ils en apprirent l'existence, les Arméniens le repoussèrent de façon irrémédiable. Ils étaient fortement attachés à la réalité des deux natures, la Divine et l'humaine, harmonieusement unies dans le même Jésus-Christ.

Le soutien du souverain perse au nestorianisme, le développement de cette doctrine parmi les Syriens faisaient courir le risque de revoir en Arménie un anticatholicos nestorien installé par le souverain sassanide. Les Arméniens n'avaient pas oublié l'existence d'antipatriarches syriens dépravés placés à la tête de leur Eglise un siècle auparavant. L'incident ayant opposé l'évêque nestorien Bar Çauma à Nerchabouh Ardzrouni en était un exemple. Il fallait éviter en Arménie le déclenchement du prosélytisme nestorien sévissant en Syrie.

Babken 1° d'Othmous mourut en 515. Il avait occupé le Siège de saint Thaddée pendant vingt-cinq ans *(490-515)* Il sut conserver son Eglise en parfaite communion et comme un trait d'union entre les Eglises grecque et orientales. Ses successeurs Samuel 1° d'Ardzqé *(516-526)*, Mouché 1°

---

[16] G. Guaïta, *Karékine 1° catholicos de tous les Arméniens*, p. 113.

d'Aylaberq *(526-534)*, Sahac II d'Ouhqi *(534-539)*, Kristapor 1° de Tiratitch *(539-545)* et Ghevond 1° d'Erast *(545-548)*, maintinrent fermement la ligne décidée au concile de Dvin *(505)*[17].
A cette époque fut mis au point l'acte de contrition suivi de l'absolution. Pendant que les pénitents battent leur coulpe le confesseur donne lecture, en leur nom, du texte suivant: «*Je demande pardon à la Très-Sainte-Trinité, au Père et au Fils et à l'Esprit Saint. Je me repens devant Dieu.*
Je confesse devant Dieu et la Très-Sainte-Mère de Dieu et devant toi, mon père, tous les péchés que j'ai commis. Parce que j'ai péché par pensée, parole et action, volontairement et involontairement, sciemment et inconsciemment, je demande pardon à Dieu.
Mea culpa de tout mon esprit et de toute sa puissance pour l'impulsion et les mouvements de mes sens, de mon corps et des ses sensibilités.
Mea culpa de toute la force de mon esprit pour la ruse, l'insensibilité, la témérité et la couardise, la prodigalité et la cupidité, la débauche et l'imposture, la méchanceté, le désespoir et l'incrédulité, je demande pardon à Dieu.
Mea culpa pour les pensées mauvaises, la fraude, la haine, les méchants regards, la malveillance, la lâcheté, les pensées fornicatrices entre mâles, entre femelles, avec les animaux de bât et les fauves, nocturnes et diurnes, la rêverie masturbatoire, les rêves obscènes et impurs de la nuit, je demande pardon à Dieu.
Mea culpa pour les émois de mon corps, la volupté, la nonchalance, l'apathie, les pulsions de mon corps et les oeuvres impudiques dans les vices divers, pour écouter les propos licencieux et pour la lascivité des regards, la sensualité de mon coeur, le reniflement de la femelle, la lubricité de ma bouche, l'intempérance, le libertinage et l'ivrognerie, je demande pardon à Dieu.
Mea culpa pour la médisance de ma langue, le mensonge, le faux serment, le parjure, la contradiction, la contestation, la fourberie, la délation, l'intrigue, les discours inutiles et les railleries, les paroles accusatrices, celles de dissension et de malédiction, en se plaignant, en étant mécontent, en calomniant et en injuriant, je demande pardon à Dieu.
Mea culpa pour le vol par mes mains, pour la ladrerie en spoliant, en privant, en assassinant et en y incitant les autres, je demande pardon à Dieu.

---

[17] M. Ormanian, p. 28-29. Jean catholicos, p. 53-55; in R. Grousset, p. 236.

Mea culpa de toutes les articulation de mon organisme, de tous les membres de mon corps, de mes cinq sens et par l'élan de mon sixième pour l'élévation des jambes agitées, pour la mollesse avilissante, l'égarement à droite et à gauche en faisant pécher les ascendants et en donnant le spectacle du mal aux descendants, je demande pardon à Dieu.
Mea culpa aussi pour les sept péchés capitaux *qui engendrent la mort: l'*orgueil *et ce qui en fait partie, la* jalousie *et ce qui en fait partie, la* colère *et ce qui en fait partie, la* paresse *et ce qui en fait partie, l'*avarice *et ce qui en fait partie, la* gourmandise *et ce qui en fait partie, la* luxure *et ce qui en fait partie, je demande pardon à Dieu.*
Mea culpa aussi pour tous les commandements divins qui m'ordonnaient d'accepter ou de rejeter; je n'ai pas adhéré à ce que je devais accepter, et n'ai pas repoussé ce que je devais rejeter. J'ai reçu le commandement mais je l'ai appliqué mollement, j'ai été invité au rang de chrétien et en ai été indigne à cause de mes oeuvres.
Connaissant le mal je m'y suis volontairement soumis et me suis éloigné moi-même des bonnes actions. Malheur à moi, malheur à moi, malheur à moi! lesquels dois-je dire, lesquels dois-je confesser ? Mes fautes sont innombrables, mes scélératesses inénarrables, mes méfaits impardonnables et mes plaies incurables, je demande pardon à Dieu.
Mon Père, j'ai en toi un intercesseur pour me réconcilier et intervenir auprès du Fils Unique de Dieu. Par le ministère qui t'a été donné, délivre-moi des liens de mes péchés, je t'en supplie».
Absolution donnée par le confesseur: *«Que le Dieu d'amour te pardonne et qu'il te fasse la grâce de te remettre toutes tes fautes que tu as confessées et celles que tu as omises.*
Et moi par mon rang et par mon pouvoir sacerdotal et par ordre de Dieu qui a dit: «ce que vous délierez sur terre sera délié au ciel», conformément à cette parole je te délivre de toutes tes participations aux péchés par pensée, par parole et par action au nom du Père et du Fils et du Saint-Esprit. Et de nouveau je te rends aux mystères de la sainte Église. Quoique tu fasses de bien te sera compté comme une bonne action et ira à la gloire de la vie éternelle. Amen»[18].
Cette confession se déroule en public, pendant la messe avant la communion. Le fidèle peut demander à tout moment à être entendu en confession particulière. La plupart du temps la première modalité est la plus suivie.

---

[18] Traduit par l'auteur.

Cette attitude est conforme aux pratiques de l'Eglise primitive. Elle n'est pas le résultat d'une fossilisation mais découle du respect des directives des trois premiers conciles oecuméniques, dont le dernier s'est tenu à Ephèse en 431.

Les ambitions de Justin 1°, il réactive les décrets du concile de Chalcédoine, les Eglise arménienne et romaine lui résistent

En 518 Justin revêt la pourpre impériale en s'emparant, à la mort d'Anastase 1°, du trône de Constantinople. C'était un paysan des Balkans né à Bederiana (*région de Skopje*) en Illyrie, sur la côte-est de l'Adriatique. Il s'était engagé dans l'armée pour sortir de sa condition. Il y réussit bien puisqu'il atteignit le grade de général avant de devenir le nouvel empereur. Il était resté illettré aussi adopta-t-il son neveu Justinien pour le conseiller sur les affaires de gouvernement.

Justin 1° s'empressa d'annuler les décrets de Zenon et Anastase afin de rendre son crédit au concile de Chalcédoine. Le catholicos arménien Samuel 1° refusa de se plier à la décision de Justin et s'en tint aux arrêts du concile de Dvin. On estime que le désaccord entre les Eglises grecque et arménienne date de cette époque[19]. Ainsi que les antagonismes qui commencèrent à germer entre Rome et Constantinople.

Justin 1° ne s'inquiétait pas des dissensions créées au sein de l'Eglise pourvu qu'il lui imposât sa loi. A cette fin, il devait faire accepter au pape de Rome la suprématie du patriarcat de Constantinople. Pourtant la suspension, sinon l'interdiction, des édits de Chalcédoine satisfaisait tout le monde d'une manière ou d'une autre. Le pape latin, auquel ce hiatus laissait un répit dans la reconnaissance de la supériorité du patriarche byzantin. Le pape égyptien, pour lequel la fausse accusation de monophysisme eutychien semblait levée. Les patriarches arménien et syrien, qui se réjouissaient du retour à l'orthodoxie éphésienne. Le patriarche de Constantinople lui-même, sous les empereurs Basilisque, Zenon et Anastase, avait dû prendre conscience de l'inanité de se décréter chef unique de l'Eglise. Il se serait apprêté sans doute à revenir à la direction collégiale établie par la pentarchie. Toute l'histoire à venir démontrera cette vérité oubliée. Si l'Eglise byzantine avait pu ou avait su se dégager de la domination temporelle des empereurs, si ceux-ci n'avaient pas cherché à nuire à l'Arménie, sous prétexte que son Eglise ne voulait pas se soumettre à Constantinople, l'alliance entre Grecs et Arméniens aurait formé un barrage infranchissable devant l'invasion

---

[19] Asoghiq, trad. Dulaurier, II, Ch. 6, p. 168; Jean catholicos, p. 110-111, trad. Saint Martin, p. 53; in R. Grousset, p. 236, 238.

turque. Byzance, dont de nombreux empereurs furent Arméniens, n'ignorait pas que: «*L'Arménie était pour l'empire un boulevard de toute importance qu'il ne fallait à aucun prix s'aliéner*»[20].

Cette politique, par chefs d'Eglise interposés, ne fut pas moins malheureuse pour l'Occident. Depuis que l'Empire romain d'Orient était devenu florissant, et que Constantinople en était la capitale, les empereurs byzantins voulaient imposer leur domination sur une Rome décadente. Et puisque le pape de Rome n'avait pas suivi le pouvoir impérial à Constantinople il fallait réduire son importance en le soumettant au patriarche byzantin. Justin 1° reprit à son compte cette stratégie. Cependant, malgré la réactivation des canons du concile de Chalcédoine, il ne parvint pas à réduire l'évêque de Rome au rang de suffragant de celui de Constantinople.

Rien de semblable ne minait la hiérarchie de l'Eglise arménienne. Elle ne fut jamais inféodée ni soumise à aucun pouvoir temporel. Les tentatives ne manquèrent pas. Elles se manifestèrent dans la répression et le bain de sang mais ni roi ni empereur ni roi des rois ni tsar ne parvinrent à faire plier le catholicos arménien. Il ne se prosternait et ne se prosterne que devant le Dieu Unique en Trois Personnes, la Vierge Marie Mère de Dieu et les armées du ciel. Le patriarche arménien ne chercha pas de son côté à dominer les catholicos géorgien et aghouan, pourtant membres de son Eglise. Il leur laissa toute liberté pour gérer leurs affaires. Attitude qui nuira à l'unité de l'Eglise arménienne puisqu'elle permettra la dissidence des Géorgiens.

Les demandes d'aide et de protection de la part des Syriens auraient pu inspirer au patriarche arménien le désir d'imposer son autorité sur le patriarcat d'Antioche. Il ne le fit jamais. Ce souci de ne pas désorganiser l'Eglise universelle a conduit l'Eglise arménienne à respecter l'existence des patriarcats d'Alexandrie, Antioche, Constantinople, Jérusalem et Rome, tous égaux entre eux. L'un des Sièges de cette pentarchie celui de Jérusalem revient à l'Eglise arménienne. Pour l'excellente raison que le patriarche arménien de la Ville sainte occupe la maison de l'apôtre saint Jacques premier évêque de la ville sainte.

Grâce à l'hostilité de Justin 1° envers les Arméniens le roi des rois perse, Kavâdh, empêcha les nestoriens d'infiltrer l'Arménie. La distension des liens entre les Eglises arménienne et byzantine le satisfaisait. Ce fut le seul point positif indirect de la politique de l'empereur de Constantinople.

---

[20] G. SCHLUMBERGER, *Un empereur byzantin, Nicéphore Phocas*, p. 352, Paris, 1890; in H. Pasdermadjian, p. 195.

Le fils de Kavâdh, Khosrov 1° Anôcharvân, nomma même à la tête du pays un marzpan arménien, Mjej Gnouni, qui gouvernera l'Arménie orientale de 518 à 548. Les chefs de cette antique famille jouissaient de la fonction de Grands Echansons à la cour des anciens rois d'Arménie. Gnouni vainquit les Huns en 527[21]. Les guerres entre Perses et Byzantins reprirent. Les Iraniens voulaient imposer le mazdéisme à l'Ibérie et à la Lazique (*Colchide*: *entre la mer Noire et la Géorgie*). Le prince de ce dernier pays venait de se convertir au christianisme. La Géorgie et la Lazique ayant des relations étroites avec les Arméniens ceux-ci s'enrôlèrent en masse dans les armées de Byzance pour empêcher les Sassanides d'introduire la religion du soleil et du feu dans ces contrées[22].

Avènement de Justinien 1°, il convoque un concile à Constantinople, il persécute les chrétiens non-chalcédoniens

A la disparition de Justin 1°, son neveu Justinien lui succéda (*527*). Il connaissait bien les rouages de l'Etat, l'ayant dirigé au nom de son oncle. Depuis Zenon Rome était aux mains des Ostrogoths. Ceux-ci ne voulaient plus se soumettre à l'empereur byzantin dont les possessions se réduisaient sous la poussée perse. Dès son avènement Justinien 1° avait dû s'opposer aux Sassanides. En 532, ayant fait la paix avec eux, il s'occupa de l'Arménie byzantine. Il y accentua la politique de dénationalisation débutée sous Zenon. Il ôta le pouvoir aux satrapes sur leurs propres fiefs les remplaçant par des gouverneurs byzantins. Mais il réunit officiellement ces provinces sous leur véritable nom d'Arménie. Il divisa celle-ci en quatre régions: **Armenia Prima**, **Armenia Secunda**, **Armenia Tertia** et **Armenia Quarta**. Cet immense territoire s'étendait, d'ouest en est: de Sébaste (*Sivas*) à Garin (*Erzeroum*), et du nord au sud: de Trébizonde (*Trabzon*) à la Mésopotamie. Justinien 1° venait de rendre à l'Arménie occidentale ses frontières historiques dans lesquelles on retrouvait aussi les villes de Baybourt, Malatia (*Mélitène*), Göksün, etc... A ces quatre Arménie s'ajoutaient l'ancien royaume de Sophene et les principautés de Sophanene et du Daron, avec les villes de Palou, Kharpout, Mouch, ... L'habileté de Justinien en cette matière fut de nommer gouverneur impérial de cette Arménie occidentale élargie un

---

[21] Asoghiq, trad. Dulaurier, II, 2, p. 115, 187-188; Samuel d'Ani, *Table*; in Brosset, *Historiens arméniens*, II, p. 390-391; in R. Grousset, p. 237-238.
[22] R. Grousset, p. 238, 240.

membre de la prestigieuse famille des Mamikonian, Hamazasp. Il désamorça de la sorte une éventuelle révolte des danouders arméniens. Les possessions des Mamikonian s'étendaient des deux côtés de la ligne de démarcation sur une superficie beaucoup plus étendue que celle de la république arménienne actuelle.

Acacius, fonctionnaire byzantin jaloux de Hamazasp Mamikonian, le dénonça à Justinien comme favorable aux Perses. Sans vérifier le bien-fondé de cette calomnie, l'empereur fit mettre Mamikonian à mort. En récompense de sa délation, Acacius reçut le gouvernement de l'Armenia Quarta. Sa cupidité, ses exactions et sa cruauté provoquèrent la révolte de la population qui le massacra[23].

Afin d'élargir son pouvoir, Justinien 1° tenta de circonvenir les Eglises orientales tout en maintenant la pression sur la papauté de Rome.

Sa stratégie se déroula sur deux plans: religieux et militaire.

* **Religieux**: il reprend les projets de Théodose 1°, Marcien, Justin 1° consistant à établir la primauté du patriarche de Constantinople sur le pape de Rome. Il a une arme à sa disposition, les actes de Chalcédoine. Avaliser la récusation du concile par Anastase 1° serait provoquer un schisme avec Rome; ce qui n'est pas envisageable du moment qu'il faut amener le pape de cette ville à se soumettre au patriarche de Constantinople. Il veut en faire autant avec les Eglises non-chalcédoniennes; pour cela il doit réduire l'Eglise arménienne sachant que la syriaque la suivra en tous points. Quant au pape d'Alexandrie il en fait son affaire, l'Egypte n'est-elle pas dans l'Empire byzantin ?

Mais le patriarche arménien siège du côté perse; Justinien n'a pas de prise sur lui; il essaye de le convaincre par la persuasion. Aucun des successeurs de Babken 1° et de Samuel 1° ne voudra accepter les canons de Chalcédoine.

Selon la méthode éprouvée des empereurs de Constantinople en pareil cas, Justinien 1° commence à envisager la convocation d'un nouveau concile dans sa capitale. Il aurait pour mission de condamner les fameux Trois-Chapitres et d'adapter les décisions de Chalcédoine aux voeux des Eglises orientales.

Ce prochain concile ayant aussi à régler la question de la prééminence de Constantinople sur Rome, on n'inviterait que les représentants de ces deux Eglises. On réglerait une question interne à celles-ci en appelant ce synode, concile oecuménique. Parvenu à ce point de manipulation de l'Eglise on n'en était plus à un adjectif près.

---

[23] R. Grousset, p. 239-240.

La papauté romaine, ayant subodoré le piège, ne se montra pas très enthousiaste à l'idée de se retrouver en concile. Les Goths aussi, à Rome, avaient vu clair dans les intentions de Justinien qui cherchait à les évincer de l'Empire d'Occident. Rome ne voulait pas de la révision du concile de Chalcédoine dont les actes étaient un produit de sa papauté. Grâce au concile de Chalcédoine un évêque de Rome s'était érigé en arbitre de la vérité dogmatique. On n'allait tout de même pas amoindrir l'importance du «*Tomos*» de Léon ! Si le pape de Rome devait accepter une modification des canons ce serait plutôt ceux qui lui paraissaient «*inadmissibles*», telle la supériorité du patriarcat de Constantinople. Ceux-là mêmes que Justinien 1° voulait maintenir. Il manda le pape Agapet 1° (*ou Agapit*) à Constantinople avec l'intention de l'installer à la place du patriarche byzantin Anthymius.

Parce qu'il rechercha l'union avec les non-chalcédoniens, Anthymius avait encouru les foudres d'Agapet[24]. Le patriarche Anthymius manifestait, comme Flavien jadis, son désir d'indépendance vis-à-vis du trône impérial et voyait loin. Il avait compris que l'intérêt de l'Eglise grecque résidait dans la communion avec les Eglises orientales et non dans d'hypothétiques luttes d'influence avec Rome. Elles aboutiront immanquablement au schisme du XI° siècle.

Agapet mourut en 536 sans avoir pu faire déposer son homologue byzantin. Justinien 1° dut trouver un autre pontife qui lui serait dévoué; ce fut Vigile. Mais le roi des Goths, Theodat, le prit de vitesse en faisant élire en 536, à la place d'Agapet, son candidat Silvère. Justinien s'empressa de proposer à ce dernier la réunion des deux Sièges. Il l'invita à Constantinople et lui offrit la place d'Anthymius. Poussé par Theodat, Silvère refusa. Justinien accusa alors le nouveau pape d'être un jouet entre les mains des Goths.

* **Militaire**: ce fut le second point du plan de Justinien 1°. Fortement charpentées par les unités arméniennes les armées byzantines étaient commandées par deux chefs renommés, Bélisaire et Narsès. Elles reprendront l'Italie aux Ostrogoths et l'Afrique du Nord aux Vandales. Narsès écrasa les Goths en Italie, et Vigile fut élu pape en 537. Le malheureux Silvère, destitué, fut relégué dans l'île de Palmaria où il mourra de faim en 538[25].

Malgré ces drames, l'Eglise ne se serait peut-être pas brisée si l'impératrice Theodora avait suffisamment vécu. Femme fine et intelligente, elle avait pressenti que les Eglises orientales n'accepteraient

---

[24] P. Lemerle, p. 59.
[25] BIOGRAPHIE UNIVERSELLE, tome 5, p. 556, Furne, Paris, 1838.

jamais de se soumettre à l'autorité impériale, et que leur mésentente avec l'Eglise grecque entraînerait la perte de l'Empire. Après sa mort en 548, à 47 ans, plus personne ne sut conseiller la modération à Justinien dont l'ambition ne connut plus de bornes.

Ayant éliminé Silvère et trouvé un pape à sa dévotion, il décida, en 553, de convoquer un concile à Constantinople. Celui-ci souligna la consubstantialité des Trois Personnes de la Trinité, Père, Fils et Saint-Esprit, formant le Dieu Unique. Il réitéra le dogme de l'Incarnation, du Logos fait chair et, corrigeant les définitions de Chalcédoine, il ajouta que **c'est le même Dieu incarné qui fait les miracles et endure les tourments**; confirmant ainsi la formule de saint Cyrille: **une nature unie dans le Verbe incarné**. Il condamna à nouveau le nestorianisme et, enfin, les Trois-Chapitres; pour ce faire il prit pour base la lettre que le catholicos saint Sahac 1° avait adressée au patriarche Proclus (*435*) attirant son attention sur ces écrits nestoriens que le concile d'Ephèse (*431*) avait omis d'examiner et de condamner.

«*C'est ainsi que prit fin la question chalcédonienne dans le monde gréco-romain par un moyen indirect, où l'on accentuait l'idée de l'unité en Christ, définie au concile d'Ephèse.*
Les Arméniens restés fidèles à ce concile, malgré les tergiversations des chalcédoniens, ne sentaient nullement le besoin de nouvelles définitions; aussi refusèrent-ils d'attacher aucune importance à ses décrets, bien qu'ils fussent non seulement conformes à leurs principes, mais basés sur l'autorité du patriarche S. Sahak, dont la lettre à Procle fut lue solennellement dans le concile, immédiatement après la lecture des chapitres de S. Cyrille d'Alexandrie»[26].

Estimant être parvenu à ses fins en faisant passer le concile de Chalcédoine par profits et pertes, Justinien 1° enjoignit aux Arméniens d'accepter les décisions de Chalcédoine, revues et corrigées par le concile de Constantinople.

L'Eglise arménienne refuse les propositions de Justinien 1°, deuxième concile de Dvin

L'Eglise arménienne était alors gérée par le patriarche Nersès II d'Achtarac (*dans le Bagrevand*), élu en 548. De son temps fut constitué un dossier appelé **Livre des Epîtres** (*Qirq Tghtotz*) contenant les lettres échangées entre le catholicos et les prélats du monde chrétien. On y trouve, entre autres, la correspondance entre Nersès II et le religieux

---

[26] M. Ormanian, p. 31-32.

syrien Abdischo. Elle souligne, s'il fallait encore le faire, les relations fort étroites entre les Eglises arménienne et syriaque. Le Livre des Epîtres nous apprend que, de leurs monastères de Syrie du nord, des prieurs et des moines écrivirent au catholicos arménien pour se plaindre des persécutions nestoriennes contre les Syriens orthodoxes. Les lettres furent apportées à Dvin par des clercs syriens priant Nersès II de les secourir. Le catholicos, entouré de Nerchabouh de Daron, l'un de ses meilleurs théologiens, et des représentants de la famille Mamikonian, accueillit les religieux syriens. Ceux-ci, tout comme les Arméniens, déclarèrent rejeter les hérétiques Arius, Macedonius, Nestorius, Théodore de Mopsueste, Diodore de Tarse, Théodoret de Cyr, Bar Çauma, **Eutychès**, Apollinaire, Paul de Samosate, Manès, etc... Ils demandèrent à Nersès II d'ordonner Abdischo évêque. Abdischo était un moine pieux et instruit du couvent de Sarepa. Après avoir consulté ses conseils et ses prélats, le catholicos arménien ordonna Abdischo évêque. A partir de ce jour les nestoriens cessèrent de persécuter les Syriens. Abdischo prit la tête de la communauté syrienne orthodoxe. Il assista au 2° concile de Dvin[27].

Il arrivait aux patriarches arménien et syrien de consacrer mutuellement des prêtres ou des évêques de l'une ou l'autre Eglise en leur laissant la liberté de servir dans celle de leur choix. Pratique d'ailleurs courante dans l'Eglise jusqu'au concile de Chalcédoine. Les propositions de Justinien 1° parvinrent aussi à Nersès. En 554 celui-ci réunit à Dvin, en concile particulier, ses évêques arméniens, géorgiens, aghouans auxquels se joignirent des représentants de l'Eglise syriaque. Le synode réaffirma l'attachement de l'Eglise arménienne à la christologie cyrillienne proclamée par le troisième concile oecuménique à Ephèse (*431*).

«*Le patriarche Nersès II de Bagrévand se contenta, au concile de Douine réuni l'année suivante (554), de proclamer les doctrines éphésiennes en opposition avec les prétentions chalcédoniennes*»[28].

Ce qui anime encore de nos jours la controverse n'est pas tant ce qui s'est dit à Chalcédoine au sujet des natures du Christ, - les difficultés ne sont pas insurmontables -, mais plutôt les ambitions temporelles qui planèrent sur ce concile. Les Eglises syriaque, égyptienne, éthiopienne, indienne et arménienne ont toutes la même approche de l'Incarnation. Ayant refusé d'adhérer aux édits du concile de Chalcédoine on les a traitées de

---

[27] *Livre des Epîtres*, p. 52-69, 220-233; Asoghik, II, 2, MINASSIANTZ, app. II, p. 52-54; Th. NÖLDEKE de Strasbourg; in Minassiantz, p. 158; in F. Tournebize, p. 327-329.
[28] M. Ormanian, p. 32.

monophysites alors qu'elles sont non-chalcédoniennes. Les Eglises byzantine et romaine étant chalcédoniennes.

«Si l'on entend le monophysisme comme la profession «d'une nature pour Dieu, le Logos incarné» en tant qu'union des deux natures, en ce cas nous sommes monophysites. Mais ce mot a acquis une telle coloration «eutychienne», il est tellement chargé de son emploi dans l'histoire en tant qu'expression de la doctrine d'Eutychès, par nous rejetée, que nous n'aimons pas être nommés monophysites»[29].

Il faudrait une fois pour toutes que cessât l'équivoque autour de ce mot entretenue encore de nos jours dans la majorité des ouvrages traitant de la question. Equivoque désagréable pour une Eglise qui a anathématisé Eutychès et son monophysisme et l'anathématise à chaque ordination.

«Au XIX° siècle, on a beaucoup écrit à ce sujet; le grand théologien luthérien de la fin du siècle Adolf von Harnack a montré que les Arméniens ne sont pas monophysites dans le sens d'Eutychès»[30].

Les Arméniens n'ont jamais accusé de nestorianisme les Eglises occidentales ayant participé au concile de Chalcédoine. Hypothèse que Romains et Byzantins, eux, ont implicitement admise au concile de Constantinople (553) qui revint à l'orthodoxie éphésienne. Il eût été tellement plus simple, si on désirait vraiment l'union de tous, d'ôter purement et simplement au concile de Chalcédoine son qualificatif d'oecuménique, et lui rendre son véritable statut de concile particulier. Il eût fallu pour cela que les ambitions personnelles ne fussent pas de mise. Aujourd'hui le temporel s'est détaché du spirituel. En cette période où les demandes de pardon sont si nombreuses nous ne voulons pas croire que le désir de domination pourrait encore exister. Ne faudrait-il pas assembler les représentants de chaque Eglise, mettre à plat les questions controversées et recueillir l'assentiment de tous au sujet de dogmes clairement définis ? L'Eglise arménienne n'a pas condamné les conciles de Chalcédoine (*451*) et de Constantinople (*553*). Simplement elle ne les considère pas comme oecuméniques.

«Chalcédoine et les Conciles qui ont été convoqués par la suite sont vus par les Eglises arménienne, copte, syrienne et éthiopienne, comme des Conciles particuliers, dans le sens qu'ils se rapportent à la vie et à la responsabilité des Eglises qui y ont participé, et donc ne peuvent pas être considérés comme universels.

De même après le VIIe Concile reconnu par les Eglises byzantines, l'Eglise romaine en a eu plusieurs autres qu'elle appelle oecuméniques,

---

[29] G. Guaïta, *Karékine 1°*, p. 113-114.

[30] G. Guaïta, *Karékine 1°*, p. 115.

mais qui sont considérés par les Eglises orthodoxes comme des Conciles particuliers, relevant de l'Eglise de Rome.
Vous n'avez pas pour autant rejeté les décisions de ces Conciles ?
Simplement nous n'avons pas pris position à leur sujet, puisque pour nous il s'agit de Conciles particuliers des Eglises qui les ont convoqués. Sûrement dans le dialogue oecuménique d'aujourd'hui on devrait considérer l'enseignement de ces Conciles pour éclaircir les thèmes qui y sont formulés»[31].

Dans cette controverse au sujet du nombre des conciles nous pouvons nous inspirer de l'analyse de Malachia Ormanian faite au début du XX° siècle, et poser une équation:
◇ conciles oecuméniques pour les non-chalcédoniens = 3;
◇ conciles oecuméniques pour les chalcédoniens byzantins = 7;
◇ conciles oecuméniques pour les chalcédoniens romains = 21.

Chaque concile oecuménique édicte des dogmes. Mettons en balance la progression géométrique du nombre des dogmes promulgués et le fardeau qu'ils représentent quand on sait que le fidèle doit les accepter tous sous peine de quitter son Eglise. Le petit nombre de dogmes, mais les dogmes fondamentaux, admis par les Eglises non-chalcédoniennes leur a valu d'être traitées avec une sorte de mépris.

Pour accentuer l'image **préhistorique** qu'on aurait aimé leur attribuer on les a qualifiées de *«pré ou ante-chalcédoniennes»*, leur conférant une connotation bonne à les ranger dans un musée sinon au magasin des accessoires. Or les Eglises non-chalcédoniennes sont bien vivantes malgré les persécutions qui se sont abattues sur elles depuis près de deux millénaires et continuent de nos jours à les tourmenter. Leurs théologiens, leurs docteurs sont tout aussi capables que les Occidentaux de comprendre, raisonner, analyser et approfondir les exégèses. Leur originalité en ce domaine tient à la différence qu'ils maintiennent entre l'intangibilité dogmatique et la mutabilité doctrinale.

Le petit nombre de dogmes laisse un vaste champ de spéculations intellectuelle et théologique en matière de doctrines. Transformées en dogmes celles-ci ne pourraient plus être discutées ou remises en question. L'énorme quantité de dogmes qui caractérise l'Eglise latine rend délicate la tâche de ses exégètes. Ils risquent à tout moment de sombrer dans l'hérésie. Aussi sont-ils amenés à utiliser des artifices de raisonnement qui rendent incertaine et confuse la limite entre dogmes et doctrines.

---

[31] G. Guaïta, *Karékine 1°*, p. 117.

L'Eglise arménienne observe depuis 431 cette organisation dogmatique et doctrinale.

«Si par un heureux hasard, les principales églises anciennes arrivaient jamais, je ne dirais pas à fusionner dans une union complète, mais au moins à établir entre elles un accord mutuel, elles ne pourront, certes, trouver de meilleur terrain d'entente que celui où se place cette église. Un rapprochement n'est possible que lorsqu'il s'appuie sur un point incontesté; un minimum de clauses aide à éliminer les discordances»[32].
La fermeté dogmatique fut opposée par Nersès II à Justinien 1°. Les Coptes et les Syriens en firent autant. Alors une terrible répression s'abattit sur les Arméniens et les Syriens vivant dans l'Empire byzantin; elle fut sanglante pour les Egyptiens. Leur protectrice à tous, l'impératrice Theodora, n'était plus. Elle avait pu de son vivant empêcher tout schisme entre l'Orient et l'Occident.

L'impératrice Theodora, la réforme du calendrier, l'empereur Maurice persécute les Arméniens

Les auteurs occidentaux ont, pour la plupart, décrié l'impératrice Theodora. Il est vrai que les femmes stimulent rarement l'intérêt positif des historiens. Quand leur conduite est irréprochable on l'admet, sans insister. Si elles vécurent en odeur de sainteté on en prend acte sans chercher à entrer dans les détails d'une vie édifiante qui aurait pu orienter les destinées autour d'elles. Malheur à elles si leur extraction fut humble, et leur existence taxée d'immoralité; alors on s'étend sur ces aspects négatifs en les noircissant peut-être davantage encore. Si elles se sont amendées on affecte de ne pas trop y croire. Très rarement on reconnaît leur influence sur la politique, l'organisation ou la gestion des affaires de l'Etat. Tout l'honneur des actions bénéfiques rejaillira sur l'homme qui en profita, tout le discrédit des erreurs sur l'égérie qui les inspira.

Nous avons rencontré dans cet ouvrage quelques exemples de la vaillance et de l'intelligence féminines. Rappelons celles que les femmes arméniennes surent opposer à l'envahisseur mazdéen qui voulait leur enlever leur foi et leurs enfants. La princesse Khosrovidouhte fit libérer saint Grégoire l'Illuminateur afin qu'il guérisse le roi Tiridate III. Par cet acte de foi elle amena son frère à proclamer le christianisme religion d'Etat. Khosrovidouhte participa donc activement à la conversion de

---

[32] M. Ormanian, p. 79.

l'Arménie. Parantzem, reine ambitieuse, fit empoisonner sa rivale Oghombiata afin d'épouser le roi d'Arménie son amant et assurer le trône à son fils Bab dont elle était grosse. Ce fut une action horrible encore que cela fît partie des moeurs de l'époque et que Parantzem fût une païenne. Remarquons au passage que le même forfait commis par un homme pour conserver ou s'emparer du trône aurait trouvé plus de grâce aux yeux des historiens. La même Parantzem défendit l'Arménie jusqu'à la mort. Violée et empalée par la soldatesque perse, elle expia peut-être son crime. Pulchérie n'est pas particulièrement mise en valeur par les auteurs. Sans son désintéressement et ses sages avis, Théodose II n'aurait jamais pu débuter son règne sous d'heureux auspices. Lorsqu'il éloigna sa soeur il accumula les bévues. Tout le mérite des faits positifs de son gouvernement lui revient cependant. Theodora enfin, qui aida à la direction de l'Empire avant même que Justinien ne règne. Elle était sa concubine quand il secondait Justin dans les affaires de l'Etat. Devenue impératrice, Theodora fut l'instigatrice du **Code** rassemblant les constitutions de l'Empire depuis Hadrien, du **Digeste** réglementant la jurisprudence, des **Novelles** réorganisant l'administration des provinces. Mais on s'empresse de souligner ses erreurs: la disgrâce d'un fonctionnaire de talent, Jean de Cappadoce (*541*), la mise à l'écart de Bélisaire. On appuie sur ses humbles origines, fille d'un gardien d'ours de l'hippodrome, danseuse, quelque peu courtisane. Après tout Justin 1° était bien un paysan illettré et son neveu Justinien de petite extraction. On admire l'homme qui se hisse au sommet au prix parfois de bassesses et de turpitudes. On méprise la femme qui s'est élevée de même.
En 532, à Constantinople, éclata une sédition entre les Bleus et les Verts du cirque aux cris de Nika (*Victoire*). Justinien pris de panique devant la foule en colère allait s'enfuir. Le courage de Theodora l'arrêta.
«Rien ne la peint mieux que les paroles qu'elle aurait prononcées le jour où une terrible émeute, la sédition «Nika», faillit renverser Justinien. Celui-ci était déjà prêt à fuir, quand Théodora l'arrêta par ces mots souvent cités: «Quand il ne resterait de salut que dans la fuite, je ne voudrais point fuir. Ceux qui ont porté la couronne ne doivent jamais survivre à sa perte. J'aime cette vieille maxime que la pourpre est un beau linceul»[33].
Mais Justinien 1°, estimant sans doute que l'Occident était plus intéressant à conquérir que de préserver ses positions orientales, commit l'erreur de ne pas raisonner aussi sainement que son épouse. En se

---

[33] P. Lemerle, p. 47.

désintéressant de l'Orient, et surtout des Arméniens, il prépara la perte de l'Empire byzantin.

Le 2° concile de Dvin (*554*) entama aussi une réforme du calendrier arménien. Elle sera poursuivie par AEas d'Alexandrie, et terminée en 584 sous le pontificat de Movses II (*Moïse*) d'Eghivard[34]. Il nous semble utile d'en dire quelques mots. Le calendrier de Dvin donnait à l'Eglise arménienne sa personnalité et la démarquait des nestoriens, donc de l'Empire perse, protecteur des nestoriens. Il conduisait aussi les Arméniens à prendre leurs distances avec l'Eglise byzantine échappant de la sorte à sa mainmise par empereur interposé.

«Du moins Jean nous donne-t-il bien l'esprit de cette réforme quand il nous dit qu' «on forma un calendrier perpétuel pour la nation arménienne et qu'on ne fut plus obligé de faire comme les autres nations [Grecs, Syriens] *pour les cérémonies de l'Eglise»*[35].

René Grousset ajoute plus loin: «*L'Arménie acheva ainsi de conquérir son indépendance spirituelle à l'égard des deux puissants voisins qui cherchaient à la dénationaliser. Le monophysisme, ou, pour être plus exact, l'antichalcédonisme l'affranchissait de l'absorption par les Byzantins comme le baptême l'avait délivrée de la menace d'absorption par la Perse sassanide*».

On voit jusqu'à quel point le concile de Chalcédoine fut responsable des cassures dans le monde chrétien. C'est aussi à cause et après ce concile: «*que l'Eglise d'Egypte semble avoir abandonné la langue grecque pour le copte*»[36].

Le commencement de l'ère arménienne fut fixé au mois de **Hroditz** (*Juillet*). Exactement au 11 juillet 552. L'année fut divisée en 12 mois de 30 jours chacun. Pour maintenir une concordance entre l'année civile et l'année solaire, d'une durée de 365 jours, on joua sur 5 jours par an (*épagomène*) afin d'établir une année bissextile. Pour retrouver l'an I du nouveau calendrier on enleva 551 à l'année classique.

Ex.: 951 de l'année courante devient 400 de l'an arménien.

Au bout du cycle d'Orion (*1460 ans*) à cause de l'année bissextile les épagomènes font avancer d'une année la date arménienne sur celle du calendrier habituel portant, à partir de l'an 1320, la différence à 550 ans au lieu de 551. Ainsi l'an 2.000 correspond à: 2.000 - 550 = 1450.

---

[34] F. Tournebize, p. 91; Asoghiq, p. 115; Samuel d'Ani, p. 393; E. DULAURIER, *Recherches sur la chronologie arménienne*, Bibl. hist. arm., t. 1, Ch. II, par. 2 et 3, 1859; Brosset, *Histoire de la Siounie*, t. 1, p. 58-60, n. 3; in R. Grousset, p. 237.

[35] Jean catholicos, p. 55; in R. Grousset, p. 237.

[36] P. Lemerle, p. 41.

Le 1er mois de l'année commence le 11 août *ou navassart*; le 2° mois le 10 septembre *ou hori*; le 3° mois le 10 octobre *ou sahmi*; le 4° mois le 9 novembre *ou dré*; le 5° mois le 9 décembre *ou kaghots*; le 6° mois le 8 janvier *ou arats*; le 7° mois le 7 février *ou mehegan*; le 8° mois le 9 mars *ou areq*; le 9° mois le 8 Avril *ou ahegan*; le 10° mois le 8 mai *ou mareri*; le 11° mois le 7 juin *ou marqats*; le 12° mois le 7 juillet *ou hroditz*[37].

Aujourd'hui ce calendrier est tombé en désuétude. L'Eglise arménienne, dans le monde entier, n'utilise plus que le calendrier grégorien. Hormis le patriarcat de Jérusalem qui se sert aussi du calendrier julien pour la raison qu'il regroupe en son sein les autres Eglises non-chalcédoniennes qui, elles, ont conservé le calendrier julien. Le patriarcat suprême et catholicossat de tous les Arméniens publie chaque année à Edchmiadzin les concordances entre ces calendriers.

Ayant réussi à séparer les Eglises grecque et arménienne, à semer les germes de discorde entre les Eglises latine et byzantine, Justinien mourut en 565. Il laissait les caisses de l'Etat vides. Sa disparition fut saluée avec soulagement par les peuples de l'Empire.

«La période qui vient, et qui voit se succéder sur le trône Justin II (565-578), Tibère (578-582), Maurice (582-602) et Phocas (602-610), révèle brutalement tout ce qu'il y avait d'artificiel et d'excessif dans l'oeuvre de Justinien»[38].

Justin II avait perdu beaucoup de son Empire sous la poussée perse. Maurice récupéra ces territoires et enleva aux Iraniens une partie de l'Arménie orientale à savoir, l'Aghtzniq (*au sud de Bitlis, au pied du Taurus*), le Vaspouragan, jusqu'aux portes de Dvin et d'Erevan. Il prit aux Perses l'Ibérie (*Géorgie*).

Gendre de l'empereur Tibère, Flavius Mauricius Tiberius, était né en Cappadoce d'une noble famille d'Arménie. Il fut le premier à être nommé **Basileus**[39]. Il haïssait les Arméniens parce qu'ils avaient refusé Chalcédoine et la soumission à l'Eglise byzantine. Il déporta de très nombreux habitants de l'Aghtzniq en Chypre. Il expédia de force les satrapes arméniens et leurs hommes sur les rives du Danube pour les opposer aux Slaves et aux Avars qui menaçaient Constantinople[40].

Une fois de plus le frère chrétien byzantin, d'origine arménienne de surcroît, s'était montré aussi féroce sinon davantage envers l'Arménie

---

[37] M. Ormanian, p. 136; P. Alishan, *le Haygh*, 1880; Dulaurier, in F. Tournebize, p. 91.

[38] P. Lemerle, p. 63.

[39] Edouard UTUDJIAN, *Mission technique en Arménie*, p. 46, Paris, 1962.

[40] Sébéôs, III, 6, 10, 20; in F. Tournebize, p. 347.

que le Sassanide mazdéen. La politique dite aujourd'hui «*d'épuration ethnique*» allait être un des moteurs des différents envahisseurs de l'Arménie.

Maurice tend un piège au patriarche arménien, il installe un anticatholicos, la cathédrale d'Avan, le double jeu de Kurion

Dès que Maurice prit pied sur les rives de la rivière Achat ou Azad-Qed (*Libre-Rivière*), marquant la nouvelle limite entre l'Empire byzantin et celui d'Iran, il invita le patriarche arménien Movses II (*Moïse*) à un synode à Constantinople. Moïse comprit la manoeuvre. S'il quittait l'Arménie sous mandat perse on lui imposerait, au besoin par la force, d'adhérer au concile de Chalcédoine et d'accepter la primauté du patriarcat de Constantinople sur le Siège de saint Thaddée.

«*Je ne passerai pas l'Achat, répondit le patriarche, pour aller manger du pain cuit au four et boire de l'eau chaude*»[41].

Furieux d'avoir été découvert, ne parvenant pas à soumettre Movses II, Maurice trouva un prélat arménien disposé à lui obéir. Il s'agissait de l'évêque de Bagaran, dans le Chirac envahi par les Byzantins, Hovhannes (*Jean*). Maurice trouva quelques prélats arméniens dociles qui éliront, en 590, Jean antipatriarche[42]. Hovhannes fixa sa résidence à Avan en deçà de l'Azad tout près d'Erevan.

«*Nous ne passerons pas sous silence le dernier effort tenté par les Grecs, pour gagner les Arméniens à leur cause. Comme une partie de l'Arménie était tombée sous domination byzantine, Constantinople s'empressa d'y installer un patriarche à sa dévotion (590), du vivant de Movsès II. Ce fut Hovhannès de Bagaran*»[43].

L'importance de cet anticatholicossat fut minime. Dans sa grande majorité le clergé arménien tombé sous la domination byzantine n'adhéra pas aux directives de Chalcédoine. Hovhannes de Bagaran n'était plus qu'un évêque dépendant du patriarcat de Constantinople. Si on lui avait donné le titre de catholicos, c'était pour le mettre sur un pied d'égalité avec le véritable chef de l'Eglise arménienne, Moïse II.

Afin de donner du lustre à son siège, Hovhannes fit ériger une cathédrale à Avan. Nous ne pouvons nous empêcher de décrire succinctement cette magnifique église, un des fleurons de l'art ecclésial arménien. Style qui inspirera l'art roman et de nombreux traits du gothique en Europe, qui

---

[41] F. Tournebize, p. 91.

[42] M. Ormanian, p. 33; F. Tournebize, p. 91-92.

[43] M. Ormanian, p. 32-33.

prit son essor à Edchmiadzin, et dont l'équilibre sera atteint à sainte Hripssimeh. Des centaines de chapelles, sanctuaires, monastères, tous aussi somptueux les uns que les autres, parsèment le sol de l'Arménie, de l'Anatolie à l'Azerbaïdjan, de la Cilicie à la Géorgie.

La cathédrale d'Avan forme un carré inscrit dans un plan rectangulaire. A chacun des points cardinaux se situe une abside semi-circulaire (*conque*). Ainsi quatre chapelles ouvrent sur la partie centrale. On pénètre dans ces conques à travers des niches disposées en diagonale, peu engagées dans les murs, embellissant l'espace intérieur fermé. Le carré cruciforme est spécifique de la structure centrée. Les angles du carré sont ornés d'absidioles. Une coupole centrale coiffe cette figure géométrique parfaite.

«*L'Eglise d'Avan du VI° siècle (590-609) est le prototype de Hripsime, sur plan rayonnant avec coupole centrale et quatre absides symétriques, la coupole sur pendentifs est raccordée comme à Ste Hripsime à l'aide de quatre coupolettes hémisphériques d'une ingéniosité étonnante. Cette église est située dans un des faubourgs d'*Erevan»[44].

Nous retrouvons à Avan une grande originalité architectonique dans l'installation du dôme central. Au siècle précédent, Vahan Mamikonian avait eu à tourner la difficulté en faisant transformer la basilique d'Edchmiadzin. La même prouesse technique fut appliquée à Avan, afin d'installer une coupole à base circulaire sur un bâtiment carré. Difficulté tranchée au moyen de trompes. Devons-nous dire qu'une trompe est une portion de voûte tronquée, placée à l'angle de la construction en encorbellement ou en porte-à-faux; elle aidera à soutenir, en dehors de l'aplomb des murs, tout ou partie de l'édifice.

A Avan cet artifice devient un art. Les trompes de dimension réduite sont disposées en gradins permettant au tambour de base circulaire de reposer sur le plan carré. Thoramanian reconstitua les plans de la cathédrale. «*Thoramanian a avancé l'idée de l'existence sur l'église d'Avan de cinq coupoles. La principale au centre, et les quatre autres sur les chapelles d'angle circulaires. Toutefois, l'état actuel du monument ne permet pas de vérifier cette hypothèse. Le plan de Ste Hripsime a une analogie frappante avec celui d'Avan et s'en est visiblement inspiré*»[45].

Ayant installé un antipatriarche en face de Moïse II, et se persuadant qu'il avait englobé l'Eglise arménienne, Maurice tenta de détacher de celle-ci le catholicos d'Albanie Caspienne et l'évêque de Siounie. Ces prélats étaient tout disposés à répondre aux sirènes byzantines mais ils se

---

[44] E. Utudjian, p. 102.

[45] E. Utudjian, p. 114.

trouvaient sous domination iranienne; ce qui les empêcha de se séparer de l'Eglise arménienne.

Maurice eut plus de chance avec l'Eglise géorgienne. Il est vrai que l'Ibérie faisait partie de l'Empire. Le catholicos géorgien Kurion (*ou Kyrion ou Cyrion*) avait séjourné 15 ans sur les bords du Danube, à Nicopolis (*aujourd'hui Nikopol en Bulgarie*). Il avait été longuement «*travaillé*» par le clergé byzantin. Il était convaincu que le concile de Chalcédoine ne couvrait pas les erreurs de Nestorius. Les ecclésiastiques grecs l'expédièrent à Dvin auprès du patriarche arménien. Là, Kurion avait sans doute proclamé son opposition au concile de Chalcédoine puisque les prélats arméniens l'accueillirent avec sympathie. Sinon pourquoi le catholicos Movses II l'aurait-il ordonné évêque du diocèse le plus prestigieux de l'Eglise arménienne, celui de l'Ayrarat ? Au bout de cinq ans Moïse II, toujours confiant en la fidélité de Kurion, le consacrait catholicos de l'Eglise géorgienne. Deux ans plus tard, Kurion s'empressait d'ordonner évêque un prêtre nestorien venu justement de Nicopolis[46]. Surpris, Movses II attira l'attention de son subalterne sur l'erreur qu'il venait de commettre. Kurion lui fit une réponse dilatoire. Il méditait déjà d'accepter Chalcédoine. Ce faisant il jouirait des honneurs promis par l'empereur au lieu de subir des contraintes pour son attachement à son Eglise-mère.

L'Eglise géorgienne avait été créée par les missionnaires arméniens, elle conservait une grande autonomie à l'intérieur de l'Eglise arménienne qui lui avait même procuré son alphabet pour la rapprocher de ses fidèles. Avec les Géorgiens, Maurice était enfin parvenu à ses fins. Il s'apprêtait à envoyer en Thrace 30.000 cavaliers arméniens lorsqu'il fut assassiné par Phocas en 602[47]. La vaillance des Arméniens, déjà installés sur le Danube, permit à Phocas d'y préserver la frontière nord de l'Empire. Les Arméniens repoussèrent les Slaves et leurs alliés les Avars, peuplade probablement d'origine turque[48].

Le chef de l'Eglise arménienne, Movses II, mourut en 604. Le siège resta vacant pendant trois ans. Il fut occupé par un vicaire patriarcal, locum tenens de haute valeur spirituelle et intellectuelle, Vrtanès Qrtogh (*le Grammairien*). Il n'eut de cesse, soutenu par l'évêque Movses de Dzurdat dans le Gougarq (*province arménienne limitrophe de la Géorgie*) et le danouder Sembat Bagratouni, que de ramener Kurion, par la douceur et la fraternité chrétienne dans le giron de l'Eglise arménienne.

---

[46] F. Tournebize, p. 347.

[47] F. Tournebize, p. 347.

[48] P. Lemerle, p. 64.

Le 30 avril 607, Abraham 1° d'Aghbathang fut élu patriarche. Il exhorta à son tour Kurion de rentrer dans le rang. Alors celui-ci jeta le masque en écrivant à son supérieur qu'il acceptait Chalcédoine et rejoignait l'Eglise grecque. La Géorgie, ayant été reconquise par le roi des rois perse, Khosrov, Abraham aurait pu lui demander de réduire Kurion. Le monarque sassanide l'aurait fait volontiers afin de nuire à Byzance. Le catholicos refusa de recourir à un tel moyen; il était ennemi de la violence et n'aurait jamais accepté qu'un païen se mêlât des affaires de l'Eglise.

En 609 Abraham 1° convoqua un nouveau synode à Dvin, réunissant les évêques arméniens et aghouans, afin de prendre une décision au sujet de cette sécession. Le concile constata tristement la dissidence et enregistra la demande de séparation de l'Eglise géorgienne. Il n'y eut ni excommunication (*elle n'existe pas chez les Arméniens*) ni anathème[49]. «*... et l'église géorgienne, Kurion en tête, définitivement gagné à la foi chalcédonienne, fut annexée à l'église grecque. Le concile de Douine (609) scella cette séparation de l'église orthodoxe arménienne. Mais cet événement devait avoir dans la suite des temps des conséquences fâcheuses pour l'église géorgienne. Car sous la domination russe au Caucase, au commencement du XIXe siècle, son existence nationale n'avait plus aucune raison d'être, vu l'identité de principes, qui fondait l'église géorgienne dans l'église russe*»[50].

Les armées perses traversèrent l'Azad et entrèrent dans Avan. Elles capturèrent l'anticatholicos Hovhannes qui mourra à Ecbatane en 611[51]. «*Les Grecs ne crurent pas devoir lui donner un successeur. Ils y furent d'autant moins encouragés que les Arméniens de la domination grecque eux-mêmes refusèrent de reconnaître le patriarche intrus, ainsi que la profession de foi chalcédonienne, qu'il représentait*»[52].

Abraham 1° mourut en 615.

Heraclius, le monothélisme, chalcédoniens et non-chalcédoniens

A l'arrivée de Phocas le conflit religieux se déplaça vers l'ouest. Le patriarche de Constantinople, Jean le Jeûneur, se donna le titre de patriarche oecuménique, soulignant de la sorte sa primauté sur l'Eglise

---

[49] M. Ormanian, p. 32, 174; F. Tournebize, p. 347-348.

[50] M. Ormanian, p. 32.

[51] Oukhtanès, *Histoire de l'Arménie* (*en arménien*), II, 37, 1871; Sébéôs, III, 9, 23; in F. Tournebize, p. 348.

[52] M. Ormanian, p. 33.

universelle et sur le pape de Rome[53]. Ce qui allait de soi selon la logique de Chalcédoine. Le pape romain, Grégoire 1° (*590-604*), en fut fort irrité. Il proclama qu'étant l'évêque de Rome il était lui, et non Jean, celui de la chrétienté tout entière. Sous le règne de l'incapable Phocas l'Eglise universelle se morcelait davantage ainsi que l'Empire byzantin. Alors apparut l'homme providentiel, Heraclius. Il était né en Cappadoce vers 575 d'une grande famille arménienne[54]. Son père avait été gouverneur de l'Arménie byzantine (*594*) puis exarque de Carthage; il enverra son fils, Flavius Heraclius, venger la mort de Maurice[55].

Il est un fait que la plupart des historiens passent sous silence: l'existence d'une élite militaire arménienne dans les armées de Byzance. Lorsqu'ils prirent pied en Afrique du Nord pour en chasser les Vandales, les Byzantins n'auraient jamais triomphé sans les escadrons arméniens. Narsès, l'un de leurs meilleurs généraux, était Arménien. Des fonctionnaires arméniens suivaient ces troupes. Ces soldats, ces administrateurs se mêlèrent à la population locale.

Avec quelques navires Heraclius aborda sous les murs de Constantinople. Sa présence déclencha une révolte. Le peuple assassina Phocas et offrit le pouvoir à son nouveau favori, Heraclius[56]. Celui-ci rétablit l'autorité de l'Etat, et, grâce aux Arméniens, combattit Slaves et Avars sur le Danube. Il repoussa les Perses jusque sur le Tigre.

Sur le plan religieux Heraclius s'entendit bien avec son patriarche, Sergius. Ce dernier voulait permettre à son empereur de rassembler tous les chrétiens derrière lui. Tentant de concilier l'inconciliable il déboucha sur une nouvelle hérésie: «*le monothélisme*». Elle professait que si chaque nature du Christ opérait de son côté il y aurait deux volontés la divine et l'humaine; ce qui rendrait inévitable un affrontement entre elles. Pour éviter ce conflit il accordait une seule volonté à Jésus-Christ: la volonté divine. Cette hérésie fut une des multiples séquelles du concile de Chalcédoine.

Pour certains chalcédoniens les positions se sont cristallisées autour de l'axiome: **Hors de Chalcédoine point de salut!** D'autres ont cherché un terrain d'entente. Ils tendent vers une certaine humilité chrétienne sans toutefois vouloir revenir en arrière.

---

[53] P. Lemerle, p. 64.

[54] Encycl. ALPHA, *à Heraclius*, Grange Batelière S.A., Paris, 1968; P. Lemerle, p. 73.

[55] E. Utudjian, p. 46-47.

[56] P. Lemerle, p. 64.

«*Plus tard le mouvement du néo-chalcédonisme a cherché à interpréter les formulations du Concile de Chalcédoine comme n'étant pas opposées à l'enseignement de saint Cyrille d'Alexandrie*»[57].
Au moins une partie des chalcédoniens reconnaîtrait donc que les déclarations de Chalcédoine ont quelque peu outrepassé celles du concile d'Ephèse (*431*).
Entre l'Eglise latine et l'Eglise arménienne de nombreuses rencontres ont eu lieu à ce sujet. En décembre 1996, le pape Jean-Paul II et le patriarche suprême et catholicos de tous les Arméniens, Karékine 1°, ont publié une déclaration commune, comme le dit Karékine 1° à Giovanni Guaïta:
«*Nous avons exprimé ensemble notre christologie commune, en disant que Jésus-Christ est Dieu parfait et homme parfait, et que sa divinité est unie à son humanité dans une union réelle et parfaite.*
Votre déclaration commune dit que vous prenez acte du grand progrès établi par vos Eglises «DANS LA COMMUNE RECHERCHE DE L'UNITE EN CHRIST, LE VERBE DE DIEU FAIT CHAIR. DIEU PARFAIT DANS SA DIVINITE, HOMME PARFAIT DANS SON HUMANITE, SA DIVINITE EST UNIE A SON HUMANITE EN LA PERSONNE DU FILS UNIQUE DE DIEU DANS UNE UNION QUI EST REELLE, PARFAITE, SANS CONFUSION, SANS ALTERATION, SANS DIVISION, SANS AUCUNE FORME DE SEPARATION». Ces derniers mots sont une citation de la formule de Chalcédoine ... N'avez-vous pas changé d'avis ?*»[58].
Nous terminerons ce chapitre par la réponse de Karékine 1°:
«*Non. Ces mots ont été employés par nos pères dans beaucoup de traités théologiques, car nous avons toujours dit qu'il n'y a pas eu de confusion des natures dans la personne du Verbe Incarné. Il est vrai que ces mots figurent aussi dans la formule de Chalcédoine, mais ils expriment ce que l'Eglise croyait déjà avant ce Concile. Par contre il y a d'autres aspects de Chalcédoine qui ont été adoptés comme normes de la foi et que nous n'acceptons pas; particulièrement dans le* Tome à Flavien *de Léon, là où il décrit les deux natures comme ayant chacune ses propres opérations. Mais la formule que vous avez citée apparaît aussi dans les formulations dogmatiques des Pères de toutes les Eglises orientales. Donc ce que nous avons dit avec le pape n'est pas vraiment quelque chose de nouveau; nos théologiens ont reconnu qu'ayant des formulations différentes nous avons eu la même christologie*»[59].

---

[57] G. Guaïta, *Karékine 1°*.., p. 113.
[58] G. Guaïta, *Karékine 1°*.., p. 118.
[59] G. Guaïta, *Karékine 1°*.., p. 118-119.

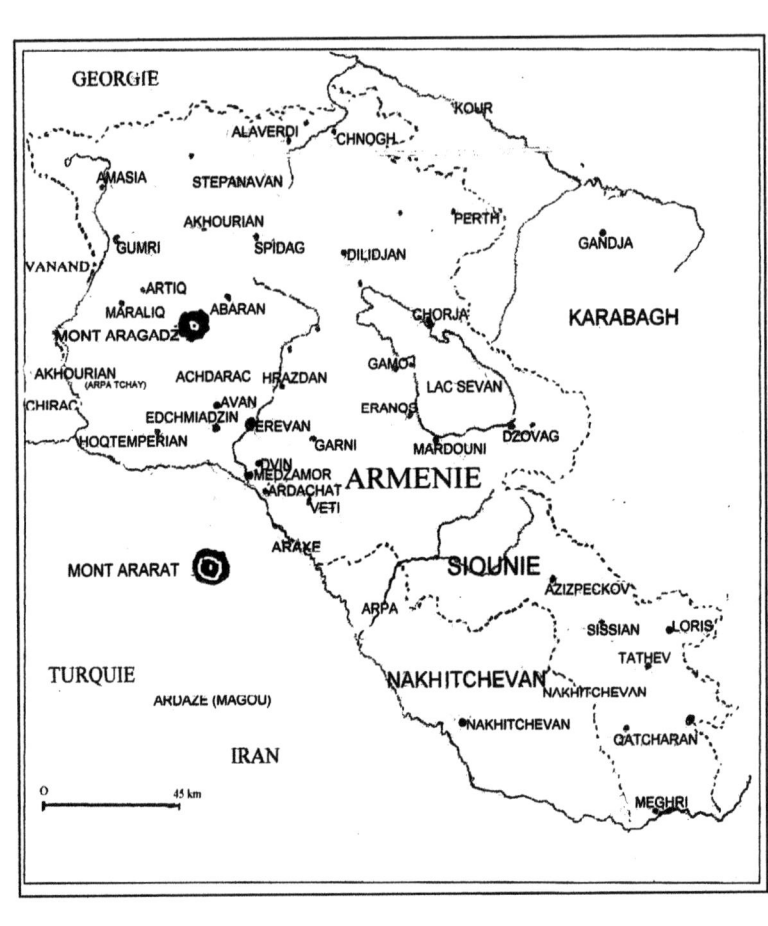

> *Lorsque l'on considère la longue suite de massacres et de dévastations qui ont fait disparaître de la carte des cités innombrables, dépeuplé de vastes provinces, provoqué les migrations de populations entières, on est saisi d'admiration pour ce peuple arménien qui, non seulement a résisté à l'anéantissement mais encore, a refusé l'assimilation ou la conversion qui auraient mis fin à ses malheurs. A cette admiration se mêle de la reconnaissance car, si la nation arménienne avait disparu, si elle s'était fondue dans les nations voisines, il manquerait à l'édifice de la civilisation une pierre ... peut-être même une coupole. (J.-P. Alem)*

CHAPITRE II

Les Arabes en Arménie

Heraclius se réveille, la basilique sainte Hripssimeh, Heraclius veut imposer le concile de Chalcédoine aux Arméniens

En 614 Khosrov II, le monarque sassanide, attaqua l'Empire byzantin, entra dans Jérusalem fit massacrer et déporter les chrétiens. Il incendia les églises[60]. Il emporta la relique de la Sainte-Croix en captivité. Heraclius attendit que le général perse, Charvaraz, parvienne sous les murs de Constantinople (*623*) pour «*sortir de sa torpeur*» selon le mot de Malachia Ormanian. Bien qu'excellent chef de guerre, Heraclius était faible de caractère. Les victoires qu'il remporta, à partir de 623, sont dues à la bravoure des Arméniens commandés par Mjej Gnouni. Grâce à celui-ci l'empereur conquit une grande partie de l'Arménie sur les Iraniens ainsi que la Géorgie et l'Aghouanie, leur reprit la Mésopotamie et la Palestine, et les obligea à restituer la Sainte Relique à Jérusalem[61]. Heraclius ne s'embarrassait pas de sentiments humains qui devraient animer tout chef chrétien. Il s'allia à un peuple turc de Russie du sud les Khazars, et leur permit de dévaster la Géorgie et l'Aghouanie.

«*Les troupes arméniennes, conduites par Megège Gnouni, avaient contribué en grande partie au succès de la campagne. Ce fut à la suite de ces événements heureux, que Héraclius conçut le projet de réaliser l'union dogmatique des Grecs avec les Arméniens. Pour atteindre ce but,*

---

[60] Bernardin COLLIN, *Les Lieux Saints*, p. 21, P.U.F., coll. «*Que sais-je ?*», Paris, 1969.
[61] M. Ormanian, p. 33.

il essaya d'imposer à ces derniers les décrets de Chalcédoine, que l'église grecque avait reconnus après la condamnation des Trois-Chapitres»[62].

Les empereurs de Constantinople s'entêtaient à faire adhérer le pape d'Alexandrie, les patriarches arménien et syrien au concile de Chalcédoine, revu et corrigé par celui de Constantinople (553). Politique stérile et périlleuse pour l'Empire byzantin.

«*La cour byzantine donnait alors le spectacle de la plus farouche intolérance religieuse; des haines féroces excitaient les Grecs contre les peuples qui ne croyaient pas comme eux et les armaient les uns contre les autres. Ces passions, les discussions futiles qui en résultaient, affaiblissaient l'Empire; mais les empereurs, comme le peuple, étaient aveuglés par des subtilités de casuistique, tandis que sur toutes les frontières se pressaient des ennemis menaçants*»[63].

L'évêque du Daron, dans le fief des Mamikonian, Gomidas 1° d'Aghtziq (*615-628*) avait remplacé le catholicos Abraham 1°.

Alors que les Perses fonçaient sur Constantinople, Gomidas 1° décida de restaurer la basilique sainte Hripssimeh[64]. Rappelons que le sanctuaire dédié à la vierge et martyre avait été édifiée par le roi Tiridate III sur l'emplacement du supplice. Le catholicos saint Sahac 1° le Grand avait déjà fait restaurer l'église en 395. Au début du VII° siècle le bâtiment se trouvait fort dégradé et le dôme en bois était vermoulu.

A Vagharchapat, entre Edchmiadzin et Erevan, se dresse ce joyau de l'art ecclésial arménien. Il est assis sur les profondes fondations d'un temple païen. Il dégage, malgré ses dimensions réduites, un aspect monumental. Monumental mais non massif. L'homogénéité des volumes et leur agencement confinent à la perfection. Les imposantes proportions du tambour central devraient, en toute logique, écraser l'édifice. Au lieu de cela elles l'allègent par une envolée vers le firmament. Sainte Hripssimeh est une variante de la cathédrale d'Avan.

C'est un carré bâti sur plan rayonnant inscrit dans un rectangle. Ici les murs ne sont pas rectilignes. Chaque partie saillante forme un triangle isocèle élargissant l'église. Les parties rentrées, moins épaisses, lui permettent de résister aux tremblements de terre. En véritable artiste l'architecte a su jouer avec les contrastes de couleurs. Il a choisi un

---

[62] M. Ormanian, p. 34.

[63] J. de Morgan, p. 118.

[64] L'évêque SEBEOS, *Histoire de Heraclius*, XXIII, p. 63, trad. Macler, Paris, 1904; Asoghiq, p. 118; Jean catholicos, p. 63; in R. Grousset, p. 282.

matériau léger et solide, abondant en pays volcanique, le tuf. Cette pierre change de teinte au gré des heures et des saisons. Sur un fond de ciel d'azur, elle passe du rose à l'orangé avec des nuances de gris et de marron. Au point que, depuis plus de treize siècles, la basilique sainte Hripssimeh ravit l'oeil du pèlerin ou du touriste par ses variations dans la continuité. Un narthex a été ajouté ultérieurement mais s'intègre parfaitement dans la construction. En entrant dans l'église, on pense se trouver dans l'obscurité. Surprise! la clarté tombant des ouvertures du tambour éclaire une nef à l'élégante sobriété où l'alternance des masses et des volumes crée une perspective immatérielle.

Ces murs avaient été habillés de tentures d'étoffes précieuses brodées d'or et d'argent, agrémentées de perles. Combien de liturgies, de messes solennelles s'étaient-elles déroulées sous cette coupole ? Il fallait imaginer les officiants aux aubes de dentelle finement ouvragées recouvertes d'étoles de soie, de chapes de tissus rares richement ornées. Les envahisseurs, mazdéens, chrétiens ou musulmans, tout au long des siècles, avaient arraché les tapisseries, emporté les vases sacrés et les ornements liturgiques. Ils n'avaient rien pu contre la beauté des murs. Porté par les raies d'ombre et de lumière, le regard monte vers une coupole surmontant un tambour si méticuleusement polygonal que sa base en paraît circulaire. Le passage du plan carré au cylindre s'obtient par la technique des pendentifs. Quatre petites coupoles hémisphériques, ajoutées entre les arches, aident aussi à supporter le tambour. Le plan carré, inscrit dans le rectangle, est flanqué d'une conque sur chacun de ses côtés. Les absides du plan carré communiquent avec les chambres du rectangle par des absidioles à trois-quarts de cercle. Ces vestibules débouchent sur la nef.

«*Au cours des travaux, il fut procédé à l'ouverture de la tombe, et le corps de Rhipsimé apparut merveilleusement conservé, ou, comme le chante Sébêos, «la perle royale, lumineuse et rare, le corps virginal de la sainte, perle non point née de la mer, mais de la race royale et nourrie dans le giron de la sainteté. Et toute la région du Nord, ébranlée (par les guerres) venait la vénérer, et beaucoup de malades guérissaient de tous leurs maux*»[65]. *Ce fut, ajoute Jean Katholikos, une grande consolation spirituelle pour les Arméniens*[66]»[67].

En 628, à la mort de Gomidas 1°, Kristapor d'Apahouni lui succéda. Il avait dû être le chapelain du danouder Théodore (*Theodoros* ou *Thoros*)

---

[65] Sébêos, p. 77; in R. Grousset, p 282
[66] Jean catholicos, X, p. 63; in R. Grousset, p.282.
[67] R. Grousset, p. 282.

Rechtouni, qui le fit élire. Le nouveau patriarche déplut aux Arméniens. Sébêos le décrit comme orgueilleux et arrogant. Jean catholicos et Samuel d'Ani en font une victime des cabales et des discordes[68]. René Grousset nous dit que Kristapor 1° pour Samuel d'Ani: «... *était d'une famille distinguée de l'Apahouniq et très attaché à la religion. Ayant tenté en vain de réformer les moeurs dissolues des grands, il se retira*»[69]. Kristapor 1° fut poussé à démissionner en 630. L'évêque de Parajnakert Ezr ou Yezr 1° (*Esdras*) lui succéda.

«*Un homme humble et doux qui ne voulait irriter personne et de la bouche duquel ne sortait aucune parole mauvaise*»[70].

En 630 Mjej Gnouni prit possession, au nom de Heraclius, d'une grande partie de l'Arménie perse. Heraclius décida d'intégrer les Arméniens dans l'Eglise byzantine, sous son autorité. Il croyait ainsi récompenser ses frères de race des services à lui rendus[71].

On comprend mal comment et pourquoi l'empereur pouvait prôner la christologie de Chalcédoine alors qu'il adhérait au monothélisme de son ami Sergius, patriarche de Constantinople et Syrien d'origine[72]. L'explication n'est point théologique mais politique. S'il adoptait l'attitude des empereurs Basilisque, Zenon et Anastase, Heraclius s'aliénerait les chalcédoniens de Rome et de Constantinople. Alors que par ses subtilités casuistiques Sergius espérait concilier chalcédoniens et non-chalcédoniens.

«*Ne pouvant revenir sur la question du concile de Chalcédoine, dont la sanction avait été approuvée par le concile de 553, les monothélites cherchaient à en détourner les effets, soit par la condamnation des Trois-Chapitres, soit en soutenant l'union des volontés en Christ, au lieu de l'union des natures*»[73].

Pour Héraclius 1° plus rien ne s'opposait à l'adhésion de l'Eglise arménienne aux exégèses byzantines. Il fut persuadé que le patriarche Ezr 1° accepterait la fusion avec l'Eglise grecque.

---

68 Sébêos, XXVIII, p. 87; Jean catholicos, X, p. 64; in R. Grousset, p. 283.

69 Samuel d'Ani, dans Brosset, *Histoire de la Siounie*, II, p. 401; in R. Grousset, p. 283.

70 Sébêos, XXVIII, p. 88; in R. Grousset, p. 283.

71 R. Grousset, p. 283-284.

72 Migne, P.G., CVIII, p. 677-681, CXXVII, p. 853-854; Theophane, p. 330, ed. de Boor; in F. Tournebize, p. 350-351.

73 M. Ormanian, p. 34.

«*Nous ne pouvons, repartit le catholicos, admettre le concile de Chalcédoine, si, comme on le dit, il est favorable à Nestorius. Mais, si vous rejetez l'erreur nestorienne, nos croyances sont les vôtres*»[74].
Voilà qui exprimait clairement la position de l'Eglise arménienne. Point n'était besoin d'adhérer à Chalcédoine pour rester dans l'orthodoxie. Heraclius 1° soumit à Ezr 1° une formule qui aurait dû faciliter l'union avec l'Eglise grecque. Sous sa pression fut décidée la réunion d'un concile entre les deux Eglises. Prélats grecs et arméniens se rencontrèrent à plusieurs reprises pour le préparer autour de l'énoncé de l'empereur.

«*Cette formule était en tout conforme à la profession de foi des Arméniens, sauf qu'on y passait sous silence le concile de Chalcédoine*»[75].

Le concile s'ouvrit en 632 à Garin. 193 évêques arméniens et grecs approuvèrent la formule de Heraclius et communièrent ensemble au cours d'une messe solennelle[76]. L'ambiguïté de la fameuse formule permettait cet accord de façade mais, surtout, la présence des troupes d'occupation byzantines. Malgré tout, le concile de Garin ne fit pas l'unanimité des évêques et du peuple arméniens.

«*Une vive animosité s'était déchaînée contre Yezr; mais quoi qu'on pût faire, on n'arriva pas à le faire déposer: néanmoins le sentiment d'indignation, qu'excita sa conduite, s'est conservé à travers les siècles, au point que son nom figure encore sur la liste des patriarches avec l'initiale renversée. Cependant, pour être juste, il faut ajouter que Yezr ne pouvait guère être plus chalcédonien que Héraclius, défenseur de la doctrine monothélite et protecteur du patriarche Serges, qui était l'auteur de cette doctrine*»[77].

A la décharge de Ezr il faut dire que, par son attitude, il évitait à son peuple de subir les persécutions byzantines. Le gouverneur de l'Arménie fit aussi pression sur lui.

«*Sébêos raconte que Mzez Gnouni, gouverneur de l'Arménie grecque, proposa à Ezr de souscrire aux conditions d'union proposées par Héraclius, sous peine de se voir opposer un autre catholicos et d'être relégué dans l'Arménie perse. - Cet Arménien était-il le Mzez qui, après l'assassinat de Constant, au témoignage de Théophanes, fut proclamé*

---

[74] F. Tournebize, p. 95.

[75] M. Ormanian, p. 34.

[76] F. Tournebize, p. 95, Garin en arménien, Erzeroum en turc «*Arzen-el-Roum, c'est-à-dire terre des Romains, en arménien Garin*» (*F. Tournebize, p. 95*); M. Ormanian, p. 34.

[77] M. Ormanian, p. 34.

empereur à cause de sa belle prestance, et presque aussitôt égorgé par Constantin Pogonat ?»[78].

Les évêques arméniens craignaient l'absorption par l'Eglise grecque, comme cela s'était fait pour les Géorgiens. Ils savaient que c'était l'unique but de ces empereurs opportunistes, indifférents à l'orthodoxie de l'Eglise arménienne.

«De là, des tracasseries, d'un côté; du mécontentement et de la défiance, de l'autre. Un nouveau schisme se préparait; les occasions ne manquèrent pas pour le faire éclater.

De la Mekke vont s'élancer de nouveaux conquérants, qui, se substituant pour un temps aux Perses, verront d'un oeil aussi jaloux que ces derniers tous les liens qui retiendront les Arméniens unis aux Grecs»[79].

Le Prophète Muhammed, l'Islam, le patriarcat de Jérusalem, Muhammed confirme les Arméniens de Jérusalem dans leurs possessions, le calife Omar

Pendant que Byzantins et Perses vidaient leurs querelles en Arménie, que Byzantins et Khazars dévastaient la Géorgie, que les Khazars ravageaient l'Aghouanie une nouvelle force se levait au Sud: les Arabes.

«... hommes pauvres, mal vêtus, mais d'une bravoure sans égale, d'un fanatisme inconnu jusqu'alors chez les vieux peuples»[80].

Des siècles plus tard l'auteur du XIV° siècle, Abou Zeïb Abd er-Rahman ibn-Khaldun dans son Qitab al-ibar (*Livre des Considérations*), fondera sur ces mouvements sa théorie, dite cyclique, de l'Histoire.

On peut la résumer ainsi: l'âpreté de leur mode de vie favorise chez les nomades l'entraide, l'abnégation, la vaillance. Ces qualités leur permettent de s'emparer de cités opulentes. Au contact des richesses les conquérants s'amollissent à leur tour devenant la proie de nouvelles tribus pauvres et agressives, et ainsi de suite.

Celui qui sut mettre en valeur les qualités des Arabes, les fédérer, leur donner un idéal, un but, fondés sur une religion originale adaptée à leur caractère et à leur combativité, fut le Prophète Muhammed[81].

Vers 570, à la Mekke, Muhammed naquit dans une famille noble. Il perdit très tôt son père, Abdullah, puis sa mère, Amina. Il avait six ans.

---

[78] F. Tournebize, p. 351.

[79] F. Tournebize, p. 96.

[80] Jacques de MORGAN, *Histoire du peuple arménien*, p. 115-116, Marseille, 1981.

[81] Mohamed, Mahomet, Muhammad. Nous utilisons la transcription arménienne.

Il fut recueilli par son grand-père, Abd el-Muttalib, qui l'éleva avec amour. Le vieil homme mourut au bout de deux ans. Muhammed fut pris en charge par son oncle, Abou Talib. C'est l'usage chez les Arabes qui n'abandonnent jamais un orphelin. L'enfant grandit dans une tendre ambiance familiale. Il voyagea avec des caravaniers jusqu'en Syrie; il y apprit beaucoup.

A l'époque les Arabes étaient en majorité polythéistes. Une bonne partie d'entre eux se composait de chrétiens. On rencontrait aussi des Juifs en Arabie. Certains Arabes avaient des convictions monothéistes, sans être ni juifs ni chrétiens, on les appelait les Hanifs.

Ayant épousé une riche veuve, Khadidja, Muhammed aimait à méditer, solitaire, dans une grotte. Un jour il eut une vision. Un ange lui apparut en le nommant: «*l'Envoyé de Dieu*» et lui révéla sa mission. Rentré chez lui, il se confia au cousin de Khadidja, Waraqa ben Nawfal, qui était chrétien. Celui-ci lui expliqua qu'il avait vu l'Archange Gabriel, et qu'il était investi de la mission de Prophète. Alors Muhammed se mit à prêcher, à proclamer des oracles sur le Jugement dernier, à glorifier le Dieu unique et à recommander l'assistance aux pauvres. Il réanimait le monothéisme d'Abraham en le greffant sur des racines arabes. Tout ceci fut consigné dans le livre saint de l'Islam: le Coran.

«Le Coran, ensemble des révélations que Mahomet affirmait recevoir de la Divinité, énumère les articles fondamentaux du dogme de l'Islâm. Le credo musulman comporte cinq articles; la Foi repose sur cinq colonnes. Le Musulman doit croire en Allâh, dieu unique, éternel, tout puissant; il croit à l'existence des anges, serviteurs d'Allâh, à la véracité des Livres révélés, dont le Coran est le dernier et, depuis qu'il est paru, le seul indispensable aux hommes; à la succession des Prophètes, qui commence avec Adam, compte, entre bien d'autres, Noé, Abraham, Moïse et Jésus, et qui se clôt pour toujours avec Mahomet; enfin il attend la venue du Jugement dernier, qu'annonceront des signes précurseurs et où, suivant leurs mérites, les mortels seront admis aux jouissances du Paradis ou torturés dans la géhenne»[82].

Khadidja fut la première à se convertir ainsi que le fils d'Abou Talib, Ali, le cousin de Muhammed. Ali épousera plus tard la fille cadette du Prophète. Peu à peu un noyau de muslims se constitua. Ils se répandirent dans la Mekke prenant fait et cause pour les déshérités, au grand dam des riches commerçants de la ville. En 619 Muhammed perdit son épouse, son oncle et deux autres fidèles. L'hostilité des nantis lui fit

---

[82] Georges MARÇAIS, *L'Afrique du Nord Frse dans l'Histoire*, p. 131, Lyon-Paris, 1937.

quitter la Mekke. Il en sortit en 622 avec les musulmans pour rejoindre Yathrib oasis dont la moitié des habitants avait accepté l'Islam. Cette palmeraie, au nord-ouest de la Mekke, sera Medinat al-Nabi (*Médine, la ville du Prophète*). Tout en y vivant très simplement, même pauvrement, Muhammed s'y livrait aux bonnes oeuvres. Il allait se révéler grand chef d'Etat. Il canalisa l'énergie guerrière des Arabes en direction des Empires extérieurs.

Après un dernier pèlerinage à la Mekke, en 632, le Prophète Muhammed mourut quelques mois plus tard à Médine[83].

«Du texte coranique, auquel vient s'ajouter la Tradition des actes et propos attribués au Prophète, se dégagent les prescriptions fondamentales de la loi, les obligations du culte, qui sont elles aussi au nombre de cinq. La première est la récitation de la profession de foi musulmane, qui affirme la croyance en l'unité d'Allâh et en la Mission divine de Mahomet ... La seconde est la prière, récitation de formules empruntées au Coran, accompagnée d'attitudes de soumission et d'adoration, minutieusement réglées. Le Musulman est astreint à faire cinq prières par jour, chacune précédée d'ablutions purificatoires. Le troisième article impose au fidèle l'obligation du jeûne pendant le mois lunaire de ramadan; le quatrième lui enjoint de payer l'aumône légale, dont le montant, calculé d'après sa fortune, est versé à l'Etat qui en assure le bon emploi. Enfin le cinquième l'oblige à se rendre, une fois dans sa vie, en pèlerinage au sanctuaire de la Mekke. A ces devoirs personnels s'ajoute le devoir collectif de la Guerre sainte, de la défense contre les infidèles et de la propagation de l'Islâm par les armes»[84].

Dès que les tribus arabes, enfin unies, commencèrent leur progression foudroyante, il fut certain qu'elles entreraient bientôt dans Jérusalem. Les vieux Empires perse et byzantin s'avéreraient incapables de les arrêter.

Il nous faut revenir en arrière pour situer l'un des cinq patriarcats de l'Eglise universelle, celui de Jérusalem.

Le premier évêque de la ville, consacré par les apôtres, fut le frère de Jésus, Jacques le Juste. En 33, après la Pentecôte, il prit la direction des chrétiens de Jérusalem. Sa maison devint l'évêché, Siège du premier patriarche. Saint Jacques eut l'honneur et le privilège d'assister à une apparition particulière du Seigneur ressuscité.

«Ensuite il est apparu à Jacques, puis à tous les apôtres»[85].

---

[83] J. JOMIER, Dictionnaire des Religions, p. 685, 1187.

[84] G. Marçais, p. 131-132.

[85] St Paul, *I, Cor.*, **15**, 7.

Saint Paul, dès sa conversion, prêcha les païens; à son retour d'Arabie il revint à Damas. Le seul apôtre qu'il y rencontra fut saint Jacques le frère du Seigneur[86].

«... - *et, reconnaissant la grâce qui m'a été donnée, Jacques, Céphas et Jean, considérés comme des colonnes, nous donnèrent la main, à moi et à Barnabas, en signe de communion, afin que nous allions, nous vers les païens, eux vers les circoncis*»[87].

Jacques le Juste voulait rassembler juifs et chrétiens dans le même troupeau d'autant que les chrétiens de Jérusalem étaient pratiquement tous Juifs en ce temps-là. Respecté et aimé autant par les uns que par les autres, il était tout désigné, appelé pour se charger de la communauté de la ville sainte. L'épître qu'il nous a laissée le montre comme un ascète. Elle exhorte à la vertu (*parénèse*) et à la nécessité absolue de renforcer la foi par les oeuvres. En 62 il fut lapidé, sur ordre du Grand Prêtre, contre l'avis de nombreux Juifs qui protestèrent contre son martyre[88].

Jusqu'en 140, quinze évêques d'origine juive succédèrent à saint Jacques sur le siège apostolique de Jérusalem. Judas 1° fut le dernier titulaire juif. Des prélats de diverses nationalités suivirent. Malgré la diversité de leurs origines les chrétiens ne formèrent qu'un seul peuple, une seule âme jusqu'à Elie 1° en 485. Alors les dissensions provoquées par le concile de Chalcédoine atteignirent Jérusalem. La belle sérénité disparut.

Les deux principales communautés chrétiennes étaient les Grecs et les Arméniens. Ces derniers ayant la responsabilité de tous les non-chalcédoniens (*Egyptiens, Ethiopiens et Syriens*)[89]. Au V° siècle déjà on dénombrait plusieurs monastères arméniens sur le mont des Oliviers[90]. Au VII° siècle Sophronios était le patriarche grec, Abraham le patriarche arménien. L'avenir de la ville sainte était incertain. Les Arabes progressaient à vive allure. Tous ceux qui ne se convertissaient pas à l'Islam ou ne signaient pas de pacte avec eux devenaient leurs ennemis. Abraham saisit très vite la situation et décida d'anticiper les événements. Les historiens en général passent sous silence l'action du patriarche arménien de Jérusalem qui obtint de Muhammed en personne l'attribution officielle des Lieux saints réservés aux Arméniens.

---

[86] St Paul, *Gal.*, 1, 16-19.

[87] St Paul, *Gal.*, 2, 9. Céphas=Pierre.

[88] Flavius Josèphe, *Ant. Jud.*, XX, 200-203; in Ed. de Cothenet, Dictionnaire des Religions, p. 824-826; P. Paylaguian, p. 76.

[89] Père PAYLAGUIAN, *Histoire ecclésiastique arménienne*, p. 76-77, Paris, 1941 (T.D.A.).

[90] H. Pasdermadjian, p. 123.

Ce faisant Abraham en sauvait l'ensemble puisque les futurs conquérants n'enlèveront pas aux Grecs leurs sanctuaires, ayant respecté ceux des Arméniens

Accompagné d'une délégation de 40 membres Abraham 1° se rendit à la Mekke auprès de Muhammed, à la veille de la mort du Prophète, afin de se faire confirmer ce qui appartenait déjà aux Arméniens. Le Prophète les reçut avec bienveillance. Le Père Paylaguian nous relate les termes de la lettre de créance délivrée par Muhammed à Abraham. Nous la traduisons de l'arménien.

«*Moi, Muhammed, fils d'Abdullah, prophète et apôtre de Dieu, à Abraham, patriarche de Jérusalem, et aux évêques arméniens de Damas, et à ceux qui se trouvent dans les autres territoires arabes, et aux peuples dépendant d'eux, c'est-à-dire aux Ethiopiens, Coptes et Syriens habitant Jérusalem; je leur ai concédé tous leurs couvents, églises, écoles, domaines et champs. Moi, apôtre de Dieu, par le témoignage de Dieu, de même que par le témoignage conscient de toutes les personnes, hommes et femmes, qui se trouvent ici, j'ai promis et donné les églises situées à Jérusalem, le sanctuaire de la Sainte-Résurrection et la grande église Saint-Jacques* (Mar Yaccoub) *sise en face de la partie méridionale de la ville sainte, à côté du monastère de Sion; j'ai donné aussi le couvent des Oliviers et le couvent de la Prison du Seigneur*[91], *l'église de Bethlehem et les chapelles saint Jean et de Samarie* (Naplouse) *et les oratoires situés à l'arrière du sanctuaire de la Sainte Résurrection et la totalité des étages supérieurs et intérieurs du Golgotha et le tombeau du Christ où brûle la Lumière et tous les lieux de pèlerinage religieux, les montagnes, les vallées, les domaines et les acquisitions; je les leur ai donnés au témoignage de Dieu, de l'apôtre de Dieu et de tous les croyants muslims*»[92].

Le patriarche Abraham 1° et son ambassade rédigèrent, en contrepartie, un pacte de fidélité par lequel ils s'engageaient à acquitter toutes les taxes demandées et à ne pas reconnaître d'autre prince que l'émir des muslims. Abraham s'engageait au nom des Arméniens et des peuples dépendant d'eux, Coptes, Ethiopiens et Syriens.

Alors Muhammed confirma sa lettre de créance et chargea ses successeurs d'en garantir chacune des conditions. Omar était présent. Ayant pris connaissance de l'écrit il le certifia aussi de sa propre main garantissant aux Arméniens et aux trois peuples dépendant d'eux, leurs

---

[91] Le couvent des Archanges est appelé par les Arabes le couvent des Oliviers (*Dar el-Zeïtoun*), de même que le couvent Saint-Sauveur, situé hors de la ville, est dit par eux: Prison du Christ (*Habs el-Messih*): Paylaguian, p. 79, n.

[92] Père Paylaguian, p. 79-80.

biens, dignités et églises. Rassurés Abraham et ses compagnons rentrèrent à Jérusalem[93].

En 634, à la mort d'Abou Bekr, Omar devint le Commandeur des Croyants.

Omar Abou Hafsa ibn-el Khattab était né à la Mekke en 586. Adversaire de Muhammed au début, il fut séduit par la rigueur de la vie et l'amour des pauvres du Prophète. Il se convertit à l'Islam en 615. En 625 il donna sa fille en mariage à Muhammed. Organisateur hors pair, le deuxième calife institua le calendrier des muslims. Il en fixa le point de départ à la sortie de Muhammed de la Mekke le 16 Juillet 622 date de l'Hégire (*de Hedjra qui veut dire fuite*). Composé de douze mois lunaires ce calendrier est en décalage de 11 jours sur le mois solaire. Omar officialisa la pratique du pèlerinage à la Mekke.

Brillant chef de guerre, il s'abattit comme la foudre sur les deux superpuissances de l'époque. De 635 à 642 il enleva à l'Empire byzantin la Palestine, la Syrie, l'Egypte, la Cyrénaïque et conquit la Perse sassanide. Il créa une administration efficace pour gérer ce vaste Empire qu'il gouverna avec rigueur et équité.

En 637, selon les prévisions d'Abraham, il était entré à Jérusalem. Il la proclama ville sainte de l'Islam. Sophronios vint lui faire allégeance. Omar rencontra Abraham 1°, et lui fit part de toute la sympathie qu'il avait pour les Arméniens. Respectueux de la promesse que leur avait faite le Prophète, et qu'il avait lui-même certifiée, le Commandeur des Croyants leur confirma toutes les concessions promises.

La Congrégation arménienne Saint-Jacques occupait la demeure de l'apôtre Jacques. Le maître-autel de l'église se trouve à l'emplacement de la maison du frère de Jésus. Il en renferme les reliques comme tous les chrétiens l'admettent. La nef du sanctuaire arménien correspond au jardin. Au milieu du XX° siècle on y a découvert la tête de l'apôtre saint Jacques le Majeur (*sous le maître-autel de l'église de la Congrégation arménienne Saint-Jacques*) et les ossements des premiers chrétiens qui s'y faisaient enterrer.

On sait que saint Jacques le Majeur fut décapité à Jérusalem. La tradition arménienne dit que son corps fut jeté à la mer et aboutit en Espagne à Compostelle. Ce qui fait le lien entre les Eglises d'Orient et d'Occident. Pour le calife Omar l'évidence s'imposait: **le véritable et unique patriarche de Jérusalem ne pouvait être que l'occupant de la maison de l'apôtre**. Il transmit par édit le siège patriarcal de la ville sainte à

---

[93] Paylaguian, p. 80.

l'Arménien Abraham 1° le faisant 68° patriarche de Jérusalem de la succession de l'apôtre saint Jacques. Depuis, le patriarche arménien de Jérusalem est le seul à avoir le titre de patriarche apostolique.

A la mort d'Abraham, un autre Arménien de la Congrégation Saint-Jacques, Grégoire d'Edesse devint le 69° patriarche de Jérusalem. Omar lui reconnut les mêmes prérogatives qu'à Abraham. Dans la lettre de créance qu'il délivra aux habitants de la ville il ajouta une particulière recommandation en faveur du peuple arménien et de son patriarche Grégoire, fils d'Ezéchiel. Il englobait les moines de la Congrégation Saint-Jacques et les habitants de Jérusalem dans le monde musulman non pas en tant qu'adeptes de l'Islam mais en sujets soumis aux lois islamiques.

Le calife Omar était un homme pieux, juste et libéral. Il ne chercha pas à imposer aux chrétiens la religion musulmane. Il pria sur les marches de l'église de Constantin et dans celle de Bethlehem. Il recommanda qu'aucun muslim ne s'avise d'occuper ou de transformer ces sanctuaires mais l'autorisa à venir y prier individuellement comme il l'avait fait lui-même. Ce chef chevaleresque et miséricordieux allait être assassiné en 644 pendant qu'il priait dans la mosquée de Médine. Sa dépouille fut ensevelie dans le tombeau de Muhammed[94].

Les conquêtes continuèrent après lui. Les villes, les pays se soumettaient aux Arabes et leur payaient tribut. La plupart des Egyptiens, des Syriens, des Mésopotamiens, des Palestiniens se convertirent à la nouvelle religion, soit par crainte, soit par intérêt afin de ne pas payer l'impôt prélevé sur les infidèles.

Les Arabes en Arménie, résistance de Théodore Rechtouni, Nersès III Chinogh, Zwartnots, les volte-face de Constant II, le concile de Dvin

Une seule contrée opposera aux Arabes une résistance farouche, l'Arménie. Comme elle avait tenu tête à l'Iran mazdéen au prix de l'effusion de son sang. Comme elle avait refusé l'assimilation à l'Eglise byzantine en conservant l'orthodoxie éphésienne malgré les persécutions. A la différence des Perses zarathoustréens et des Byzantins chrétiens, une fois passés les débordements de la conquête, les Arabes musulmans respecteront les Arméniens et leur foi. Ils s'en feront des alliés contre les invasions turques, et favoriseront la naissance du brillant royaume arménien des Bagratouni. Entre-temps les grandes familles arméniennes,

---

[94] Paylaguian, p. 77, 81-84.

par leurs divisions et leurs rivalités, auront favorisé les attaques des Grecs et des Arabes[95]. Ces danouders auront à lutter puis à composer avec les Arabes ne pouvant en aucune manière se fier aux empereurs de Constantinople.

«*Vers l'an 639, sous la conduite d'Abd-er-Rahman, 18.000 Arabes venus d'Assyrie, pénétrant par le district de Taron et la région du lac de Van, mettaient le pays à feu et à sang*»[96].

Les Arméniens, qui de tout temps surent se défendre par eux-mêmes, étaient capables de vaincre les Arabes. La seule condition était l'union[97]. De 640 à 646 il y eut en gros un rezzou par an en Arménie. Les Byzantins envoyèrent un corps expéditionnaire sur les rives de l'Araxe commandé par un mauvais stratège, Procope. Il fut facilement vaincu par les Arabes[98].

Un nakharar du Vaspouragan, Théodore Rechtouni, prit la tête des Arméniens. Il tendit une embuscade aux Arabes, leur reprit le butin des razzia et s'enferma dans la ville de Garin[99].

Sur ordre de Moawiah de Damas, le général Habib ibn-Maslama contourna le lac de Van. Il vainquit le prince de Mog, Vartiq, et se fit conduire par lui à Dvin, qu'il prit le 6 Octobre 642[100]. Habib ibn-Maslama promit la vie sauve aux habitants de la capitale patriarcale qu'ils soient chrétiens, juifs ou mazdéens contre paiement de l'impôt[101]. La ville se rendit. 12.000 Arméniens furent passés au fil de l'épée, 35.000 emmenés en esclavage[102].

---

[95] J. MUYLDERMANS, *La domination arabe en Arménie*, p. 143, Paris, 1927; in H. Pasdermadjian, p. 133.

[96] J. de Morgan, p. 115.

[97] L. SEDILLOT, *Hist. des Arabes*, p. 113, Paris, 1854; in H. Pasdermadjian, p.127-128.

[98] R. Grousset, p. 296; F. Tournebize, p. 354.

[99] LAURENT, *L'Arménie entre Byzance et l'Islam, depuis la conquête arabe jusqu'en 886*, p. 90, n. 1; Muyldermans, p. 86, n. 6; Ghevond, *Histoire des guerres et des conquêtes arabes en Arménie*, trad. CHAHNAZARIAN, p. 5-6, Paris, 1856; in R. Grousset, p. 296.

[100] Dulaurier, *Recherche sur la chronologie arménienne*, p. 231; in R. Grousset, p. 297. J. de Morgan fixe la date au 6 Janvier 642, p. 116.

[101] BALLADURI, Historien persan, *Le Livre de la conquête des pays*, en arabe, ed. de Goeje, 200, Leyde, 1886; in F. Tournebize, p. 354.

[102] J. de Morgan, p. 116; R. Grousset, p. 297.

Habib pénétra dans le fief des Kamsarakan, le Chirac. Puis il se tourna contre celui des Mamikonian, le Bagrevand. Il les rançonna[103]. Tiflis et la Géorgie, Bardav et l'Aghouanie tombèrent à leur tour.

En 641, à la mort du catholicos Ezr 1°, Théodore Rechtouni avait fait élire l'évêque du Daïq (*nord-est de la Turquie actuelle*), Nersès d'Ichkhan. Il dirigera l'Eglise jusqu'en 661. Les événement le contraindront à se retirer en 652; il reviendra en 658 jusqu'à son décès en 661[104]. On se demande par quel prodige le patriarche parvint à faire édifier des églises, des monastères et de nombreux bâtiments. Aussi Nersès III est-il resté dans l'Histoire comme le Constructeur (*Chinogh*). L'église saint Sarqis à Dvin avait été incendiée lors de la prise de la ville. Nersès III la fit reconstruire et y enterra les 12.000 victimes[105]. Il éleva une chapelle au-dessus du Khor Virap où saint Grégoire l'Illuminateur avait souffert pendant 15 ans [106]. Dans son village natal d'Ichkhan, le patriarche ordonna l'édification d'une petite église circulaire qui s'effondrera au X° siècle. A Vagharchapat, il fit entreprendre la construction de la cathédrale saint Grégoire en un lieu qu'il baptisa Zwartnots. Ce qui signifie: «*les anges sereins et vigilants du ciel*» parce qu'en ce lieu les anges étaient apparus à saint Grégoire l'Illuminateur[107]. On y éleva aussi un monastère et le palais patriarcal.

«*Il y fit bâtir une magnifique église, qu'il entoura d'un mur fortifié, construit en belles et fortes pierres de taille; puis il amena le cours du fleuve Khassagh dans une plaine sablonneuse et déserte, et la changea bientôt en un verdoyant jardin*»[108].

Au X° siècle, la cathédrale, le patriarcat, les édifices en dépendant, le mur de clôture s'écroulèrent. Sans doute sous un tremblement de terre.

A 3 kms avant d'arriver à Erevan, une esplanade en forme de cirque s'offre aux yeux du passant. Elle est recouverte de chapiteaux entassés entre les amas de concrétions qui comblaient les coffrages de tuf taillé. Cernées de peupliers, comme une garde d'honneur, les ruines s'éparpillent entre les ombres protectrices des arbres que le soleil

---

103 TABARI, I, 2, 674, *Livre des Prophètes et des rois*, en arabe, Leyde, 1879-1893; IBN AL-ATHIR, II, p. 20. 65; YAQOUT, Dict. I, p. 206, II, p. 549; in R. Grousset, p. 299. F. Tournebize, p. 354.
104 M. Ormanian, p. 174.
105 R. Grousset, p. 297.
106 Asoghiq, p. 120; Jean catholicos, 12, p. 76-77; in R. Grousset, p. 297.
107 Sébêos, XXXIII, p. 111; in R. Grousset, p. 297.
108 F. Tournebize, p. 150.

couchant allonge sur le sol. Pendant 300 ans des moines, des prêtres, des prélats habitèrent, enseignèrent, écrivirent, célébrèrent le Saint-Sacrifice sur cet emplacement.

Les dimensions importantes de cette cathédrale, comparées aux sanctuaires du pays aux proportions réduites, la rendaient vulnérable aux tremblements de terre. Elle fut construite sur trois étages circulaires sans angles qui auraient pu absorber les chocs. Des pans de murs, gisant pêle-mêle, sont sculptés de motifs géométriques, de représentations végétales, feuilles, troncs, branches, feuillages, grenades qu'on retrouve sur les chapiteaux tombés entre les fragments d'obsidienne lançant des reflets noirâtres. Quelques fûts de colonnes cannelées ou lisses tiennent encore debout.

L'église d'Ichkhan était, elle aussi, circulaire, quoique de petit format. Elle s'effondra en même temps que Zwartnots, ce qui corrobore la thèse du séisme. Ses colonnades étant restées intactes, l'édifice put être restauré immédiatement après sa chute. Il servit de prototype à Thoramanian pour reconstituer la cathédrale saint Grégoire l'Illuminateur à Zwartnots. Thoramanian fut l'initiateur de l'Autrichien Strzygowski un des premiers à faire connaître au monde moderne l'importance et l'antériorité de l'architecture ecclésiale arménienne.

La cathédrale saint Grégoire de Zwartnots était constituée de trois étages en gradins. Le premier, qu'on peut assimiler à un rez-de-chaussée, servait de déambulatoire autour d'un plan cruciforme en forme de trèfle dont les angles rentrants se renflaient en absidioles. Cette structure quadrifoliée, au lieu de s'inscrire dans un rectangle, était circonscrite par un polygone si parfait qu'il semblait un cercle. Les branches nord, sud et ouest de la croix communiquaient avec le déambulatoire au moyen d'une colonnade à arcades arrondies. Les murs de la conque de l'est, contenant le maître-autel, ainsi que les colonnes, se raccordaient à quatre puissants piliers dont les chapiteaux portaient l'aigle, emblème de l'Ourartou, aux ailes déployées et au bec de profil. Ils constituaient quatre arches délimitant un plafond voûté par les absides. Ils soutenaient le tambour par le jeu de trompes habituel. Entre le tambour et le polygone du rez-de-chaussée, le second étage prenait appui, à l'extérieur, sur ces voûtes. Le dernier des trois étages (*le tambour*) supportait le dôme.

Dans l'île Saint-Louis, à Paris, sur le montant sud du portail du premier étage de la Sainte-Chapelle, on remarque plusieurs représentations, sous des angles différents, d'une nef portant une église circulaire à trois étages. Ces sculptures symbolisent l'arche de Noé, qui s'est posée sur le mont Ararat, contenant la cathédrale saint Grégoire l'Illuminateur de Zwartnots. Les trois gradins coiffés d'un dôme y sont parfaitement représentés. On remarque sur le second étage la colonnade extérieure à demi-engagée et les fenêtres du troisième qui fait office de tambour.

Le nom de Sainte-Chapelle était donné aux églises construites dans un domaine royal ou même ducal. Celle de Paris, chef-d'oeuvre de l'art gothique, est due au talent de maître Pierre de Montereau. Louis IX la fonda pour abriter les Saintes-Reliques, dont la Couronne d'Epines, qu'il avait rapportées de sa première Croisade (*1248-1254*). Elles lui avaient été remises par Baudoin II (*1228-1261*), l'empereur latin de Constantinople. Elles se trouvent actuellement en la cathédrale Notre-Dame de Paris. Les relations entre le roi d'Arméno-Cilicie, Héthoum 1°, et le roi de France, Louis IX, furent bonnes. Le catholicos Constantin 1° et sa suite rencontrèrent saint Louis et les membres du clergé latin qui l'accompagnaient en Chypre. Des moines arméniens fournirent probablement les plans de la merveilleuse cathédrale circulaire à leurs collègues français.

A son retour, quand il ordonna la construction de la Sainte-Chapelle, le roi de France crut bon de faire graver la basilique arménienne sur l'un des piliers du sanctuaire. La représentation de Zwartnots portée par l'arche de Noé symbolisait l'apport de l'Arménie à la foi chrétienne en reliant l'Ancien et le Nouveau Testaments, les Eglises d'Orient et d'Occident. En ruines en Arménie, Zwartnots revit en France à la Sainte-Chapelle.

Pendant que la cathédrale et le complexe religieux sortaient de terre, le catholicos Nersès III recherchait l'aide de Byzance, la soeur chrétienne. Bien qu'ancien militaire, le patriarche n'en était pas moins un fin lettré[109]. Le catholicos Hovhannes V (*Jean V*) a une grande sympathie pour Nersès III: «*très pur dans ses moeurs, toute sa vie fut recommandable et, digne de louanges*»[110].

Le patriarche Nersès III était si grécophile que l'évêque Sébêos le soupçonne d'avoir eu, en secret, des sympathies chalcédoniennes[111]. Nersès persuada Théodore Rechtouni de pencher vers les Byzantins. Théodore mena contre les Arabes une guerre de harcèlement qui ne fut pas infructueuse. Pour le récompenser l'empereur de Constantinople, Constant II, le nomma général en chef de l'armée arménienne (*643*)[112]. Rechtouni en profita pour obtenir le retour d'exil de Varazdirots

---

109 Jean catholicos, 12, p. 77; in R. Grousset, p. 298. Jean V fut catholicos de 899 à 931. Il fut surnommé Badmapan (*l'Historien*).
110 Jean catholicos, 12, p. 78-79; in R. Grousset, p. 298.
111 Sébêos, XXXV, p. 136; in R. Grousset, p. 298.
112 F. Tournebize, p. 354.

Bagratouni et de son fils Sembat, relégués en Afrique par Heraclius. Constant les fit revenir mais les retint prisonniers à Constantinople. Constant II avait revêtu la pourpre impériale en 641 à la mort de son père Constantin III. Constant II mena une vie dissolue. Ses vices le contraindront à quitter Constantinople, à la fin de son règne, pour Rome. Il sera assassiné dans son bain par un de ses officiers à Syracuse (668). Versatile, maladroit, débauché et brutal un tel individu ne chercha jamais à aider les Arméniens. En abandonnant l'Arménie il accentua la décadence et prépara la chute de l'Empire byzantin.

Thouma, préposé au gouvernement de l'Arménie sous mandat grec, était jaloux de la bravoure et de la popularité de Théodore Rechtouni. Il le dénigra auprès de l'empereur. Constant II se fit livrer à Constantinople Théodore chargé de chaînes[113]. Sur les instances de Nersès III et de Théodore Vahevouni, il le libéra. Rechtouni, membre de la grande et vieille maison du Vaspouragan dont l'origine était bien plus ancienne que celle de l'empereur de Constantinople, n'oublierait jamais cet affront[114].

Entre-temps Varazdirots Bagratouni s'échappa de sa cage dorée sur le Bosphore. L'empereur ordonna au patriarche arménien et à Théodore Rechtouni de l'arrêter. Ceux-ci, au contraire, l'accueillirent chaleureusement. Contre toute attente Constant II offrit le poste de curopalate d'Arménie (*645*) à son ex-prisonnier, Varazdirots Bagratouni, qui mourut peu après[115]. Alors l'empereur transféra le titre au fils du défunt, Sembat, le rétablissant dans la dignité d'asbed (*général de la cavalerie*). Par duplicité, il donna aussi les mêmes titres à Théodore Rechtouni. Celui-ci, de 643 à 647, résista seul aux Arabes qui lançaient leurs attaques à partir de l'Iran[116].

En 647 Constant décida de s'ébranler. Il n'avait pas l'intention de faire la guerre aux Arabes mais voulait imposer la reconnaissance du concile de Chalcédoine aux Arméniens. Son attitude, en matière de christologie, semblait aussi incohérente que celle de son grand-père. Cherchant à faire adopter les canons de Chalcédoine par les Arméniens, il soutenait le monothélisme. Ceci le mit en conflit avec le pape de Rome, Martin 1° (*649-655*), qui avait fait condamner la doctrine de Sergius. L'empereur n'hésita pas à faire exiler Martin 1° en Chersonèse où le malheureux pontife mourut de misère (*655*).

---

[113] F. Tournebize, p. 354-355.

[114] Séhêos, XXXII, p. 106-107; in R. Grousset, p. 298.

[115] R. Grousset, p. 298.

[116] Dulaurier, p. 231; in R. Grousset, p. 299.

Constant II chargea un théologien arménien, gagné au chalcédonisme, David de Bagrevand, de préparer et de soumettre au patriarche arménien une formule d'union. Constant II et Paul II (*641-654*), le patriarche de Constantinople, firent accompagner la formule d'une lettre à Nersès III dans laquelle ils lui recommandaient d'accepter Chalcédoine[117]. Le catholicos et Théodore Rechtouni assemblèrent un concile à Dvin qui repoussa les injonctions de l'empereur.

«... *un nouveau concile, convoqué à Douine (645), proclamait hautement la résolution de n'admettre que les trois premiers conciles, et de rejeter tout ce qu'on y avait ajouté postérieurement*»[118].

Tournebize situe la date du concile à 648-649[119].

Malgré son éloquence David de Bagrevand ne parvint pas à convaincre le synode de Dvin à adhérer à Chalcédoine[120]. Les évêques arméniens ne comprenaient pas qu'on s'obstinât à leur faire accepter un concile suspecté de nestorianisme. Ils n'admettaient pas non plus le monophysisme eutychien. En matière de christologie ils s'en tenaient à la formulation de saint Cyrille d'Alexandrie, acceptée par tous.

Théodore Rechtouni s'allie aux Arabes, les persécutions de Constant II, il oblige le catholicos à s'unir aux Grecs avant de s'enfuir

Irrité par ce refus, l'empereur Constant II s'en prit à Théodore Rechtouni qu'il considérait comme l'instigateur du rejet de Chalcédoine par le synode de Dvin. Il le remplaça à la tête de l'armée par Sembat Bagratouni (*vers 653*). Or l'armistice de trois ans, conclu avec Moawiah, venait de prendre fin[121]. Les Arabes entrèrent de nouveau en campagne. Constant II n'avait aucune confiance dans les capacités guerrières de Sembat Bagratouni. Il ordonna à Rechtouni de barrer la route aux Arabes. Il craignait l'occupation du plateau de Garin (*Erzeroum*), en Arménie sous mandat byzantin. Ce qui ouvrirait la voie vers Constantinople. Théodore n'avait pas oublié les affronts de l'empereur. Il envoya son fils Vard à sa place, lui recommandant de passer du côté des Arabes. Vard Rechtouni détruisit le pont de bateaux sur l'Euphrate,

---

[117] F. Tournebize, p. 352.
[118] M. Ormanian, p. 35.
[119] F. Tournebize, p. 352.
[120] Sébêos, p. 112-129; Asoghiq, p. 121-127; in R. Grousset, p. 300. Tournebize, p. 835, appelle David de Bagrevand: «*le philosophe invincible*».
[121] F. Tournebize, p. 366.

permettant aux Arabes de rejeter les Byzantins dans le fleuve[122]. Théodore Rechtouni venait de sauver l'Arménie, les personnes et les biens. Il savait qu'il n'y avait rien à attendre de la part de Byzance, hormis des larmes et du sang. Le général Moawiah, au nom du calife Othman, signa avec les Arméniens un traité de paix.

Citant Sébêos, René Grousset nous en relate les termes: «*Qu'il y ait accord entre moi et vous, pour autant d'années que vous voudrez. Vous entretiendrez 15.000 hommes de cavalerie dans votre pays. Je ne demanderai pas que cette cavalerie vienne en Syrie, mais, partout ailleurs où je lui ordonnerai d'aller, vous devez être prêts à le faire. Je n'enverrai pas d'émir dans vos forteresses, pas d'officiers arabes, pas un seul cavalier. Mais aucun ennemi ne doit venir en Arménie. Si les Grecs marchent contre vous, j'enverrai des troupes à votre secours autant que vous en voudrez*»[123].

La cavalerie arménienne, la meilleure de l'époque, était fort prisée.

«*Ce traité causa une grande déception à Byzance qui, incapable de se défendre, ses armées fuyant devant la fougue des armées arabes, avait espéré que l'Arménie continuerait par sa défense à attirer des forces arabes importantes. Il n'était pas toutefois dans l'intention des Arméniens de se sacrifier pour protéger un grand empire qui se révélait incapable de se protéger lui-même*»[124].

Constant II vit son poste avancé échapper à son contrôle. Il se précipita sur Garin avec une armée de 100.000 hommes, selon Sébêos. Il reçut le soutien de 18 nakhararq[125]. Le patriarche Nersès III vint aussi le rejoindre. Mais la majorité des Arméniens refusa de se soumettre à l'empereur. Beaucoup estimaient, à juste titre: «*... leur personne, leurs biens, leur rite mieux garantis par le khalife que par l'empereur*. «*Les infidèles ne nous gênent point dans la manifestation de notre foi*», répliquaient-ils à Constant»[126].

Dans sa rage, l'empereur décida d'exterminer les Arméniens, qui avaient osé s'allier aux Arabes, et de détruire le pays. Le catholicos Nersès III et Mouchegh Mamikonian, tous deux grécophiles, se jetèrent à ses pieds pour l'en dissuader[127]. Constant II voulut bien souscrire à leur supplique,

---

[122] Ghevond, 4, p. 11-13; in R. Grousset, p. 300.
[123] Sébêos, XXXV, p. 133; in R. Grousset, p. 300-301; in H. Pasdermadjian, p. 127. MULLER, *Islam*, I, p. 261, Berlin, 1885; in F. Tournebize, p. 366.
[124] Hrand PASDERMADJIAN, *Histoire de l'Arménie*, p. 127, lib. H. Samuelian, Paris, 1964.
[125] Sébêos, XXXV, p. 134; in R. Grousset, p. 301. F. Tournebize, p. 366.
[126] F. Tournebize, p. 366.
[127] M. Ormanian, p. 35; F. Tournebize, p. 366; R. Grousset, p. 302.

mais il entra dans Dvin *(654)* avec 20.000 hommes, s'installa dans le palais patriarcal, nomma Mouchegh Mamikonian général en chef, à la place de Théodore Rechtouni. Ce dernier s'était retranché dans sa forteresse imprenable sur l'île d'Aghtamar, au milieu du lac de Van, soutenu par les Arméniens de Siounie, les Géorgiens et les Aghouans.

En contrepartie de sa *«clémence»*, l'empereur somma l'Eglise arménienne de s'unir à la grecque. Le patriarche Nersès III pouvait-il s'opposer au diktat au risque de voir l'Arménie mise à feu et à sang par la soldatesque byzantine ? Il accepta que prêtres et prélats grecs se répandent dans les églises de Dvin pour y prêcher la christologie de Chalcédoine. Les religieux grecs se conduisirent comme en pays conquis, sans diplomatie ni nuances dans leurs propos[128]. Cette humiliation ne fut pas la meilleure méthode pour englober les Arméniens dans l'Eglise grecque.

François Tournebize décrit ce coup de force: *«Alors un dimanche, dans l'église de S.-Grégoire, le concile de Chalcédoine fut proclamé, la messe fut célébrée à la romaine (à la grecque) par un prêtre romain (grec); l'empereur, le catholicos et tous les évêques, les uns de gré, les autres avec plus ou moins de répugnance, participèrent ensemble aux saints mystères»*[129].

La cérémonie se déroula dans la somptueuse cathédrale de Zwartnots. Il y eut même un évêque arménien assez courageux pour interpeller Constant II en pleine cérémonie, et pour souligner l'incompréhensible changement d'attitude du catholicos Nersès III depuis le dernier concile de Dvin[130]. Malgré la docilité du patriarche arménien, son Eglise n'adhéra pas à Chalcédoine. Les projets de Constant II tombèrent à l'eau devant l'arrivée des Arabes. Il s'enfuit comme à l'accoutumée. Nersès III, désapprouvé par son clergé et son peuple, accompagna l'empereur dans sa retraite. En attendant son camérier, Anastase d'Aqori, géra l'Eglise et termina la construction des bâtiments de Zwartnots[131].

Les Arabes entrèrent dans Dvin. Le calife reçut Théodore Rechtouni à Damas, le combla de présents et lui octroya le gouvernement de l'Arménie, de la Géorgie, de l'Aghouanie et de tous les défilés du Caucase. Les dix-huit nakhararq abandonnèrent Constant II pour se rallier à Rechtouni[132].

---

[128] R. Grousset, p. 302.

[129] Sébêos, III, Ch. XXXV; COMBEFIS, p. 286; in F. Tournebize, p. 367.

[130] Sébêos, XXXV, p. 136-138; Jean catholicos, XII, p. 75-76; in R. Grousset, p. 302.

[131] R. Grousset, p. 302.

[132] Sébêos, XXXV, p. 138-139, XXXVI, p. 142; in R. Grousset, p. 303; Tournebize, p. 367.

Vers 655 les Arabes prirent Garin, provoquant une réaction des Byzantins contre les Arméniens (*!*). Arabes et Grecs pillèrent, violèrent, brûlèrent, massacrèrent les civils. Les exactions sur la population arménienne furent, la plupart du temps, commencées par les Byzantins et continuées par les Arabes, en guise de représailles.
En 656 Théodore Rechtouni mourut à Damas. Le calife renvoya sa dépouille en grande pompe en Arménie. Sa famille ne se relèvera pas de cette perte. Une partie de ses fiefs passera aux Mamikonian et aux Bagratouni, alors que les Ardzrouni tendront à supplanter les Rechtouni dans le Vaspouragan[133].
Le calife nomma Hamazasp Mamikonian à la place de Rechtouni, et Nersès III put rentrer d'exil (*658*). Les Mamikonian étant de tradition grécophiles, le patriarche n'eut aucune peine à faire pencher le nouveau gouverneur vers Constantinople. A la demande du catholicos, l'empereur donna, vers 657-658, à Hamazasp Mamikonian la fonction de curopalate d'Arménie, «*avec un siège d'argent et le commandement du pays des Arméniens*»[134].
Les Arabes, à cause de ce retournement d'alliance, firent exécuter de nombreux otages arméniens[135].
«*... le nouveau préfet Hamazasp qui trouvait trop lourde la taxe imposée par les musulmans se laissa gagner par l'Empereur. Par représailles le khalife Othman fit égorger 1.775 otages arméniens alors entre ses mains et se disposait à marcher contre les rebelles, quand il fut assassiné par ses troupes*»[136].
Ces conflits internes qui paralysaient les Arabes, favorisèrent le retour des Byzantins en Arménie. Moawiah finit par évincer le calife Ali en 661. Il devint le premier calife Omeyade de Damas. Transformant la fonction de calife d'élective en héréditaire il régnera jusqu'en 680.
Les Arabes revinrent en Arménie. Les Byzantins, comme d'habitude, s'enfuirent devant eux en ravageant le pays. Les Arabes en firent autant en les poursuivant. Le patriarche Nersès III dut accepter le protectorat arabe. Par respect pour le catholicos le calife accéda à ses demandes. Il avait gardé en otage à Damas un Mamikonian, Grégoire. Sur l'intervention du catholicos il le libéra et lui confia le gouvernement de l'Arménie. L'indulgence dont Moawiah faisait preuve envers les

---

[133] F. Tournebize, p. 367. Sébêos XXXVIII, p. 146; Jean catholicos, XII, p. 76; Asoghiq, p. 127; Laurent, p. 190; in R. Grousset, p. 304.
[134] Sébêos, XXXVIII, p. 148; Jean catholicos, XII, p. 77; in R. Grousset, p. 304.
[135] R. Grousset, p. 304; F. Tournebize, p. 367.
[136] J. de Morgan, p. 117.

Arméniens n'était pas désintéressée. Les Turcs Khazars pillaient l'Albanie Caspienne et la Géorgie pour le compte de Byzance. Ils étaient en passe de pousser leurs incursions en Perse et en Arménie. Or la seule cavalerie arménienne pouvait leur tenir tête. En 661, Nersès III Chinogh mourut. Son camérier lui succéda, devenant Anastase 1° (*661-667*).

Justinien II dévaste l'Arménie, déclenche de nouvelles représailles arabes et la déportation du catholicos Sahac III

Le nouveau patriarche et Grégoire Mamikonian dirigèrent le pays dans le calme. Anastase 1° fit élever une église dans son village natal d'Aqori. Grégoire Mamikonian construisit des monastères (*Eghivard*), des églises (*Aroudj*). René Grousset relate que Grégoire Mamikonian: «... *est décrit par les chroniqueurs comme «un homme bienfaisant, distingué par les qualités de l'esprit, juste, tranquille et doux*»[137].
Sous le protectorat des Arabes musulmans, l'Arménie jouit d'une période de paix et d'une liberté religieuse comme elle n'en avait jamais connu pendant la domination des frères byzantins chrétiens et celle des cousins perses mazdéens[138]. Anastase 1° demanda au computiste, Anania de Chirac, d'établir un calendrier fixe. Il allait convoquer un synode pour examiner le travail quand il mourut en 667. Israël 1° d'Othmous lui succéda de 667 à 677. En 677, Sahac III de Tzorapor monta sur le Siège de saint Thaddée.
«*Pendant le pontificat de ce dernier, la domination arabe s'établit définitivement en Arménie, et par la même occasion les querelles gréco-arméniennes perdirent de leur importance*»[139].
A cette époque Grégoire Mamikonian fit transférer les restes de saint Grégoire l'Illuminateur de Thordan (*Ani-Kamakh*) à Vagharchapat. Son épouse, princesse aghouane, obtint, pour son neveu le prince d'Albanie Caspienne Varaz-Tiridate, un maxillaire du saint. Varaz-Tiridate l'offrit à Israël, catholicos d'Aghouanie, qui déposa la précieuse relique au **Monastère de la Tête** en Albanie Caspienne[140]. Monastère dont on n'a plus entendu parler depuis que cette terre chrétienne est devenue l'Azerbaïdjan ex-soviétique. L'une des premières peuplades turques à s'abattre sur elle étant celle des Khazars. Grégoire Mamikonian les arrêta

---

137 Jean catholicos, XII, p. 78; Ghevond, p. 14; in R. Grousset, p. 305.
138 Ghevond, V, p. 14; Asoghiq, p. 154; in R. Grousset, p. 305.
139 M. Ormanian, p. 35.
140 Moïse Kaghankatouatsi, *Histoire des Aghouans*, p. 187-188, éd. Emin, 1860; Vartan, trad. Muyldermans, p. 85 n. 2, 88; in R. Grousset, p. 306.

aux portes des steppes (*vers 685*), sauva l'Empire arabe et fut tué dans la bataille[141]. Naguère, au même endroit, son aïeul Vartan avait sauvé l'Empire perse.

Le calife transféra alors le pouvoir à Achot Bagratouni (*686-690*) qui chassa définitivement les Khazars à la grande satisfaction de Damas. Prince lettré, charitable, plein de modération, grand capitaine, Achot Bagratouni construisit à Dariunq (*Bayazid*), dans la province de Kogovit, son château et l'église Amenaprguitch (*Le Saint-Sauveur de tous*)[142].

Les Byzantins étaient mécontents de la bonne entente entre Arméniens et Arabes. Prenant plaisir à l'agitation permanente et stérile pourvu que l'Arménie se sacrifie pour eux ils revinrent à leur idée fixe. L'empereur Justinien II (*685-695 et 705-711*) les somma de se soumettre à Byzance. Jean catholicos relate la réponse de ses compatriotes: «*Que de fois, soumis au gouvernement des Grecs, nous n'en avons reçu qu'une aide insignifiante, dans nos pires calamités! Souvent, au contraire, notre soumission n'a été récompensée que par des insultes. Vous prêter serment de fidélité, c'est nous exposer à la ruine et à la mort*»[143].

Il était loin le temps apostolique où régnait une parfaite communion, dans le respect mutuel, entre les Eglises grecque et arménienne. Pour le clergé grec il fallait imposer Chalcédoine aux Arméniens afin de les englober dans l'Eglise byzantine.

«*De là, les défiances et les irritations des chefs de l'Arménie. Témoins des empiétements incessants que les Grecs tentaient sur le domaine religieux de leurs voisins, ils s'imaginaient, à tort ou à raison, qu'une complète séparation était le seul moyen de garantir leur rite, leur langue, leur nationalité ...*»[144].

Profitant de la guerre civile entre Arabes, à la mort de Moawiah, Justinien envoya ses troupes commandées par le stratège Léonce en Arménie. Celui-ci ne se conduisit pas comme en pays chrétien[145].

«*Il envoya une armée grecque en Arménie, dévasta le pays, enleva le peu de richesses qui avaient échappé aux musulmans et, s'étant emparé de huit mille familles, les envoya dans des pays lointains où elles furent vendues comme esclaves*»[146].

---

[141] Laurent, p. 172; in R. Grousset, p. 307.

[142] R. Grousset, p. 307.

[143] Jean catholicos., Ch. XIII, p. 86-87; in F. Tournebize, p. 97-98; in J. de Morgan, p. 117.

[144] F. Tournebize, p. 396.

[145] Ghevond, V, p. 16; Asoghiq, p. 129; Laurent, p. 203; in R. Grousset, p. 307; F. Tournebize, p. 368.

[146] J. de Morgan, p. 117; F. Tournebize, p. 98.

Les Arabes se rattrapèrent sur les Arméniens. Il est vrai qu'il ne pouvaient affronter les Byzantins, fuyant sans relâche devant eux. Mohamed ibn-Merwan fit massacrer les habitants de Tchermatsor (*la Vallée Chaude*) au sud du lac de Van, rasa des villes et des villages. Il fit couper les mains et les pieds des moines du monastère saint Grégoire de Bagavan et les fit pendre. Il entassa son butin sur un îlot au milieu du lac Sevan. Un de ses préfets, Abdallah, afin de répandre la terreur parmi les musulmans qui embrasseraient le christianisme, fit crucifier un converti, l'Iranien Sourhan, le 31 Mars 693. Sourhan avait été baptisé sous le nom de David; son parrain avait été Grégoire Mamikonian. David est au martyrologe de l'Eglise arménienne[147].

«*Ainsi les Arméniens, persécutés par les musulmans, parce qu'ils étaient chrétiens, étaient encore victimes des Grecs qui ne leur pardonnaient pas d'être attachés à leur rite national*»[148].

La malveillance de Justinien à l'égard des chrétiens le conduisit à faire ravager aussi la Géorgie et l'Aghouanie.

Le terrible hiver arménien auquel les Arabes n'étaient pas habitués, la détermination de Vard Rechtouni, de Sembat et Achot Bagratouni vinrent à bout d'Abdallah[149]. Malgré les souffrances infligées à ce malheureux pays beaucoup de ses habitants se comportèrent en chrétiens pardonnant les offenses. Les Arabes, poursuivant les Arméniens, étaient tombés dans l'Araxe. La mince couche de glace n'avait pas résisté sous leur poids. Beaucoup s'étaient noyés. La princesse de Siounie, Chouchan (*Suzanne*), accueillit 300 rescapés arabes dans sa forteresse du Nakhitchevan. Elle les soigna, réchauffa, habilla et nourrit. Lorsque Sembat Bagratouni se présenta à la poterne du château pour les réclamer, Chouchan refusa de les lui remettre, le suppliant de les laisser en vie. Sembat se plia au désir de la princesse et se retira[150].

Sur ces entrefaites Léonce renversa Justinien II (*695*). Il félicita Sembat Bagratouni et l'établit gouverneur de l'Arménie[151].

En 695 Abdallah, par représailles, fit déporter le patriarche Sahac III en Syrie[152]. Le calife Abd el-Malik envoya Mohamed ibn-Merwan pour réduire le pays. Les nakhararq firent parvenir un message au catholicos

---

[147] F. Tournebize, p. 98. Ghevond, V, p. 16-18; Asoghiq, p. 129; Laurent, p. 203; Jean catholicos, XIII, p. 82; in R. Grousset, p. 307-309.

[148] J. de Morgan, p. 118.

[149] R. Grousset, p. 310; F. Tournebize, p. 368.

[150] Brosset, *Histoire de la Siounie*, t. 2, p. 21; in R. Grousset, p. 310.

[151] F. Tournebize, p. 98.

[152] R. Grousset, p. 311.

afin qu'il obtienne la clémence du calife. Accompagné de ses évêques, Sahac III prit le chemin de Damas. Arrivé à Harran il sentit sa fin imminente. Il rédigea une lettre à l'adresse d'Abd el-Malik, dans laquelle il le suppliait de ne point faire de mal aux Arméniens et de leur laisser leur foi[153]. Il chargea ses prélats de la remettre au général arabe quand il passerait par là. Et il mourut (*703*).

Quand Mohamed ibn-Merwan arriva à Harran il se rendit auprès du défunt. Les religieux avaient revêtu le patriarche de ses habits sacerdotaux, allongé sur son lit de mort et placé la supplique dans sa main droite. Mohamed lut la lettre avec respect et dit: «*En lisant ce que tu avais écrit, j'ai connu ta sagesse. Comme un vaillant pasteur, dans ta sollicitude pour ton troupeau, tu t'es hâté de venir au-devant de mon épée menaçante. Je consens à ne pas rougir mon fer dans le sang des innocents. Je m'engage à exécuter tout ce que tu m'as demandé*»[154].

Mohamed renvoya la dépouille de Sahac III en Arménie, avec tous les honneurs dus à son rang, et tint sa promesse.

A Sahac III succéda Eghia 1° (*Elie*) d'Arjech (*703-717*). Sous son pontificat le catholicos d'Aghouanie, Nersès Baqur, poussé par la princesse Sprahm, décida de se séparer de l'Eglise arménienne pour accepter Chalcédoine et se soumettre à l'Eglise grecque. Afin d'obtenir le soutien de Byzance pour se dégager de la tutelle arabe et mettre fin aux incursions des Khazars. Il voulait ignorer que l'adhésion des Géorgiens à l'Eglise grecque n'avait en rien empêché les empereurs byzantins de les persécuter et de les faire massacrer. Le prince d'Albanie Caspienne Cheroê, lui, n'avait pas la mémoire courte. Il avait pris la mesure de l'inefficacité des armées byzantines quand elles étaient privées de généraux et de troupes d'élite arméniens. Il réunit les prélats albaniens en synode pour examiner la thèse de leur catholicos. Le concile des évêques aghouans mit Nersès Baqur en minorité, refusa les canons de Chalcédoine et informa Eghia 1°. Ce dernier tenta de raisonner le catholicos d'Aghouanie. Peine perdue. Le patriarche Eghia fit alors appel au calife de Damas. C'était la première fois qu'un chef de l'Eglise arménienne recourait au bras séculier pour ramener un de ses subordonnés à la raison. Abd el-Malik donna tous pouvoirs à Eghia 1° en ce sens. Le calife était soucieux de maintenir l'Eglise arménienne hors de l'influence grecque. Le pontife se rendit en personne à Bardav, déposa

---

[153] F. Tournebize, p. 369.
[154] R. Grousset, p. 311. Ghevond, V; in F. Tournebize, p. 369.

Nersès Baqur. Avec l'accord du clergé albanien, il le remplaça par Siméon 1°, fidèle à l'Eglise arménienne[155].

D'une façon générale les Omeyades se montrèrent moins cruels envers les Arméniens que les Perses ou les Grecs. Ils n'intervinrent pas de leur propre chef dans les affaires religieuses, respectèrent ecclésiastiques et églises et favorisèrent la pratique religieuse. Habib ibn-Maslama n'avait exigé qu'un impôt insignifiant: 1 dinar (*1 tahegan en monnaie arménienne*) par an et par famille[156]. Les Arabes demandaient seulement d'héberger leurs hommes, de les nourrir selon les prescriptions du Coran, de les conseiller et de les guider[157].

Nouvelle alliance entre Arméniens et Arabes, Jean III d'Odzoun, concile de Manazkert, la bienveillance d'Omar II, les Abbassides

Il n'était pas facile dans un Empire si étendu d'éviter les «*bavures*». Quelques collecteurs d'impôts arabes en profitaient pour exagérer les taxes, s'enrichir sur le dos des Arméniens et du Trésor du calife. Ce qui entraînait des révoltes commandées par les nakhararq qui secouaient le joug de l'occupant.

Quand Abd el-Malik mourut son successeur, Al-Walid (*705-715*), décida de décapiter le pays en exterminant les grands seigneurs. Le gouverneur Mohamed ibn-Merwan, frère du défunt calife Abd el-Malik, en chargea son sous-préfet Qasihm[158]. Celui-ci convoqua les danouders et leur cavalerie sous prétexte de les passer en revue. Il les fit enfermer et brûler vifs dans les églises de Nakhitchevan et de Khram. Ils moururent en chantant des cantiques. On leur enleva leurs enfants pour les élever dans l'Islam. Une partie des nakhararq fut crucifiée. C'était vers 705-706[159]. Très vite Al-Walid s'aperçut de l'inanité de la répression. Il substitua à Mohamed ibn-Merwan un fin politique Abd el-Aziz ibn-Hatin al-Bahili. Le nouveau gouverneur était sourd mais attentif à tout. Il rappela les seigneurs arméniens en fuite. Notamment Sembat Bagratouni qui s'était opposé aux Arabes dans le Vanand, ce qui avait déclenché la répression. Il s'était réfugié à Byzance et aurait pu entraîner les nakhararq à se soulever. Sembat Bagratouni rentra chez lui contre l'avis de l'empereur

---

[155] M. Ormanian, p. 36; F. Tournebize, p. 369; R. Grousset, p. 312.
[156] Tabari, I, 2506; in F. Tournebize, p. 397.
[157] Balladuri, 200; in F. Tournebize, p. 397.
[158] F. Tournebize, p. 368.
[159] F. Tournebize, p. 397-398. Ghevond, VI, p. 32-33; Jean catholicos, XIII, p. 86; Asoghiq, p. 156; Muyldermans, p. 98 n. 4; in R. Grousset, p. 313.

qui le fit excommunier[160]. Abd el-Aziz reconstruisit la ville de Dvin, l'agrandit et en fit une citadelle[161]. L'Arménie vécut une certaine période de paix.

«L'époque à laquelle nous arrivons fut illustrée par un grand prélat, le patriarche Hovhannès III, surnommé Imastasser (le Philosophe) et Odznetsi, c'est-à-dire originaire d'Odzoun (district du Tachir, dans la province de Gougarq, à la frontière arméno-géorgienne). Il occupa le siège patriarcal de 717 à 728. Asolik et Jean Katholikos nous ont laissé de lui un portrait charmant. C'était un ascète, mais qui estimait devoir à la majesté du patriarcat de revêtir en public un appareil royal. Chez lui il ne se vêtait que d'un cilice en poils de chèvre; au dehors il le recouvrait sous des vêtements somptueux aux couleurs éclatantes, avec des parures d'or. Sa belle barbe blanche qui lui descendait jusqu'à la ceinture, il la parfumait alors d'huile odoriférante, la parsemait de poudre d'or, il la divisait en tresses garnies d'or. Avec sa haute taille, ce vieillard imposant aux larges épaules, «paraissait plus qu'un mortel». Vivant d'ordinaire comme le plus austère des moines, il savait, quand il représentait la nation arménienne, se montrer le plus vivant des interlocuteurs, le plus agréable des convives. Ayant entendu parler de lui, le khalife Walîd voulut le connaître, l'invita à la cour de Damas. Hovhannès s'y rendit et charma le monarque arabe par la finesse et l'autorité de sa parole»[162].

Quand l'Arménie n'eut plus de rois les Empires contigus préférèrent y nommer des «*gouverneurs*» appartenant aux grands clans seigneuriaux du pays. Les marzpan de la Perse, les curopalates de Byzance, les princes commandants (*en arménien: ichkhan-hramanadar*) installés par Bagdad étaient, pratiquement tous, membres de la haute noblesse arménienne.

On s'aperçoit cependant que c'est **le patriarche qui représentait la nation arménienne**. Hovhannes III (*Jean III*) était non seulement un philosophe de qualité mais aussi un «*théologien remarquable*»[163]. Vivant dans les macérations et l'ascétisme le chef de l'Eglise se devait d'en imposer aux occupants. L'or, pour lui, n'avait aucune valeur vénale mais une connotation d'apparat. Cependant paraître n'était pas suffisant si une force morale, sous-tendue par une imposante culture religieuse et profane, ne venait compléter l'image auguste du catholicos.

---

[160] F. Tournebize, p. 398; R. Grousset, p. 313-314.

[161] R. Grousset, p. 314.

[162] Asoghiq, p. 132; Jean catholicos, XIII, p. 89-91; in R. Grousset, p. 314.

[163] R. Grousset, p. 314.

«Le patriarche Hovhannès III d'Otzoun, surnommé Imastasser (le Philosophe), esprit cultivé, savant et diplomate à la fois, est la figure la plus éminente de l'époque. Ses écrits contre les erreurs, ses réformes disciplinaires et liturgiques, témoignent d'une profonde érudition. Il est l'auteur des collections des canons ecclésiastiques et des lettres canoniques, lesquelles forment un code de droit-canon. A remarquer qu'elles sont antérieures à la collection pseudo-isidorienne de l'église romaine. Ses relations avec les califes, les privilèges, ainsi que les concessions qu'il en obtint au profit de l'église et de la nation, font honneur à ses qualités administratives»[164].

Durant son pontificat, Jean III d'Odzoun convoqua deux conciles. Le premier, à Dvin, (*719*) interdit de mêler l'eau au vin pendant le Saint-Sacrifice[165]. Le catholicos Jean V nous dit que cet usage avait existé depuis le début dans l'Eglise arménienne.

«Si les Arméniens l'ont conservé, c'est peut-être parce qu'il est impoli, chez eux, de ne point offrir à un hôte du vin pur; c'est, surtout, pour se distinguer des Grecs, qui dès lors leur étaient devenus odieux»[166].

Nous ne saurions dire si les Grecs suscitaient une telle aversion chez les Arméniens, mais il faut admettre que leur conduite en tant que chrétiens envers d'autres chrétiens était inqualifiable. De bonnes relations, pourtant, semblent avoir existé entre le patriarche de Constantinople, Germain 1° (*715-730*), et le patriarche arménien, Hovhannes III, sans que ce dernier ne changeât un iota à la christologie cyrillienne[167].

Le second concile, réuni par Jean III, fut celui de Manazkert (*Mantzikert*). Il assembla les Eglises arménienne et syriaque.

Des sectes monophysites, les Julianides et les Sévériens, troublaient la bonne entente entre les deux Eglises. Les promoteurs de l'hérésie, Julien d'Halicarnasse et Sévère d'Antioche, attribuaient à Jésus-Christ un corps corruptible, conséquence et prolongement du monophysisme eutychien. Les Julianides, plus modérés que les Sévériens, avaient infiltré l'Eglise syriaque.

Quant aux Arméniens, ils furent scandalisés par de telles affirmations. Comme à l'accoutumée le patriarche d'Antioche, Athanase (*724-740*), demanda une ligne de conduite au chef de l'Eglise arménienne. Il s'était aperçu que la progression de l'hérésie parmi ses ouailles jetait des

---

[164] M. Ormanian, p. 36. Cf. *Joannis Ozniensis opera*, ed. Aucher, Venise, 1834; in R. Grousset, p. 315.

[165] R. Grousset, p. 314.

[166] F. Tournebize, p. 99.

[167] F. Tournebize, p. 140-141.

ferments de scission entre Syriens et Arméniens. Il était temps car l'évêque arabe Georges (+724) avait déjà confirmé l'orthodoxie de ces Eglises au prêtre syrien Ieschoua.

Athanase et Hovhannes décidèrent la tenue d'un concile présidé par le patriarche arménien. La ville d'Ardzn fut choisie; mais il fallait l'accord de Sembat Bagratouni. Le prince venait d'être nommé curopalate par l'empereur et se sentait pour l'heure la fibre chalcédonienne. Il refusa que le concile siège à Ardzn.

Hovhannes III Odznetsi réunit le synode à Manazkert[168].

Athanase avait envoyé Constantin d'Edesse, Simon de Harran, Théodore de Germanicia (*Marach*), Athanase de Martyropolis (*Mufarghin*), Simon de Dara, Théodore d'Amasia[169]. Le catholicos et une trentaine d'évêques et de docteurs arméniens se réunirent avec les six prélats syriens. Un des plus brillants théologiens du synode fut Krikoris évêque de l'Archarouniq.

«*Le concile de Manazkert, convoqué (726) sous la présidence de Hovhannès, composé d'évêques arméniens et syriens, adopta dix canons, où l'on s'attacha à éliminer les exagérations des deux sectes. La doctrine saine sur l'origine et les qualités naturelles du corps du Christ y fut approuvée, tout en sauvegardant la vénération pour le corps du Verbe Incarné, non assujetti au péché et destiné à ne pas périr*»[170].

La profession de foi du concile de Manazkert peut être adoptée et proclamée par toutes les Eglises, chalcédoniennes et non-chalcédoniennes. Qu'il s'agisse des définitions de la Trinité, de l'Incarnation, de la Rédemption, de la Virginité de Marie Theotokos, de la Divinité et de l'humanité réunies en Christ elles sont toutes orthodoxes et catholiques.

«*La profession de foi continuait ainsi: «Nous confessons que le même Verbe Dieu qui a fait des miracles comme Dieu, a éprouvé aussi les infirmités humaines comme homme; car c'est le même qui est Dieu parfait et homme parfait ... Il a souffert, est mort réellement dans un corps passible, Lui qui par sa nature, en tant que Dieu, était au-dessus de la souffrance*»[171].

Le concile de Manazkert porta, entre autres, l'anathème sur tous ceux qui professaient la corruptibilité du corps du Seigneur.

---

[168] F. Tournebize, p. 390-391; R. Grousset, p. 315.
[169] MICHEL le SYRIEN, XI, Ch. 20, II, p. 457-461, 1904; Bar Hebraeus, *Chronicon ecclesiasticum*, I, 299-303; in R. Grousset, p. 315; F. Tournebize, p. 391.
[170] M. Ormanian, p. 36.
[171] F. Tournebize, p. 391.

Un autre contemporain de Hovhannes III fut le calife Omar II (*712-720*). L'Histoire l'a dépeint comme un musulman intolérant envers les chrétiens. Elle l'accuse d'avoir fait brûler la bibliothèque d'Alexandrie. On lui prête même, à cette occasion, un raisonnement qu'on a intitulé: «*le dilemme d'Omar*» et qui lui fait dire: «*Soit ces livres sont contraires au Coran, et il faut les détruire; soit ils lui ressemblent, et il faut les brûler puisqu'ils sont inutiles*».

Pourtant les chrétiens arméniens n'eurent pas à se plaindre de lui. Il les traita avec bienveillance. Dès son accession au pouvoir il décréta une amnistie générale pour les chrétiens et libéra ses prisonniers arméniens, permettant aux déportés de rentrer chez eux. En réalité Omar II ne pouvait pas se passer de l'aide que les nakhararq lui apportaient pour stopper les Turcs Khazars[172].

Achot Bagratouni fut nommé lieutenant général du pays (*732*) et aida les Arabes à bouter les Khazars derrière le défilé de Derbend. Ils les poursuivirent jusqu'à l'intérieur du Daguestan. Le calife reçut Achot Bagratouni à Damas, le couvrit d'honneurs et de prébendes, paya tous les arriérés de solde des 15.000 cavaliers arméniens[173]. En contrepartie la ville de Dvin devint capitale du gouverneur arabe. Ce qui suscita le départ du catholicos David 1° d'Aramonq. Il transféra son Siège dans sa ville natale Aramonq dans le canton d'Erevan entraînant le déclin de Dvin[174].

Sur fond de guerre civile arabe, commencée en 744 entre Omeyades et Abbassides, les Mamikonian grécophiles impénitents, et les Bagratouni opportunistes plus ou moins clairvoyants, s'entre-déchirèrent. Alors que s'ils s'étaient unis l'Arménie aurait pu recouvrer son indépendance.

En 750 les Abbassides triomphèrent. Ils en voulurent aux Mamikonian d'être les amis de Byzance et reprochèrent aux Bagratouni d'avoir soutenu les Omeyades. Le calife Abou'l'Abbas (*750-754*) pilla l'Arménie, fit torturer clercs et laïques pour leur faire avouer les cachettes de leurs trésors présumés. Beaucoup d'Arméniens se réfugièrent en Cappadoce où Constantin V les accueillit sachant qu'ils feraient prospérer la Cappadoce et Byzance. Ce qui fut le cas.

Les Grecs entrèrent de nouveau en Arménie pour empêcher l'occupation par les Arabes du plateau de Garin. Ils rançonnèrent, violèrent,

---

[172] F. Tournebize, p. 399. R. Grousset, p. 315. Brosset, *Histoire de la Géorgie*, II, p. 490; in R. Grousset, p. 316.

[173] Ghevond, VIII, p. 110-111; Asoghiq, p. 161; Brosset, *Additions*, p. 158; in R. Grousset, p. 310-317. F. Tournebize, p. 397.

[174] Asoghiq, II, 2, p. 133; Jean cat., XIII, p. 93; in R. Grousset, p. 317. F. Tournebize, p. 399.

déportèrent, massacrèrent les Arméniens. Ils rasèrent de nombreuses villes, dont Mélitène et Garin. Les Arabes, en riposte, firent de même[175].

Les tapis arméniens, les Pauliciens, les débuts de la dynastie bagratide, Photius et le concile de Chiracavan

Enfin, les Abbassides se rendirent compte qu'ils ne pouvaient pas se passer de cet Etat-tampon qu'était l'Arménie, et qu'il ne fallait pas affaiblir. Deux clans, dans le pays, commençaient à se détacher devant les autres grandes familles: les Bagratouni et les Ardzrouni. Les premiers accaparaient la gestion de l'Arménie, les seconds, ayant supplanté les Rechtouni, étendaient leur domination sur le Vaspouragan. Les Mamikonian étaient les seuls à être restés fidèles à leur sympathie pour les Grecs. Leurs fiefs tombaient peu à peu dans l'escarcelle des Bagratouni en faveur, maintenant, auprès des Abbassides.

Les Abbassides, comme les Omeyades, se contentèrent d'un tribut annuel et exigèrent des tapis à points noués (*mahfur*), que les Arméniens avaient inventés, dès les V°-IV° siècles avant J.-C., et peut-être même avant[176].

«*Une analyse de l'oeuvre de Serjeant spécialement en relation à ces «mahfuri» nous donne un aperçu de l'expansion des tapis à points noués du VI° au XIII° siècle et même plus tard*: Ibn Kaldun *est le premier à en faire mention. Il a rédigé un résumé des listes d'impôts en nature à partir d'un ouvrage intitulé Djirab al-Dwala d'un certain Ahmed ibn' Abd al-Hamid de l'époque du gouvernement de Ma'mun à la fin du VIII° siècle: il raconte que l'Arménie devait livrer chaque année 20 tapis* (busut mahfura) *comme impôt au calife de Bagdad. Tha'alibi* (avant 1021) *complète ces affirmations que l'Arménie devait livrer* à cette *époque, chaque année, 30 tapis* (busut mahfura) *au sultan bujidisch en même temps que d'autres impôts. En 788,* Tabari *parle d'un* Arminiya, *un tapis arménien*»[177].

A la fin, Arméniens et Arabes parvinrent à vivre en bonne intelligence. Les Bagratouni s'imposant comme les interlocuteurs du calife.

Le grand Haroun ar-Raschid adoucit la pression. Il s'appuya de plus en plus sur les nakhararq arméniens pour mater les révoltes des émirs arabes et des nobles persans contre le pouvoir de Bagdad. Haroun ar-Raschid savait pouvoir compter sur la loyauté des Arméniens pour

---

[175] R. Grousset, p. 319-321.

[176] Volkmar GANTZHORN, *Le tapis oriental*, trad. Francine EVEQUOZ, p. 48-52, ed. Benedikt Taschen, Köln, 1991.

[177] V. Gantzhorn, p. 17-18.

préserver les frontières nord-est de son Empire contre les attaques des Khazars en Aghouanie où la seule présence des troupes arméniennes suffisait à maintenir l'ordre. Aussi le calife nomma-t-il Achot Bagratouni prince d'Arménie (*806*). La bravoure d'Achot Bagratouni était telle que les Arméniens le surnommaient le Carnivore et les Arabes le Vaillant. Il acheta le Chirac aux Kamsarakan[178]. Il y établit sa capitale, Ani. Il mourra en 826. Son fils Sembat sera nommé généralissime par le calife al-Ma'mun[179]. Ainsi fut amorcée la future dynastie royale des Bagratouni qui régnera sur l'Arménie de 806 à 1064.

Haroun ar-Raschid appréciait les Arméniens et leur faisait confiance.

«*Il s'agit de l'ambassade que le calife Haroun al Raschid envoya en l'an 807 à l'empereur Charlemagne. L'on conçoit aisément que le potentat oriental, s'adressant à un potentat chrétien, ait compris des légats chrétiens (arméniens) parmi les membres de cette ambassade. Le Père Alichan semble admettre l'historicité du fait (Sissakan, pp. 456-457) se basant sur une citation du moine de Saint-Gall (Gesta Karoli II, 8 [3]) écrit en 885*»[180].

Une fois de plus les Byzantins allaient perturber cette harmonie. L'empereur Théophile envoya ses armées en Arménie en 837 répétant les mêmes exactions sanglantes, entraînant les représailles arabes identiques. A la mort du calife Motawakkil (*10 décembre 861*), les Grecs atteignirent l'Euphrate supérieur. Cette fois sur ordre de Michel III l'Ivrogne (*842-867*) qui voulait en finir avec les Pauliciens.

Cette secte manichéenne s'était installée en Arménie au VIII° siècle. Le patriarche Hovhannes III Odznetsi l'avait immédiatement dénoncée comme adoratrice du soleil et en étroite relation avec le manichéisme. Ils exposaient leurs morts sur les toits des maisons[181].

«*Nous voyons bien, par les oeuvres du catholicos Odznetsi, qu'il combattit énergiquement les erreurs des Pauliciens, dont la doctrine se rattachait à l'adoptianisme de Paul de Samosate*»[182].

Pour Jean III d'Odzoun ces Pauliciens n'étaient même pas des hérétiques chrétiens mais les adeptes d'une religion différente. Ils tentaient de se faire passer pour chrétiens afin de mieux s'introduire dans l'Eglise

---

[178] Brosset, *Histoire de la Géorgie*, II, *Addition*, p. 142, 159-160; Muyldermans, p. 125, n. 5; Asoghiq, p. 134; Marr, *Ani*, Revue des Etudes Arméniennes, I, p. 352, 1921; in R. Grousset, p. 341.

[179] F. Tournebize, p. 101.

[180] E. Utudjian, p. 19.

[181] Fernand NIEL, *Albigeois et Cathares*, p. 36, P.U.F., coll. «*Que sais-je ?*», Paris, 1976.

[182] *Joannis Ozniensis opera*, in-8, ed. Aucher, Venise 1834; in F. Tournebize, p. 140-141.

arménienne. A cette fin ils menaient une vie ascétique et avaient même anathématisé Manès. Ils jouèrent aussi sur leur dénomination en laissant croire qu'ils faisaient référence à l'apôtre des Gentils, alors que saint Paul les avait dénoncés par avance en condamnant les conduites aberrantes des sectes[183]. Ils créèrent une seconde confusion en se référant à Paul de Samosate, l'évêque d'Antioche, maître d'Arius condamné en 270 par le concile d'Antioche.

«... *l'étymologie repose non sur «Paul» mais sur «Polik», ironique variante arménienne du nom»*[184].

Puis on estima que Paulicien venait d'un autre Paul qui aurait réorganisé la secte au VIII° siècle quand elle se trouvait dans le Pont[185]. Ce Paul et son frère Jean avaient été élevés par leur mère Callinice dans la religion de Mani (*Manès*).

«*Aucune date n'étant connue concernant ce fondateur légendaire du paulicianisme, celui-ci a été confondu avec Paul de Samosate qui fut évêque hérétique d'Antioche en 260. En réalité, le mouvement fut lancé par l'Arménien Constantin de Mananali, manichéen d'origine qui aurait corrigé l'enseignement de Mani à la lumière du Nouveau Testament*»[186].

La source principale concernant les Pauliciens est l'«*Histoire des manichéens qu'on appelle aussi pauliciens*» ou «*Historia Paulicianorum*» par Pierre de Sicile envoyé en mission auprès des chefs pauliciens par l'empereur de Constantinople.

Bien qu'ils eussent prétendu avoir anathématisé Manès, les pauliciens admettaient le principe dualiste du Bien et du Mal. Pour eux le monde était le fruit du Mal aussi refusaient-ils le baptême, l'Eucharistie, les dogmes, le sacerdoce, les institutions et la hiérarchie ecclésiale. Ceux qui atteignaient une connaissance approfondie de leur doctrine devaient s'abstenir de procréer, de semer, d'élever des animaux.

On retrouvera tout ceci chez les Parfaits parmi les Cathares. Etant opposés aux images saintes, les pauliciens jouirent même à un certain moment de la sympathie des iconoclastes byzantins. Ils camouflaient leurs convictions en se servant du langage chrétien et recherchaient dans les livres saints tout ce qui aurait pu se rapprocher du gnosticisme[187]. En conclusion ils s'avançaient sous le masque de l'hypocrisie.

---

[183] Saint Paul, *1 Tm*, 4, 1-5.

[184] Kulman SASS, Dict. des Rel., p. 1290; N. G. GARSOIAN, *The Paulician Heresy*, The Hague, Paris, 1967; in K. Sass, p. 1290-1291. Polik est la translittération de Boghiq.

[185] F. Niel, p. 35.

[186] K. Sass, p. 1290.

[187] K. Sass, p. 1290.

Etant en majorité Arméniens, ils étaient de redoutables guerriers dirigés par deux chefs remarquables Garbeas (*Garbis* ?) et Chrysokeyr. Au VIII° siècle l'émir de Mélitène les installa sur l'Euphrate supérieur à Tephriqé pour nuire aux Grecs. Michel III l'Ivrogne fut mis en déroute devant Samosate par Garbeas allié aux Arabes. En 863 les Byzantins tuèrent Garbeas au cours d'une bataille. L'empereur Basile 1° fit subir le même sort à Chrysokeyr en 872[188].

Basile 1°, comme la plupart des empereurs byzantins, était arménien. «*Le fondateur de la dynastie, Basile I, était issu d'une famille arménienne établie en Macédoine: d'où la dénomination usuelle, mais en fait inexacte, de dynastie «macédonienne»*[189].

Admirant le courage de ses compatriotes pauliciens Basile 1° les installa en Thrace et en Macédoine pour défendre les frontières de l'Empire contre les Bulgares. Certains d'entre eux y avaient déjà été établis par les empereurs iconoclastes au VIII° siècle.

«*Il n'est pas exclu qu'à certains endroits les «hérétiques» arméniens fussent même les premiers à avoir annoncé la Bonne Nouvelle: les chefs bulgares qui voyaient d'abord dans l'Eglise orthodoxe un instrument de l'impérialisme byzantin, n'avaient aucune raison de nourrir de l'hostilité ou de la méfiance envers les représentants d'une secte elle-même persécutée sur le territoire de l'Empire*»[190].

Ces Pauliciens ont donné les Bogomils bulgares et Yougoslaves, qui devinrent Cathares en France, Hussites en Tchécoslovaquie[191]. Et sans doute Patarins en Lombardie.

«*Dans le Nord de la France, on les a appelés* Poplicains *ou* Publicains, *ce serait une forme latinisée de «Pauliciens»*»[192].

Un descendant des Bagratouni, encore un Achot, fut élevé par le calife à la dignité de Prince des princes (862). Afin de s'assurer la neutralité de Constantinople, Achot Bagratouni demanda aussi la confirmation de l'empereur[193]. Celui-ci s'empressa de mettre un préalable à son accord: l'adoption de la christologie chalcédonienne.

---

188 F. Niel, p. 34-38. Theophane continué, ed. de Bonn, IV, Ch. 16 et 23; Cedrenos, ed. de Bonn, II, p. 153-154 et 161-162; in R. Grousset, p. 377.

189 P. Lemerle, p. 86-87.

190 K. Sass, 1291.

191 A. TOYNBEE, *A Summary of Armenian History*, p. 607-608, London, 1916; in H. Pasdermadjian, p. 124.

192 F. Niel, p. 59.

193 R. Grousset, p. 382-383.

Le patriarche de Constantinople, Photius (*820-895*), en conflit avec le pape de Rome, Nicolas 1° (*858-867*), cherchait à s'assurer l'appui de l'Eglise arménienne. Aussi usa-t-il de diplomatie; ce qui ne pouvait manquer de surprendre connaissant le ton sec et supérieur utilisé par les Byzantins habituellement. Dans les missives adressées au patriarche Zakaria 1° de Tzaq (*855-877*) et au Prince des princes il appelait Zakaria, «*le successeur de saint Thaddée et de saint Grégoire l'Illuminateur*». Il reconnaissait l'apostolicité et l'orthodoxie de l'Eglise arménienne ainsi que sa suprématie sur les peuples du Caucase[194]. Photius évitait d'aborder les questions disciplinaires et liturgiques. Il s'efforçait de convaincre le patriarche arménien que les actes du concile de Chalcédoine et sa christologie refusaient autant le nestorianisme que l'eutychianisme. Il admettait, sous-entendu comme les Arméniens, les deux natures du Christ dans une seule personne.

La lettre adressée à Achot Bagratouni était de la même veine. Photius lui promettant même un royaume avec l'aide de l'empereur[195]. Photius était rompu à la politique. Avant d'avoir fait déposer le patriarche Ignace (*858*), pour le remplacer, il avait été le secrétaire de Michel III l'Ivrogne. Ce qui lui donnait sans doute de l'ascendant sur l'empereur. Il sera à son tour destitué par l'empereur Basile puis réintégrera son Siège.

Zakaria 1° et Achot convoquèrent un concile dans un des palais du Prince des princes dans le Chirac probablement à Chiracavan. Sahac Apicurech, l'évêque d'Achunq (*près du Pont*), fut chargé de rédiger la réponse à Photius. Sahac Apicurech avait été persécuté et chassé de son diocèse par les Grecs parce qu'il refusait d'adhérer à Chalcédoine. Il s'était réfugié auprès d'Achot Bagratouni. Jamais, cependant, il ne fut animé par un sentiment de revanche. Il rapporta scrupuleusement les décisions du synode de Chiracavan. Elles rejetaient les propositions de Photius, affirmaient de nouveau la christologie cyrillienne et portaient, une fois de plus, l'anathème sur le nestorianisme et le monophysisme eutychien. Soulignant que, sur le terrain théologique, les deux Eglises n'avaient pas de différends quant au fond, le concile refusait d'épouser la cause des Grecs contre les Romains et vice-versa[196].

Les démêlés de Photius et de Nicolas n'intéressaient pas les Arméniens en butte à des difficultés de survie et de sauvegarde de leur religion. Les

---

[194] R. Grousset, p. 383. Marr et Pappadopoulos Kerameus, *le texte arménien de la lettre à Zakaria traduit en russe*, Recueil de la Société orthodoxe de Palestine, XI, fasc. XXXI, p. 179-279, Saint Petersbourg, 1892; trad. latine dans Migne, *Patrologie grecque*, CII, 701-718; in F. Tournebize, p. 143.

[195] F. Tournebize, p. 143; R. Grousset, p. 383.

[196] R. Grousset, p. 384.

Occidentaux d'ailleurs ne songeaient pas à les secourir. Les tracas des Arméniens étant autrement plus importants que les luttes de primauté entre les deux capitales de l'ex-Empire romain[197].

Les Arabes, satisfaits de la distance prise par les Arméniens à l'égard des Grecs, rendirent au catholicos son privilège. Le successeur de Zakaria 1°, Georg ou Kévork II (*Georges*) (*878-898*), put se faire précéder, comme par le passé, de sa bannière surmontée de la croix dans les cérémonies et ses déplacements [198].

Entre-temps le Prince des princes, Achot Bagratouni, s'était donné le titre d'Achot 1° sans que le calife ne s'y opposât. Achot 1° venait de commencer la libération de son pays. Avec l'agrément de Bagdad il chassa les émirs, ces princes arabes qui s'étaient révoltés contre l'autorité du calife, hors d'Arménie.

---

[197] M. Ormanian, p. 37.
[198] F. Tournebize, p. 144.

Une fois de plus l'Arménie se sacrifia pour la chrétienté sans que celle-ci, symbolisée par l'Empire Byzantin, lui en eût la moindre reconnaissance. (R. Grousset)

CHAPITRE III

L'Esprit: sauvegarde de la nation

Le royaume des Bagratouni, l'Arménie prospère, l'émir d'Azerbaïdjan attaque

Achot Bagratouni, le prince des princes, sera à l'origine d'une dynastie royale. Il est vrai que les possessions de sa famille dépassaient en immensité tous les autres fiefs arméniens.

«*Le prince des princes Achot de Bagaran méritait donc le surnom d'Achot le Grand - Achot Medz - que lui conféra la postérité. De cette grandeur ses contemporains eurent la notion très précise, et ce fut ainsi qu'ils firent rétablir en sa faveur l'antique royauté arménienne, abolie depuis quatre cent cinquante-cinq ans (430-885)*»[199].

Le gouverneur arabe (*ostigan ou vostigan*), Ahmed ibn-Isa ibn-Cheikh, était l'ami d'Achot. Les princes et les nakhararq lui demandèrent d'intervenir auprès du calife al-Motamid pour obtenir le titre royal pour Achot.

«*'Isâ transmit leur demande au khalife et une couronne royale fut envoyée à Achot. L'ostikan 'Isâ la lui porta lui-même et, avec elle, des robes royales, des présents, des marques d'honneur, de rapides coursiers, des armes et des ornements qu'on plaça devant lui. On fit venir le grand patriarche Géorg (Géorg II de Garni) pour conférer à Achot le sacrement spirituel et pour implorer en sa faveur la protection divine. Il lui donna l'onction sainte et le couronna roi de la race d'Achkénaz*»[200].

---

[199] R. Grousset, p. 394.

[200] Jean catholicos, XVIII, p. 124-125; in R. Grousset, p. 394. «*On sait*, nous dit René Grousset, *qu'*Achkénaz *est le nom du peuple, emprunté à la géographie biblique, que le moyen âge a appliqué à l'Arménie*» (*n.1*).

Le couronnement eut lieu entre avril 885 et avril 886[201]. Stepanos (*Etienne*) Orbelian nous apprend que, pour la cérémonie, le patriarche Georg II (*ou Kévork*) fut assisté par de nombreux prélats dont l'évêque de Siounie Hovhannes[202]. Pour ne pas être en reste, l'empereur de Byzance, l'Arménien Basile 1°, envoya lui aussi une couronne royale à Achot, accompagnée d'une lettre du patriarche de Constantinople, Photius, contenant une parcelle de la vraie Croix[203]. L'empereur et le calife étaient forcés d'admettre la présence d'un Etat tampon entre leurs deux Empires. Si les seigneurs arméniens avaient pris la mesure de cette réalité géopolitique ils seraient restés unis. Avec la valeur militaire des rudes montagnards arméniens ils auraient préservé leur pays de toutes les invasions.

«*Les Ardzrouni au Vaspourakan par exemple se considéraient comme pratiquement maîtres chez eux et si leur chef, Grigor-Dérénik, avait demandé au khalife la couronne royale pour Achot le Grand (lequel était d'ailleurs son beau-père), il n'avait certainement pas entendu par là aliéner son autonomie, pas plus du reste que les grands vassaux qui allaient, un siècle plus tard (987), élire au trône de France Hugues Capet. La royauté que, par l'initiative des princes de Vaspourakan et de Siounie, on venait de conférer au prince des princes d'Arménie, ressemblait à en effet celle qu'en Occident l'adhésion des ducs de Bourgogne et d'Aquitaine, des comtes de Champagne, d'Anjou et de Flandres valut au duc de France*»[204].

Achot le Grand dut faire face aux révoltes de ses parents et des seigneurs. Il les soumit usant de magnanimité grâce à l'influence de son ami le patriarche Georg II (*878-898*). Achot 1° restaura églises et monastères détruits par les guerres. L'Arménie retrouva sa prospérité.

A Byzance régnait un empereur assez libéral, lui aussi Arménien, fils de Basile 1°, Léon le Philosophe (*886-912*). Achot et Léon se rencontrèrent à Constantinople et y conclurent un double traité d'alliance militaire et économique. Les Arméniens, fidèles à leur engagement, aidèrent les Grecs contre les Bulgares. Les Byzantins ne seront d'aucun secours quand les Arméniens auront besoin d'eux.

En 890, sur le chemin du retour de Constantinople, Achot 1°, âgé de 71 ans, fit une chute en approchant du Chirac. Sentant venir la fin il

---

[201] R. Grousset, p. 394.

[202] E. ORBELIAN, *Histoire de la Siounie*, XXXVII, p. 107; in R. Grousset, p. 395.

[203] F. Tournebize, p. 106; R. Grousset, p. 395.

[204] R. Grousset, p. 396.

distribua de généreuses offrandes aux églises et congrégations ainsi que d'importantes aumônes aux pauvres du royaume. Le catholicos Georg II lui administra les derniers sacrements et le roi mourut dans ses bras. On l'ensevelit dans le tombeau de ses ancêtres, à Bagaran, au milieu des lamentations de son peuple[205].

Adrnerseh Bagratouni, prince de Géorgie et cousin du roi, et le patriarche Georg II choisirent, pour succéder à Achot le Grand, son fils Sembat 1° plutôt que son frère Abas qui se révolta. Sembat mata la rébellion de son oncle et lui pardonna. Le calife Mot'amid et Léon VI le Philosophe reconnurent Sembat 1° roi d'Arménie[206]. Sembat agrandit le domaine royal jusqu'à la Mer Noire, au nord, et jusqu'à Garin (*Erzeroum*), au sud[207]. Deux ans après avoir succédé à son père, Sembat 1° fut sacré et couronné par Georg II, en 892, dans la cathédrale Saint-Sauveur de Chiracavan (*Erazgavorq*) qu'il venait de faire construire[208]. Cet édifice reprenait les traits essentiels des sanctuaires arméniens des VI°-VII° siècle en y ajoutant des expressions originales soulignant «*le style Bagratouni*».

«*... niches triangulaires sur les murs Sud et Nord ayant une signification plutôt décorative que tectonique, ornementation, encadrements des fenêtres rectangulaires, finition des niches triangulaires, etc...*
Les transformations ultérieures de l'église (l'obturation des niches du mur Est, les surélévations sur les coins, et ainsi de suite ...) ont probablement été réalisées dans un but défensif. La coupole de l'église a été détruite au XIX° siècle au cours d'actions militaires contre les Turcs»[209].

Abas, l'oncle du roi, bien que pardonné, ne désarmait pas. Il en voulait au catholicos Georg II de lui avoir préféré son neveu. Il tenta de dresser contre le patriarche un saint moine, vivant dans un îlot du lac Sevan, Machtots d'Eghivard. Celui-ci, indigné par les calomnies du prince, lui ordonna d'aller se confesser au catholicos. Abas dut se jeter aux pieds de Georg II pour en obtenir son pardon[210].

Des yeux ennemis observaient ces remous; ceux d'Afchin, l'émir d'Azerbaïdjan (*l'ex-Atropatène, l'actuel Azerbaïdjan iranien*). Afchin

---

[205] J. de Morgan, p. 132; F. Tournebize, p. 107. Jean catholicos, XX, p. 128-129; Th. Ardzrouni, III, 21, p. 183; in R. Grousset, p. 397.
[206] R. Grousset, p. 399; J. de Morgan, p. 133; F. Tournebize, p. 107.
[207] J. de Morgan, p. 133; F. Tournebize, p. 108.
[208] R. Grousset, p. 399; F. Tournebize, p. 107-108.
[209] E. Utudjian, p. 118.
[210] Jean catholicos, XXI-XXII, p. 133-134; in R. Grousset, p. 399.

avait dû, de mauvaise grâce, obéir au calife pour envoyer présents et couronne à Sembat. Le rapprochement arméno-grec l'inquiétait.

Peu à peu, des mercenaires turcs comme Afchin avaient infiltré l'entourage du calife de Bagdad. La garde prétorienne du Commandeur des Croyants était même composée de Turcs[211]. Fraîchement convertis à l'Islam, ceux-ci n'étaient pas des musulmans bien convaincus. Ils ne voyaient dans les civilisations arabe, arménienne et byzantine que de bons butins à s'approprier par pillage.

Profitant de la décadence des Abbassides, Afchin se dégagea de la tutelle de Bagdad et se proclama émir autonome d'Azerbaïdjan[212]. Il guignait sur l'Arménie florissante de Sembat 1°. Ses églises, ses couvents resplendissaient grâce aux dons des satrapes. Ses moines priaient, chantaient, écrivaient, cultivaient, construisaient, enseignaient. Les greniers du peuple regorgeaient de grain.

«*Les fermes se transformaient en bourgs, les bourgs en villes par l'augmentation en population et en richesse, à tel point que les bergers eux-mêmes et les gardiens de boeufs portaient des tuniques de soie*»[213].

En 893 un de ces séismes qui ravagent périodiquement l'Arménie détruisit Dvin. Il y eut 70.000 morts, ce qui démontre l'importance de la ville. Miraculeusement indemne, le patriarche Georg II quitta la cité pour s'installer à Edchmiadzin[214]. Le roi Sembat 1° se rendit au chevet des blessés, des rescapés, organisa les secours et leur distribua d'énormes aumônes[215]. L'émir d'Azerbaïdjan en profita pour attaquer l'Arménie. Le roi parvint, pour un temps, à le repousser.

«*... mais privé des secours qu'il avait demandés à l'empereur grec, il finit par succomber dans cette lutte opiniâtre*»[216].

Le patriarche Georg II, le roi d'Arménie crée le royaume de Géorgie, la trahison des Ardzrouni, le martyre de Sembat 1°

«*Le patriarche Géorg II, se conduisant, comme les grands évêques de notre haut moyen âge, en véritable* defensor civitatis, *alla à la rencontre de l'émir. Le saint prélat, nous dit Jean Katholikos qui l'a bien connu,*

---

211 H. Pasdermadjian, p. 15.
212 R. Grousset, p. 402.
213 Asoghiq, p. 12-13; in R. Grousset, p. 402.
214 R. Grousset, p. 402.
215 F. Tournebize, p. 112.
216 Biographie Universelle, t. 5, p. 508.

«*espérait être assez habile pour convertir à la douceur le coeur de pierre d'Afchîn*»[217].

L'émir ne voyait en la personne du patriarche que le moyen d'attirer le roi dans un piège. Il n'y parvint pas. Alors il fit charger Georg II de chaînes et le traîna à sa suite. Il ne le libéra, en 895, que contre une énorme rançon payée par la noblesse et le clergé, dont le futur catholicos Jean V[218].

Malgré ces guerres entre féodaux, avec les musulmans, avec les petits émirs encore présents en Arménie, dès qu'une courte période de paix apparaissait un formidable réveil culturel se produisait. Ces petits émirs, pour la plupart d'entre eux, s'étaient faits chrétiens par leurs mariages avec des princesses arméniennes[219].

Le général en chef (*sbarabed*), Achot Bagratouni, neveu de Sembat 1°, éleva deux églises, l'une à Kolb, l'autre à Bagaran[220]. La princesse douairière de Siounie, Mariam, soeur du roi, s'intéressa au monastère du lac Sevan où vivait saint Machtots d'Eghivard. En 874 elle fit construire deux églises: les Saints-Apôtres et la Sainte-Mère de Dieu. A Choghovag, elle fit édifier un monastère et une église dédiés à saint Pierre pour le repos de l'âme de son époux le prince Vassac Gabur mort en 887[221]. Le fils de Mariam et de Vassac, le prince de Siounie occidentale, Grigor-Souphan II, fit bâtir dans sa ville de Koth, sur la rive sud-ouest du lac Sevan, une grande église vouée à la Vierge Marie. On y a déchiffré l'inscription suivante: «*Moi, Souphan, j'ai, à force de dépenses et de travaux, institué ce souvenir spirituel auprès du Christ, dans le bourg de Koth, résidence de mes ancêtres. Moi, leur successeur, inspiré par la volonté de Dieu, j'ai édifié la maison du Seigneur, le toit du Dieu de Jacob, sous l'invocation de la sainte Mère de Dieu, en quartiers de roc taillés. Dans ce saint lieu de pénitence, j'ai établi des prêtres, affranchis de toute redevance, et je leur ai assigné des terres et des eaux. J'ai également institué quatre quarantaines, le canon des*

---

[217] R. Grousset, p. 403.

[218] R. Grousset, p. 403; F. Tournebize, p. 108.

[219] Jean catholicos, p. 161; Tabari, III, 3, 1409; Ibn al-Athir, VII, p. 20; Ibn Khaldoun, III, 275; in R. Grousset, p. 410.

[220] Jean catholicos, XXVI, p. 182; in R. Grousset, p. 427.

[221] E. Orbelian, I, Ch. 37, p. 106-107, 109; Brosset, par. 12, *Couvents du canton de Gegharqouniq*, (*le cant. de Gegharqouniq se situe dans la Siounie occidentale: N. D. A.*) p. 123-124, 126-127; in R. Grousset, p. 427.

psaumes de la pénitence et les psaumes du matin qui seront récités pour le salut de mon âme»[222].

Ce même prince fit ériger à Maqenots une église à coupole, dédiée à la Vierge Marie, ainsi qu'un couvent qu'il dota richement en terres, vignobles et troupeaux. Son frère, Sahac, construisit à Noradous une église dans laquelle il se fera inhumer en 923. Le frère du roi, Chabouh Bagratouni, confia à sa soeur, la princesse Mariam, le soin de faire édifier le magnifique sanctuaire de Qthanots au sud du lac[223]. Dans le sud-est de l'Arménie actuelle, dans le Zanguezour, le roi et ses neveux firent de généreuses donations à l'église et au monastère de Tathev, haut-lieu de spiritualité.

Le prince Khatchiq-Qaqig Ardzrouni, qui s'instituait en rival du roi dans son fief du Vaspouragan, restaura les ruines de la forteresse des Rechtouni. A Van, il construisit l'église Sainte-Sion. Il fit rénover et aménager les canalisations d'eau apportant dans sa capitale l'eau des montagnes. L'un de ces aqueducs était le fameux «*canal de Sémiramis*» long de 80 km datant du VIII° siècle avant J.-C. alors que Rome n'existait pas encore[224]. Son frère, Qourqen, éleva une église aux proportions admirables à Adamakert, entre les lacs de Van et d'Ourmia, en plein coeur du Vaspouragan[225].

«Comme on le voit, la royauté bagratide de l'Arménie septentrionale laissait la principauté ardzrounienne du Vaspourakan opérer à son gré dans l'Arménie méridionale»[226].

Les princes du Vaspouragan étaient persuadés que le titre de Grand-Prince était au-dessous de leurs mérites[227]. Ambition qui sera l'une des causes principales de la perte de l'Arménie.

Le roi Sembat 1°, lui, tentait de rassembler ses vassaux. Il éleva son parent Adrnerseh, prince de Géorgie, à la dignité royale, en 899, en récompense de son indéfectible fidélité. Sembat 1° venait de fonder le royaume historique de Géorgie et de faire de son monarque le second personnage du royaume d'Arménie[228].

---

222 E. Orbelian, I, 37, p. 109-110, II, p. 125-126; in R. Grousset, p. 427-428.

223 E. Orbelian, I, p. 111-112, II, p. 125, 128-129; in R. Grousset, p. 428.

224 R. Grousset, p. 63. T. Ardzrouni, III, 29, p. 204-205; in R. Grousset, p. 422.

225 T. Ardzrouni, p. 207; in R. Grousset, p. 423.

226 R. Grousset, p. 424.

227 F. Tournebize, p. 110.

228 Jean catholicos, XXXII, p. 172-173; Brosset, *Additions*, p. 163; in R. Grousset, p. 414.

«*... la famille des Pagratides ou Bagratides, qui a donné des rois à l'Arménie et à la Géorgie, et de laquelle se prétendent issus les princes Bagration*»[229].

Les Ardzrouni manifestèrent leur mauvaise humeur en exigeant la ville de Nakhitchevan donnée à la Siounie. Le patriarche Georg II se rendit auprès d'eux pour tenter une conciliation. Il y mourut. Il fut inhumé près de Van dans le monastère de Tzoroy-Vanq.

Son pontificat avait duré 20 ans (*878-898*). Il avait eu de meilleures relations avec le califat de Bagdad qu'avec l'émir d'Azerbaïdjan qui lui infligea de nombreux sévices. Les Arabes, qui seront balayés par les Turcs, étaient déjà en butte aux révoltes des émirs turcs d'Azerbaïdjan.

En 898 le saint moine du lac Sevan, Machtots d'Eghivard, fut élu et consacré patriarche. Il remit son âme à Dieu sept mois après son accession au pontificat suprême, le 13 octobre 899, et fut inhumé à Garni. Il sut, pendant ce laps de temps, maintenir ferme la barre de l'Eglise dans le respect des trois premiers conciles oecuméniques[230]. Alors le roi convoqua les évêques et les représentants du peuple qui choisirent un moine, disciple de saint Machtots, Hovhannes (*Jean*) de Drachkhonakert. Il fut consacré sous le nom de Hovhannes V. On le surnommera Badmapan (*l'Historien*). En témoin oculaire et acteur des drames qui secouèrent sa patrie, il en écrira l'Histoire. Il occupera le Siège de saint Thaddée-saint Grégoire l'Illuminateur de 899 à 931. «*C'est une des figures les plus attachantes de l'histoire de l'Arménie. La sainteté de sa vie, sa bonté, la douceur de son caractère sont vantées par toutes nos sources*. Nous-mêmes ne pouvons lire son récit sans être frappés par sa bonne foi, sa sensibilité, l'élévation de son jugement, sa modération entre les partis, son sentiment de l'intérêt national, ses qualités d'homme d'Etat***»[231].

Un point reste à élucider quant au numéro attribué au catholicos Hovhannes. François Tournebize et Jacques de Morgan en font Jean VI. Ce qui reviendrait à inclure dans la liste des patriarches d'Arménie l'antipatriarche Jean de Bagaran. Comme nous le savons, Hovhannes de Bagaran fut un anticatholicos, créature de l'empereur byzantin Maurice. D'ailleurs Jean de Bagaran fut rejeté par le clergé arménien de l'époque. Introduire l'antipatriarche Hovhannes de Bagaran parmi les catholicos de

---

[229] Biographie Universelle, t. 5, p. 508.

[230] R. Grousset, p. 419.

[231] R. Grousset, p. 419.{ * Thomas Ardzrouni, III, 26, p. 198,
{ ** voir sa biographie par F. LAYARD,
{ préface de la traduction de Saint-Martin.

l'Eglise arménienne reviendrait à inclure l'antipape, Jean XXIII Baldassare-Cossa (*1410-1415*), dans la liste des papes de Rome, et à donner à Jean XXIII Roncalli (*1958-1963*) le n° XXIV. Ce que nul n'oserait faire. Pourquoi alors ce qui est inacceptable pour l'Eglise latine serait-il licite pour l'Eglise arménienne ?
Hovhannes Badmapan de Drachkhonakert est donc Hovhannes V. René Grousset, dont l'objectivité ne saurait être mise en doute, l'appelle Hovhannes V ou Jean V.
Les Ardzrouni réclamaient toujours la ville de Nakhitchevan, cédée par Sembat 1° à ses neveux, princes de Siounie. Youssouf, l'émir d'Azerbaïdjan, succédant à son frère, Afchin (*mort en 901*), avait trouvé la faille. Il proposa aux Ardzrouni une alliance contre leur monarque. Pour les convaincre il leur promit Nakhitchevan et fit décerner, par le calife, une couronne royale à Khatchiq-Qaqig en 908[232]. Youssouf venait de couper l'Arménie en deux et de s'ériger en arbitre de la situation. Le calife Moktafi aimait bien Sembat 1°; il n'avait pas de sympathie pour Youssouf qui s'était rebellé contre l'autorité de Bagdad. Mais Moktafi ne disposait pas de moyen militaire pour contrôler la situation. Il comptait sur le roi d'Arménie. Sembat chargea Hovhannes V d'une mission de paix auprès de l'émir (*908*). Le patriarche, porteur de présents et de paroles de paix, tenta de fléchir Youssouf. Celui-ci le fit enchaîner et le traîna à sa suite de geôles en cachots. Il fit sa jonction avec les traîtres Ardzrouni[233]. Après avoir pillé et ravagé l'Arménie Youssouf s'attaqua à la Géorgie où il occupa Tiflis (*Tbilissi*). Puis il revint à Dvin. Là il fit jeter le catholicos Jean V dans un cul de basse-fosse. Il y sera maltraité jusqu'en 909.

«*on m'avait jeté dans une sorte de puits; mes gardes étouffaient mes appels et mes gémissements; la nuit même je n'avais pas un instant de tranquillité*»[234].

A l'exemple des Ardzrouni, beaucoup de seigneurs, y compris des princes du sang, trahirent leur souverain au profit de Youssouf. Un vassal du roi d'Arménie résista, le prince de Siounie occidentale, Grigor-Souphan II. Il fut vaincu et fait prisonnier le jour de Pâques 16 avril 909[235].
La même année le patriarche Hovhannes V fut libéré. Il se réfugia auprès de Sahac, prince d'Aghouanie, puis fut invité par Adrnerseh, roi de Géorgie. Enfin Jean V s'installa au Gougarq, province arménienne

---

232 Grousset, p. 433; J. de Morgan, p. 135; H. Pasdermadjian, p. 156; F. Tournebize, p. 110.

233 R. Grousset, p. 434-435; J. de Morgan, p. 135; F. Tournebize, p. 135.

234 Jean catholicos, LII, p. 205-206; in R. Grousset, p. 436.

235 Jean catholicos, LI, p. 206; in R. Grousset, p. 436 et n. 2-3.

limitrophe de la Géorgie[236]. Mouchegh, le fils cadet du roi, tomba aux mains de l'émir qui le fit empoisonner ainsi que son cousin Grigor-Souphan II en 910[237]. Harcelé de toutes parts, le roi d'Arménie se retrancha dans sa forteresse inexpugnable de Gaboyt-Perth (*le Fort Bleu*), à l'ouest de l'Ararat. Youssouf y mit le siège. Il alignait devant ses troupes les prisonniers chrétiens qu'il faisait massacrer méthodiquement. Ne supportant pas le spectacle, Sembat 1° décida de mettre fin au carnage. Il alla, sans escorte, demander la paix à l'émir. Impressionné par ce courage, Youssouf laissa le roi partir à la tête de sa garnison[238]. Ayant pris conscience que leur trahison nuisait aux Arméniens, le roi du Vaspouragan Khatchiq-Qaqig et son frère Qourqen se retirèrent de la coalition et rentrèrent à Van[239]. Craignant qu'ils ne passent dans le camp de leurs compatriotes, Youssouf se saisit par ruse du roi Sembat 1°. Il le fit torturer devant une place forte de Siounie pour obliger les défenseurs à se rendre. Le roi d'Arménie mourut en confessant sa foi. L'émir ordonna de décapiter le corps ensanglanté, le ramena à Dvin où il fit crucifier le cadavre[240]. Nous étions en 914. Le roi avait enduré la torture avec un courage surhumain et refusé de renier sa foi. Son peuple et la postérité le surnommèrent Martyr (*Nahadag*). Bien d'autres donnèrent leur vie pour le christianisme. Le martyrologe arménien contient les noms de Miqaël de Gougarq, des frères Qourqen et David Gnouni; leur fête se commémore le 20 novembre[241].

Le calife Moqtadir était mécontent des victoires de Youssouf. Celui-ci s'était rebellé contre l'autorité du Commandeur des Croyants dès 912. Dans le monde musulman on méprisait ce soldat de fortune[242].

Le roi de fer, la Croisade, fondation du Siège d'Aghtamar, la paix du roi Abas, la cathédrale de Kars

Dans une Arménie désolée et ruinée, l'énergique prince héritier, Achot, organisa la guérilla contre les troupes de Youssouf. Elles furent harcelées par les montagnards arméniens d'Achot qu'on surnomma Ergad (*de Fer*).

---

[236] Jean catholicos, LV, p. 209; in R. Grousset, p. 437.

[237] Jean catholicos, LX, p.216-217; E. Orbelian, I, 38, p. 115; Brosset, *Siounie*, II, p. 14, 28; in R. Grousset, p. 437.

[238] R. Grousset, p. 438; F. Tournebize, p. 111.

[239] Jean catholicos, LXIV, p. 224; in R. Grousset, p. 438.

[240] J. de Morgan, p. 136; F. Tournebize, p. 111-112. E. Orbelian, 38, p. 116; in R. Grousset, p. 439.

[241] Jean catholicos, LXXXIX-XC, p. 247-250; in R. Grousset, p. 439.

[242] R. Grousset, p. 440.

Enfin le patriarche de Constantinople, Nicolas le Mystique, s'inquiéta des malheurs de ses frères chrétiens. Il était très écouté par l'empereur Constantin VII Porphyrogénète. Tous les empereurs Porphyrogénètes furent des Arméniens. Nicolas écrivit en 918 à Hovhannes V, alors en Géorgie[243]. Il demandait au patriarche arménien de s'interposer entre le roi de Géorgie, Adrnerseh II, et le prince, Qourqen d'Abkazie, afin qu'ils mettent un terme à leurs querelles. Les Géorgiens et les Abkazes avaient quitté l'Eglise arménienne pour rejoindre la byzantine. Les monarques de ces deux peuples se déchiraient pour quelques arpents de terre ou des titres. Le patriarche grec demandait au catholicos arménien sa médiation en attendant la venue des renforts pour l'Arménie.

Hovhannes V proposa à Adrnerseh II, un Bagratouni après tout, de prendre la tête de la coalition. Puis il courut au Daron dont le prince Krikorikios Bagratouni était aussi en conflit avec ses vassaux. Il parvint à les réconcilier et à les faire entrer dans la sainte ligue[244]. Hovhannes V adressa une lettre à l'empereur Constantin VII Porphyrogénète et à l'Arménien Romain Lecapène qui régnait en réalité[245]. Il leur disait son espoir et sa joie de voir deux nations chrétiennes unies dans la croisade[246].

«*C'était en effet l'époque où les armées byzantines, dirigées par un grand capitaine précisément d'origine arménienne, Jean Kourkouas (= Hovhannès Gourgèn), commençaient à reprendre partout l'avantage sur les musulmans ...*»[247].

Les Byzantins envoyèrent leur ambassadeur, Theodoros Basilicos, chargé de présents pour le catholicos et le roi Achot II Ergad. Il convia le monarque et le patriarche à Constantinople. Le roi s'y rendit en 921. Le patriarche Jean V déclina l'invitation. Il craignait qu'on ne l'obligeât à accepter le concile de Chalcédoine. Il fit une retraite au monastère de Garnic à Thordan[248]. Les Byzantins fournirent quelques maigres contingents à Achot II. En contrepartie ils se firent donner les territoires entre le fleuve Araxe et la rivière Akhourian (*Arpa-Tchay*)[249].

---

243 Jean catholicos, XCIX-C, p. 262-265; in R. Grousset, p. 443.

244 F. Tournebize, p. 113. Jean catholicos, CI, p. 265-266, CII-CIII, p. 267-268; Adontz, *Les Taronites*, Byzantion, IX, p. 732, 1934; in R. Grousset, p. 443.

245 P. Lemerle, p. 87.

246 R. Grousset, p. 444.

247 R. Grousset, p. 444.

248 Jean catholicos, CIX, p. 284, CXI, p. 286; Asoghiq, III, 5, p. 22 (*n. 4 de Macler*); in R. Grousset, p. 445.

249 R. Grousset, p. 446; F. Tournebize, p. 113.

Ne pouvant compter sur les Grecs, le roi de fer tenta de s'entendre avec le nouvel émir d'Azerbaïdjan, Naçr. Celui-ci reçut l'ordre du calife de décerner à Achot II Ergad le titre de Schah-an-Schah (*roi des rois*) afin de le mettre au-dessus des rois et princes arméniens, aghouans et géorgiens[250]. Naçr obéit à contrecoeur aux ordres du calife. Puis il s'empressa d'attaquer l'Arménie. Hovhannes V se trouvait dans le monastère de l'îlot du lac Sevan. De là il se réfugia dans un couvent qu'il avait fait construire auprès du fort de Burakan qui lui appartenait[251]. Naçr le poursuivit et parvint à le capturer; mais le catholicos put s'évader. Il rejoignit le Vaspouragan où le roi Khatchiq-Qaqig, repentant, l'accueillit. Le patriarche s'établit dans le monastère de la Vallée (*Tzoroy-Vanq*) près de Van (*924*). En 928 il fixa le siège patriarcal dans l'île d'Aghtamar au sein du lac de Van. Il y mourra en 931. Sur cette île le roi avait édifié un port bien équipé, son palais, les bâtiments du patriarcat et la cathédrale Sainte-Croix[252]. Rien n'était trop beau pour le roi du Vaspouragan d'autant qu'il régnait seul depuis la mort de son frère Qourqen. Maintenant qu'il avait auprès de lui le patriarche de l'Eglise arménienne il se sentait au moins l'égal du roi des rois.

De ce grandiose ensemble ne subsiste que la cathédrale Sainte-Croix. Elle fut édifiée par l'architecte Manuel entre 915 et 921. Abandonnée à elle-même depuis l'invasion turque, l'église est très dégradée. Elle aurait même disparu si deux jeunes femmes, architectes britanniques, ne l'avaient découverte avec émerveillement au début du XX° siècle. Cette cathédrale était, au moyen âge, l'unique sanctuaire au monde recouvert par des figures de haut relief externes.

Manuel avait repris les plans des églises du VII° siècle, s'inspirant notamment de Sainte-Hripssimeh. Il marqua le style cruciforme de son empreinte. Il supprima les chapelles angulaires de l'ouest. Il n'en laissa que deux de part et d'autre de l'abside à l'est. Les murs externes furent sculptés de scènes bibliques et historiques. Le passage du plan carré, terrestre, de la nef, au plan circulaire, céleste, de la coupole, s'effectua selon les techniques que nous avons déjà exposées. L'intérieur s'ornait de fresques remarquables. Les tapisseries et les objets sacrés étaient somptueux. Le roi accédait directement de son palais à l'église par une

---

[250] Jean cath., CXLVIII, p. 319-320; in R. Grousset, p. 456-457. F. Tournebize, p. 116.

[251] Jean catholicos, CLXVIII, p. 343-344; in R. Grousset, p. 460.

[252] R. Grousset, p. 459, 460, 461; M. Ormanian, p. 38; F. Tournebize, p. 150.

galerie, au sud, encadrée d'une balustrade de pierre richement travaillée. Cela existait encore au début du XX° siècle[253].

En 928 le catholicos Hovhannes V installait son Siège à Aghtamar. Le roi des rois Achot II Ergad mourait. Son frère Abas lui succédait. A part quelques attaques, venues d'Azerbaïdjan iranien, ce fut une période de paix. Profitant de cette accalmie, l'empereur byzantin, l'Arménien Romain Lecapène, décida d'imposer l'adoption des canons de Chalcédoine aux Arméniens vivant dans l'Empire.

Les Géorgiens et les Abkazes, inféodés au basileus, persécutèrent les Arméniens se trouvant chez eux. Les Abkazes chassèrent un prêtre arménien, Hovhannes[254]. Le saint homme revint dans le domaine royal d'Achot II et y fonda le monastère de Garmratzor (*la Vallée Rouge*), soumettant ses moines à la règle de saint Nersès. Le même Hovhannes bâtit, dans le Chirac, le couvent de Horomos dont les vestiges témoignent de l'originalité de l'architecture arménienne. L'église Saint-Jean de Horomos présente une particularité typiquement arménienne, une voûte à quatre doubleaux, dite **voûte arménienne**, et une transition entre les styles roman et gothique avec deux siècles d'avance sur l'Europe[255]. Hovhannes donnait tout aux pauvres jusqu'à ses propres vêtements. Ses moines faisaient de même, tenant leur cloître ouvert nuit et jour pour héberger, nourrir, soigner les miséreux, les malades, les voyageurs[256].

Le monastère de Khlatzor fut fondé par le moine Simon dont les successeurs, Bedros (*Pierre*) et Barsegh (*Basile*), dirigèrent la congrégation dans le même esprit de sainteté. Dans l'Archarouniq s'éleva le monastère de Gaboudagar (*la Pierre Bleue*). Dans le Chirac celui de Tbré-Vanq. Tous dirigés par de saints Prieurs, tous soumis à la règle de saint Nersès. A l'est du royaume, à Kharperth (*Kharpout*), le pieux moine Movses fonda un cloître. Un autre fit de même à Garin. En Siounie fut créé celui de Vayotz-Tzor. Dans le Vaspouragan s'éleva, vers 935, le célèbre monastère de Narègue.

Nous n'avons cité que les sanctuaires les plus connus. Il y en eut des dizaines d'autres. Ils furent tous des centres de sainteté, de prière, d'étude, de macérations. Dresser la liste des vartabeds et pères abbés reviendrait à énumérer un ménologe interminable[257].

---

253 S. Der-Nersessian, op. cité, p. 84-86. *Armenian Churches, By order of His Holiness Vazken 1st, catholicos of all Armenians*, Calouste Gulbenkian Foundation, Lisbon, 1970.
254 R. Grousset, p. 468.
255 E. Utudjian, p. 108, 110.
256 Asoghiq, VII, p. 30; in R. Grousset, p. 468.
257 R. Grousset, p. 468-469.

En 931 Stepanos II Rechtouni (*931-932*) fut élu patriarche. Theodoros 1° Rechtouni (*932-938*) lui succéda. Puis ce fut Eghiché 1° Rechtouni (*938-943*). Ils résidèrent tous trois à Aghtamar. Etant membres du clan Rechtouni, ils se trouvaient sur le sol de leurs ancêtres en sécurité auprès du roi du Vaspouragan[258].

Pendant ce temps le roi des rois d'Arménie, Abas, décida la construction d'une cathédrale à Kars, la capitale du Vanand. Il s'agissait d'une cathédrale «*toute en belles pierres de taille bien polies, ornée de colonnes en pierre et d'une coupole ronde, vraie image du ciel*» selon le mot d'Asoghiq. Les travaux commencèrent en 930 pour se terminer en 937[259].

Au moment de la consécration du sanctuaire, Qourqen II, le roi d'Abkazie, ordonna au roi d'Arménie, Abas, pourtant son gendre, de faire consacrer la cathédrale de Kars selon le rite byzantin. A l'appui de son injonction il envoya son général Ber pour attaquer l'Arménie. Ber se vantait de transformer Kars en désert. Il fut vaincu par Abas et fait prisonnier. Le roi des rois le conduisit devant la cathédrale, lui dit de bien la regarder car il ne la reverrait plus et lui fit brûler les yeux[260].

«*Sans prétendre excuser l'acte du monarque arménien, ce supplice imité des habitudes de la cour byzantine, rappelons qu'il ne s'agissait nullement ici d'une simple question de rite ou plutôt que le rite n'était que le symbole de l'obédience politique. Laisser consacrer la cathédrale de Kars selon les formules grecques par une armée d'invasion aphkhaze, c'était, pour le royaume arménien, accepter la perte de son indépendance, l'aliénation de sa liberté, l'intrusion, dans sa nouvelle capitale, des divers peuples du Caucase qui n'étaient en l'espèce, comme les Aphkhazes et les Géorgiens, que les agents de l'impérialisme byzantin. En sauvant Kars, Abas avait sauvé l'Arménie*»[261].

Le manque de discernement politique des empereurs byzantins les conduisait à agir envers leurs frères chrétiens avec une maladresse cristallisant les oppositions. Leur comportement était similaire à celle des Perses mazdéens d'antan qui avaient l'excuse de servir une religion différente. Plus tolérants, les Arabes respectèrent la foi de l'Arménie. «*Les efforts des Grecs pour absorber l'Arménie dans leur empire ne*

---

[258] R. Grousset, p. 469; M. Ormanian, p. 38; F. Tournebize, p. 150.

[259] Asoghiq, III, 7, p. 27; H.F.B. Lynch, *Armenia*, 1, p. 406-407; Brosset, *Additions*, p. 171; in R. Grousset, p. 472.

[260] F. Tournebize, p. 117; R. Grousset, p. 472-473. Asoghiq, III, 7; Samuel d'Ani, dans Brosset, p. 437; in F. Tournebize, p. 345.

[261] R. Grousset, p. 473.

rendirent pas seulement les Arméniens plus jaloux de garder intactes les divergences liturgiques, qui les séparaient de leurs voisins. Ils contribuèrent, en outre, à rejeter cette nation dans l'isolement, au point de vue religieux, et par là, à la tenir dans un état de défiance et d'éloignement à l'égard des Latins»[262].

La force morale du patriarche Anania, les Thondrakiens, Achot III le Miséricordieux, l'éclatement de l'Arménie

En 943 Anania de Mogs (*943-967*) devint patriarche de l'Eglise arménienne. Il dut fuir Aghtamar devant les attaques des musulmans et se réfugier au monastère de Varac (*948*) pour s'établir ensuite à Arqina (*959*), près d'Ani, dans le Chirac[263].
Agressée par ses voisins chrétiens à la solde de Byzance, traversée de luttes fratricides, régulièrement dévastée et pillée par les soudards d'Azerbaïdjan, l'Arménie se trouvait confrontée à une autre plaie: les sectes manichéennes. Les Pauliciens avaient été remplacés par les Thondrakiens. On les appelait ainsi parce que leur fondateur, Sembat de Zarehavan, avait organisé la secte en 840 dans le bourg de Thondrak pour combler le vide laissé par le départ des Pauliciens. Thondrak est voisine de Manazkert (*Mantzikert*), au nord du lac de Van. Un grand nombre de ses adeptes habitait le village de Thoulayl dans le Mananali. Raison pour laquelle on les nommait aussi Thoulayliens.
Le Mananali semble avoir été un centre manichéen puisque le fondateur du paulicianisme fut Constantin de Mananali. Les Thondrakiens se disaient, comme les Pauliciens, Arevortiq (*enfants du soleil*). Ils proscrivaient le culte des saints et des images, refusaient la hiérarchie de l'Eglise, rejetaient les sacrements, dont le baptême, l'Eucharistie, n'admettaient pas le dogme de l'Incarnation, la croix, l'Ancien Testament[264]. Ils avaient une telle aversion pour les signes du christianisme qu'ils voulurent la souligner par un acte sacrilège. Un village était dédié à la Sainte-Croix on l'appelait Khatchkugh (*village de la croix*). Les Thondrakiens brisèrent la grande croix ornant la place du village[265]. Sembat de Zarehavan et ses adeptes se disaient chrétiens:

---

262 F. Tournebize, p. 145-146.
263 R. Grousset, p. 469; M. Ormanian, p. 39; F. Tournebize, p. 151.
264 F. Tournebize, p. 152. ARISTAKES de Lastiverd, *Histoire d'Arménie*, XXII, p. 123; in R. Grousset, p. 470.
265 M. Ormanian, p. 40.

«*Il voulait établir entre les hommes une égalité absolue et, sous le masque du christianisme dont il ne gardait que le nom, il prêchait une sorte de réhabilitation des sens, un véritable épicuréisme. Du IX° au XI° siècle, les Thondrakiens ne firent pas moins de ravages en Arménie que leurs ancêtres, les Pauliciens, pendant les quatre siècles précédents*»[266]. Cet épicurisme rend les Thondrakiens plus proches des mazdéens perses. En 847 le patriarche Hovhannes IV d'Ova *(833-855)* les anathématisa[267]. L'évêque de Siounie, Hagop *(Jacques)* de Harq, adhéra au thondrakisme afin de secouer la tutelle de l'Eglise arménienne. Il bénéficia de l'appui de son ami le catholicos d'Aghouanie, Sahac. Ils entrèrent tous deux en dissidence[268]. Le patriarche Anania 1° ne put tolérer ce morcellement de l'Eglise. Il convoqua ses deux subalternes qui refusèrent d'obtempérer arguant, selon les thèses thondrakiennes, que tous les évêques étaient égaux entre eux.

Anania 1° fit réfuter le thondrakisme par Anania de Narègue[269]. En 947 le catholicos prit sa crosse de pèlerin et se rendit en Siounie. Il fut accueilli dans la ville de Tathev avec les honneurs dus à son rang par les princes Vassac de Siounie et Djevancher de Baghk. Hagop de Harq se prosterna à ses pieds et l'assura de sa fidélité[270].

Le catholicos Sahac d'Albanie Caspienne mourut en 949; son frère Qaqig lui succéda. Il reprit aussitôt la politique de son prédécesseur. Anania 1° interdit aux fidèles aghouans de le reconnaître comme leur pontife. Il lui substitua un autre évêque albanien, Hovhannes, qui, aussitôt, épousa les vues de Sahac et de Qaqig. Anania 1° réunit un synode en Aghouanie et fit déposer Hovhannes. Dès le départ du patriarche, Qaqig accapara le siège d'Aghouanie. Le prince d'Albanie Caspienne, Grigor, le soutint jusqu'à sa mort en 958[271].

En Siounie, Hagop de Harq était protégé par les princes Vassac de Siounie et Djevancher de Baghk *(aujourd'hui Choucha)*. Il se retrancha dans la forteresse de Baghk et revint sur son acte de soumission au patriarche Anania[272]. Il conserva la tête de sa province ecclésiastique jusqu'en 958 date de son décès, la même année que son ami Qaqig.

---

[266] F. Tournebize, p. 152.

[267] Aristakès de Lastiverd, XXIII, p. 128-135; Brosset, *Histoire de la Siounie*, 1, p. 160, n. 2; in R. Grousset, p. 469-470.

[268] Brosset, 2, p. 53; E. Orbelian, 1, LII, p. 158-159; in R. Grousset, p. 470.

[269] R. Grousset, p. 470; F. Tournebize, p. 152.

[270] R. Grousset, p. 470-471.

[271] E. Orbelian, 1, LII, p. 160-161; in R. Grousset, p. 471.

[272] R. Grousset, p. 479. E. Orbelian, 1, LII, p. 164; in R. Grousset, p. 471.

A la mort des deux rebelles, Anania 1° convoqua un concile à Kapan en Siounie. Vassac et son compère Djevancher vinrent solliciter le pardon du patriarche. Vassac était devenu entre-temps roi de Siounie. Anania leur donna l'absolution. Comme sanction, le patriarche ôta au métropolite de Siounie quelques privilèges comme celui de se faire précéder par la croix, par un coussin d'honneur et par sa crosse. En fin diplomate il ordonna évêque de Tathev le moine Vahan ou Vahanic (*le petit Vahan*) fils du prince Djevancher de Baghk. L'évêque de Siounie se soumit officiellement à l'autorité du Siège d'Arménie et promit de ne plus comploter contre lui. Ce Vahanic succédera, sous le nom de Vahan 1°, en 967 à Anania 1°[273]. Le catholicos se rendit en Aghouanie où il reçut aussi le repentir du prince et du clergé. Il ordonna le moine David au siège d'Albanie Caspienne et y rétablit son autorité[274].

Les Aghouans et les Siouniens avaient désiré se séparer de l'Eglise arménienne et fonder des Eglises autonomes. S'ils y étaient parvenus les Abkazes et les Géorgiens se seraient empressés de leur faire rejoindre le clan chalcédonien[275]. Anania 1° mit de justesse de l'ordre dans son Eglise avant que les Byzantins, sous prétexte de refouler les Bulgares, ne commencent leur progression en Arménie.

«... *il ressort que la reconquête byzantine sous la dynastie macédonienne, dynastie, en réalité, d'origine arménienne, fut pour une large part l'oeuvre de généraux arméniens au service de Byzance. Certes, ces Arméniens avaient adopté la foi «chalcédonienne» et, dans l'état des querelles théologiques du temps, ils étaient, de ce fait, reniés par leurs anciens compatriotes. Il n'en est pas moins vrai que ce sont des généraux et des soldats arméniens qui ont, pour une bonne part, été les véritables héros de cette «épopée byzantine», de cette reconquête «romaine» célébrée par tous les historiens comme le grand fait du X° siècle*»[276].

Le roi Abas mourut vers 952-953. Son fils Achot monta sur le trône d'Arménie. Il fut appelé Achot III le Miséricordieux (*Oghormadz*)[277].

«*Achot gouverna l'Arménie avec un esprit pacifique et surpassa tout le monde par son humilité et par sa charité. Il réunissait autour de lui les estropiés, les boiteux et les aveugles et les faisait asseoir à sa table dans les banquets qu'il offrait, se plaisant à les appeler princes et curopalates*

---

273 E. Orbelian, 1, LII, p. 164-165; in R. Grousset, p. 480.

274 R. Grousset, p. 480.

275 R. Grousset, p. 472.

276 R. Grousset, p. 477.

277 J. de Morgan, p. 142; F. Tournebize, p. 119.

et se réjouissant avec eux. Leur lèpre et leurs ulcères avaient à ses yeux autant de prix que les parures et les pierres précieuses. De ses propres mains il leur présentait sa coupe royale pleine. Les dons qu'il prodiguait aux nécessiteux étaient tels qu'à son décès on ne trouva pas une drachme dans son trésor. Il allait jusqu'à leur donner les dépouilles de son palais, objets d'ornements, garniture des sièges et des murs»[278].
Son épouse, la reine Khosrovanouche, se montrait tout aussi charitable et bonne chrétienne. A eux deux ils soignèrent les déshérités, édifièrent églises, cloîtres, monastères, hospices pour les pauvres et les malades suivant les préceptes du saint catholicos Nersès 1°. On doit à la seule reine les magnifiques couvents d'Aghpat et de Sanahin, à la frontière géorgienne, qu'elle finança de ses deniers[279].
Le bon roi Achot III savait se montrer fier guerrier et bon général pour protéger son peuple. Il vainquit un émir révolté contre le calife Moti-Billah *(946-974)*. Pour lui témoigner sa gratitude celui-ci lui envoya une double couronne avec le titre de Schah-i Armen[280]. Achot III attendit le retour de la Siounie et de l'Aghouanie dans l'Eglise-Mère pour se faire sacrer roi au bout de huit ans de règne[281].

«Cette même année, le général des Arméniens réunit le corps des troupes régulières, qui comptait 45.000 hommes d'une bravoure éprouvée, et l'élite de l'armée royale. Tous les satrapes d'Arménie se rendirent auprès du saint patriarche Ananie, afin de s'entendre avec lui pour donner l'onction royale à Aschod ... car ce prince ne s'était pas encore assis sur le trône d'Arménie et n'avait pas placé la couronne sur sa tête.

Ils appelèrent, en le pressant par de vives instances, l'éminent seigneur Jean (Ohannès), catholicos des Agh'ouans (Albanie), et quarante évêques avec lui. Ils convoquèrent aussi, avec une pompe digne de son rang, le saint et pieux roi de ce pays ... Il y eut alors une réunion imposante dans la ville d'Ani, qui est aujourd'hui résidence royale. Aschod fut sacré comme l'avaient été ses ancêtres, et il monta sur le trône qu'ils avaient possédé. Toute la nation fut dans la joie en contemplant la restauration de cette antique monarchie que nos pères avaient vu fleurir ... A cette époque eut lieu le dénombrement de ses troupes, qui se montaient à 100.000 hommes tout équipés, et qui

---

[278] Asoghiq, III, 8, p. 39; in R. Grousset, p. 478.
[279] J. de Morgan, p. 142; F. Tournebize, p. 119.
[280] R. Grousset, p. 482; J. de Morgan, p. 141-142; F. Tournebize, p. 119.
[281] R. Grousset, p. 481.

s'étaient illustrés par leurs prouesses; car, semblables à des lionceaux ou à des aiglons, ils ne respiraient que les combats»[282].

Achot III, trop miséricordieux, divisa, vers 961-962, le domaine royal en deux parties: Ani et le Chirac pour lui. Kars et le Vanand pour son frère, Mouchegh, auquel il décerna le titre de roi[283]. Avec le Vaspouragan, la Siounie et l'Aghouanie cela faisait cinq royaumes arméniens.

Le jeu des institutions féodales aggravera le morcellement. Alors que le califat de Bagdad était en pleine décadence, et que l'Arménie était assez forte pour résister à toutes les agressions, elle éclatait en une multitude de monarchies. Il y en aura jusqu'à sept toutes plus ou moins en conflit entre elles. Malgré tout le pays parvint à vivre une période de paix relative.

Persécutions byzantines, Vahan 1° prochalcédonien, les malheurs du patriarche Stepanos III, Khatchiq 1° rétablit l'unité de l'Eglise

Les Grecs résolurent d'imposer la christologie chalcédonienne aux Arméniens du Pont et de Cappadoce en leur donnant le choix entre le rebaptême et la reconfirmation ou l'exil. Ceux qui refusèrent cette désarménisation se réfugièrent au Vanand ou au Chirac. Un moine chalcédonien arménien du Pont, Nikon, écrivit un pamphlet virulent contre le *«culte impie des Arméniens»*[284]. Les pires adversaires de l'Eglise arménienne, chez les Grecs, étaient les religieux arméniens assujettis à l'Eglise byzantine et les empereurs arméniens de Constantinople.

Le patriarche Anania 1° mourut en 967. Sa vie durant il s'était battu pour rassembler ses ouailles en bon pasteur. Il fut inhumé au monastère d'Arqina. Avant sa mort il avait souhaité que Vahan lui succédât. Vahanic ou Vahan 1° fut consacré par le catholicos d'Aghouanie Hovhannes[285]. Vahan avait été ordonné évêque de Siounie par Anania. Il ne perdit pas de temps. Dès son élection il s'empressa d'effectuer un rapprochement avec le culte grec par l'entremise des Géorgiens.

Qu'il ait tenté de trouver un accord entre les deux Eglises n'aurait rien eu de répréhensible si cela s'était fait sur un pied d'égalité avec des concessions réciproques dans une atmosphère de respect mutuel.

---

[282] Matthieu d'EDESSE, *Chronique*, 1, V-VI, p. 3-4, trad. E. Dulaurier, Paris, 1868.

[283] Asoghiq, III, 8, p. 39; in R. Grousset, p. 483.

[284] R. Grousset, p. 485-486; F. Tournebize, p. 151.

[285] Matthieu, d'Edesse, 1, XX, p. 29.

Vahan 1° adopta une attitude d'allégeance semblable à celle du catholicos géorgien Kurion lorsqu'il quitta, en 609, l'Eglise arménienne pour se soumettre à la byzantine. Vahanic décida d'adopter la christologie chalcédonienne sans même s'être concerté avec ses évêques. Ceux-ci en appelèrent au roi. Achot III convoqua à Ani un concile réunissant de nombreux évêques, archimandrites prêtres et moines. Parmi les plus éminents citons: Khatchiq, l'évêque de l'Archarouniq, Polycarpe, Père Abbé du monastère de Garmratzor, le vartabed Sarqis, archimandrite du couvent de Horomos, Stepanos, prieur du monastère des 12 apôtres de Sevan et parent du saint catholicos Machtots 1°[286].
Vahan 1° ne répondit pas à l'invitation du roi et s'enfuit au Vaspouragan. Il demanda asile au roi Abousahl-Hamazasp Ardzrouni[287]. Le synode d'Ani déposa Vahan 1° Siouni (*969*) et élit Stepanos (*969-971*) le prieur du monastère des 12 Apôtres. Il fut consacré par Hovhannes, catholicos des Aghouans, sous le nom de Stepanos III[288].
L'Eglise se trouvait avec un patriarche déchu, Vahan 1° à Van, et un patriarche nouvellement élu, Stepanos III à Ani. Le nouveau catholicos estima que la situation devait sortir de l'équivoque. Il rassembla les supérieurs et les moines d'un grand nombre de congrégations avec lesquels il se rendit au Vaspouragan. Il voulait débattre de la question avec Vahan et le roi Abousahl-Hamazasp et y trouver une solution. Le roi du Vaspouragan et Vahanic se conduisirent de façon inqualifiable. Non seulement ils refusèrent de recevoir Stepanos III mais ils le firent arrêter avec deux de ses compagnons, les vartabeds Movses et Vazken, et les enfermèrent dans la prison d'Aghtamar. Au bout de quelques temps, ils libérèrent les archimandrites mais reléguèrent Stepanos III dans la forteresse de Kotour entre les lacs de Van et d'Ourmia. Là mourut, en 971, le malheureux patriarche[289].
Les sympathies chalcédoniennes de Vahanic allaient tout de même servir l'Arménie et la sauver des exactions que l'empereur arménien de Constantinople, Jean Tzimiscès, aurait pu y commettre. Ce dernier était entré dans le royaume en 974 pour venger son général, Arménien lui aussi, le Grand-Domestique Mleh (*Melias*), vaincu par l'émir de Mossoul[290]. Le roi Achot III avait, à tout hasard, réuni une armée de

---

[286] Asoghiq, III, 8, p. 41; in R. Grousset, p. 487.

[287] R. Grousset, p. 487; M. Ormanian, p. 39; F. Tournebize, p. 153.

[288] E. Dulaurier, n. 2 du chap. XXI de la *chronique de Matthieu d'Edesse*, p. 387. Matthieu, 1, XXI, p. 30.

[289] Tournebize, p. 153. Hübschmann, *Ortsnamen*, p. 344, 400, 441; in R. Grousset, p. 487.

[290] R. Grousset, p. 494-495.

80.000 hommes quand: «*Les chefs et docteurs arméniens s'étant rendus auprès de Zimiscès, lui présentèrent la lettre de Vahan, patriarche d'Arménie*»[291].
L'empereur reçut favorablement la supplique d'un catholicos professant des opinions chalcédoniennes. Il confirma alors le traité d'amitié avec les Arméniens. Il demanda l'aide du roi d'Arménie qui lui fournit 10.000 hommes d'élite. Pour une fois les seigneurs arméniens avaient su user de diplomatie en satisfaisant Tzimiscès sans engager le véritable chef de l'Eglise, Khatchiq 1°. Le fait est assez rare pour mériter d'être souligné. D'autant que la lettre était probablement un écrit posthume de Vahan[292]. Khatchiq 1° (*971-972*) rétablit l'unité de l'Eglise en revenant avec énergie sur les concessions faites aux chalcédoniens par Vahan 1°. Jusqu'alors dans les thèmes byzantins il n'y avait qu'un seul évêque grec qui imposait son rituel aux Arméniens y résidant. Pour chacun de ces diocèses, Khatchiq ordonna un prélat non-chalcédonien[293]. Il fit restaurer le palais patriarcal d'Arqina. Il y construisit une cathédrale à coupole ainsi que trois autres églises, toutes précieusement décorées. Il enrichit la bibliothèque pontificale de très nombreux livres saints[294]. Des docteurs, des moines, des prieurs réputés pour leurs connaissances théologiques, leur sainteté, leur verbe magnifièrent les manifestations de la foi et de la connaissance. On peut citer le vartabed Hovhannes, commentateur des Ecritures, tué par les Géorgiens et enseveli dans le couvent d'Axigonis près de Garin, Hovsep (*Joseph*), le Père abbé du monastère de Hentzouts, l'ermite du Teghenig, Guiragos, le moine albanien, Sarqis, apprécié pour son éloquence. Asoghiq les a tous connus et ils l'ont profondément marqué[295].
En 977 Achot III le Miséricordieux rendit sa belle âme à Dieu. Son fils, Sembat II (*977-989*), monta sur le trône. On le surnomma Diézéragal (*Maître de l'Univers*). Il sut réunir les princes et rois d'Arménie.

La cathédrale d'Ani, nouvelles persécutions byzantines, le roi Qaqig 1° et la reine Gatramidé

Achot III fortifia et embellit sa capitale Ani, l'agrémenta de jardins, la couvrit de palais, l'enrichit d'une multitude d'églises dont le joyau fut la

---

291 Matthieu d'Edesse, 1, XIV, p. 14, 15.
292 R. Grousset, p. 497; Matthieu, 1, XIV, p. 15.
293 R. Grousset, p. 488; M. Ormanian, p. 39.
294 Asoghiq, III, 9, p. 46-47; in R. Grousset, p. 488.
295 Asoghiq, III, 9, p. 47-48; in R. Grousset, p. 488.

cathédrale. Elle est l'oeuvre du meilleur architecte de l'époque, Tiridate. Appelé par l'empereur Basile II Tiridate avait reconstruit la coupole de Sainte-Sophie de Constantinople, écroulée au cours du tremblement de terre de 989[296].

Les architectes arméniens étaient fort recherchés par les chrétiens comme par les musulmans. Les premières mosquées arabes, de Jérusalem à Damas et Bagdad ainsi que la majorité des mosquées turques seldjoukides et ottomanes, sont l'oeuvre des Arméniens. Elles portent la plupart du temps une coupole circulaire sur plan carré, ce qui déplut aux Arabes au début. Depuis ils s'y sont habitués[297].

En 989 Tiridate commença la construction de la cathédrale à dôme d'Ani. Entre autres originalités le sanctuaire contient des faisceaux de colonnes accolées préfigurant l'art gothique.

En 989 le roi Sembat II Diézéragal mourut.

S'il est vrai que toute manifestation artistique trouve sa source et son inspiration dans ce que l'intelligence de l'homme a créé depuis des millénaires, il faut du génie pour donner une originalité, une personnalité à l'oeuvre. Le génie de quelques-uns représentant celui d'une nation. Sans les Arméniens l'art roman occidental, tel que nous le connaissons, n'existerait pas. Nous savons que la voûte, le dôme, les murs porteurs, etc.., ne sont pas des inventions arméniennes.

Profitant des acquis de l'antiquité perse, assyrienne, grecque, romaine, des connaissances syriennes, les Arméniens les ont marqués de leur empreinte. Maîtrisant les difficultés de la construction, ils ont produit des symphonies de pierre. Alors que le monde chrétien en était encore au style basilical les Arméniens ont imaginé le transept. Dès le V° siècle ils ont exalté l'harmonie cruciforme. Désirant élever l'église en prière vers le ciel ils furent les premiers à la surmonter d'un dôme (*ex. Tekor dès le V° siècle*). Les trompes, les arcs doubleaux et formerets, les voûtes tronquées, les piliers engagés ou à demi-engagés, les clés de voûte, les ogives, les colonnes accolées, et bien d'autres trouvailles architectoniques, qu'il serait fastidieux d'énumérer, sont des prouesses inventées par les Arméniens. Elles sont apparues tardivement et progressivement dans les Eglises occidentales; à partir du IX° siècle seulement pour le roman, et du XII° pour le gothique.

---

[296] S. Der-Nersessian, p. 99; F. Tournebize, p. 121. Dulaurier, dans sa n. 1 du Ch. XXVII, 1° partie, de la *Chronique de Matthieu d'Edesse*, p. 389, situe le séisme en 986. Il cite à l'appui Cedrenus et Glycas ainsi que Léon le Diacre, le datant de la veille de la saint Demetrius le 2 octobre.

[297] Louis CHARPENTIER, *les Jacques et le mystère de Compostelle*, p. 176, coll. «J'ai Lu», Paris, 1979.

«Ce fut l'origine d'un art autonome, d'une architecture nouvelle ayant mis à profit les enseignements précédents, mais faisant oeuvre originale de création. Rarement, l'unité dans la conception et la perfection dans l'exécution furent atteintes ailleurs comme dans l'architecture arménienne»[298].

Bien que satisfait de la reconstruction de la coupole de Sainte-Sophie par Tiridate, Basile II ne pardonnait pas à ses compatriotes arméniens leur refus de Chalcédoine. Certains prélats byzantins dépassèrent les désirs de l'empereur. Le métropolite grec de Sébaste (*Sivas*) persécuta les Arméniens de son diocèse. Ayant fait enchaîner les prêtres arméniens, il les livra à Basile II. Il fit jeter leur vénérable archiprêtre Gabriel au cachot et le fit périr sous les mauvais traitements. Non content de poursuivre le clergé de sa vindicte, l'archevêque de Sébaste interdit aux Arméniens l'accès de leurs propres églises et leur enleva le droit de sonner les cloches. Il osa sommer le patriarche Khatchiq 1° d'adhérer aux canons de Chalcédoine. Khatchiq lui exposa le point de vue de l'Eglise arménienne avec une haute élévation de pensée.

Matthieu d'Edesse diffère quelque peu d'Asoghiq; pour lui ce n'est pas le métropolite de Sébaste mais celui de Mélitène, Théodore, qui aurait écrit au catholicos. La réponse de Khatchiq 1° lui inspira une telle estime qu'ils devinrent amis[300].

L'empereur Basile II permit aux Arméniens de Cappadoce de célébrer leur culte selon leur rite. Son apparente tolérance était motivée par son intention de mettre la main sur la Géorgie et l'Abkazie et par son désir d'obtenir la neutralité des Arméniens. Il ne les autorisa pas toutefois à sonner les cloches. Ils n'eurent droit qu'à la simandre pour appeler les fidèles[301]. Les Turcs feront de même pour les chrétiens à Jérusalem. Qaqig 1° (*989-1020*) succéda à son frère Sembat II. Jamais avant lui le royaume des Bagratouni n'avait connu une aussi grande prospérité et une telle splendeur. Il avait épousé Gatramidé, la fille de Vassac roi de Siounie. Ils élevèrent d'innombrables églises, couvents, hostelleries, hospices pour les voyageurs, les malades, les infirmes, les pauvres.

La reine pour sa part décida de terminer la construction de la cathédrale d'Ani. Achevée en 1010 elle fut magnifiquement décorée et richement parée. Dans cette activité créatrice il faut signaler un édifice original pour la hardiesse de sa conception, prémisse des trouvailles du gothique,

---

298 E. Utudjian, p. 13.

299 Asoghiq, XX, p. 75, XXI, p. 76-123; in R. Grousset, p. 511.

300 Matthieu, 1, XXV, p. 34.

301 Asoghiq, XLIII, p. 163; in R. Grousset, p. 532.

la Chapelle du Pasteur (*ou du Berger*), édifiée entre 999 et 1.000: «... *la petite église circulaire du Berger, à Ani, de la fin du X° ou du début du XI° siècle, six arcs à double rangée de claveaux s'appuient sur les colonnettes des murs, ils se réunissent au centre en une clef pendante et portent toute la charge du plafond*»[302].

Le monastère de Horomos, qui avait été brûlé par l'émir d'Azerbaïdjan, fut restauré. Il servira de sépulture aux rois Bagratouni. En 1019 le roi y éleva l'église Saint-Grégoire[303].

Le roi de Siounie Vassac était navré que son métropolite ne pût se faire précéder de la croix, du coussin d'honneur et de sa crosse. Il demanda à son gendre Qaqig 1° d'intercéder auprès du catholicos Sarqis 1° (*Serge*) de Sevan (*992-1019*) afin qu'il lève la sanction imposée par Anania 1° en 958. L'archevêque de Siounie venant de mourir, Vassac envoya son successeur Hovhannes pour être consacré par le patriarche. Sarqis 1° n'avait rien à reprocher au roi et à la reine qui donnaient chaque jour des preuves de leur piété. Il agréa donc la demande de Qaqig 1° et restitua au métropolite de Siounie toutes ses prérogatives[304].

«*On vient de voir par l'exemple des affaires religieuses de Siounie à quel point la hiérarchie ecclésiastique étayait la hiérarchie politique par laquelle le «roi des rois» avait autorité sur les rois provinciaux*»[305].

Sarqis 1°, dont nous venons d'apprécier la sagesse, était issu de ce monastère de Sevan qui donna des patriarches vertueux à l'Eglise: «*Là il avait trouvé, selon les désirs de son âme, la vie solitaire et, pareil aux anges vigilants et incorporels, il passait le jour et la nuit dans le chant des psaumes et une incessante oraison*»[306].

Dans sa jeunesse Qaqig avait connu et apprécié le saint moine Sarqis et lui avait donné le couvent de Choghagat. Devenu roi il le fit prieur du monastère de Sevan. A la mort de Khatchiq 1° le roi convoqua un conclave. Y assistèrent les évêques d'Arménie et les prélats arméniens de Syrie, de Cilicie, de Cappadoce, de l'Anti-Taurus. Le roi leur proposa la candidature du père abbé de Sevan, à l'insu de ce dernier, qui n'avait pas de goût pour le pontificat suprême. Elu et consacré le 29 mars 992, Sarqis 1° transféra son siège d'Arqina à Ani. Il resta humble toute sa vie,

---

[302] S. Der-Nersessian, p. 170-171.

[303] R. Grousset, p. 519.

[304] E. Orbelian, LVI, p. 175; in R. Grousset, p. 519-520.

[305] R. Grousset, p. 520.

[306] Asoghiq, III, 32, p. 143; in R. Grousset, p. 523.

poursuivant ses pratiques de macérations et de prières comme au monastère[307].

«Cette grandeur politique et militaire (à laquelle l'Arménie parvint sous les Bagratides) se complète par une force morale, dont le Catholicos est l'incarnation vivante. Ce n'est pas un personnage improvisé et médiocre, créature d'un prince puissant, briguant sa place ou haussé sur le trône par la faveur du népotisme. Les patriarches ... sont des hommes remarquables, autant par la sainteté que par la science. Arrachés à la solitude de la cellule, ils sont élevés à cette haute dignité par la grâce de Dieu. Au milieu du faste éclatant du palais patriarcal et de la pompe des cérémonies religieuses, ils mènent une vie d'ascètes, et sous les vêtement brodés d'or, ils portent le cilice»[308].

L'alliance étroite du trône et de l'autel favorisa le développement religieux et culturel. Le palais patriarcal bruissait des discussions et des études de docteurs érudits, tels que les vartabeds Sarqis, Tigrane, Enovq (*Enoch*). La renommée d'un très savant théologien, le père abbé de Qamertjatzor, dépassait les limites du royaume. Un grand nombre de moines, tels Hovsep, le supérieur du Couvent Rouge (*Garmir-Vanq*) à Garin, Stepanos de Daron, surnommé Asoghiq (*le Chantre*), et bien d'autres, produisirent des oeuvres importantes et furent impressionnants par leur foi et leur rigueur religieuse. Asoghiq est décrit comme: «... *un écrivain élégant et sobre dont la précision et le souci d'exactitude chronologique et topographique ... contrastent, de l'aveu de Schlumberger, avec l'obscurité de tant de chroniqueurs byzantins*»[309]. Nous avons déjà cité le moine Hovsep (*Joseph*) du monastère de Hentzouts (*Hintzk près d'Erzeroum*), computiste réputé. Un autre ecclésiastique, tout aussi pieux et renommé, Hovhannes, dit Gozer'n de Daron, était mathématicien et astronome; il avait rédigé, entre autres, un traité du calendrier dont quelques fragments existent encore[310]. L'empereur Basile II invita ces deux savants à Constantinople pour fixer la date de Pâques, les docteurs byzantins n'y parvenant pas.

«Mais Joseph et Jean refusèrent de se rendre à cette invitation; ils se bornèrent à écrire à Basile, et, par une suite de raisonnements bien enchaînés, par un examen approfondi de la question, ils le mirent au

---

307 M. Ormanian, p. 39, 175. Asoghiq, III, 32, p. 144; E. Dulaurier, *Recherches sur la chronologie arménienne*, p. 420; in R. Grousset, p. 523.

308 J. MUYLDERMANS, *La Domination arabe en Arménie*, p. 144, Paris, 1927; in H. Pasdermadjian, p. 152.

309 R. Grousset, p. 540.

310 E. Dulaurier, n. 2 de 1, XXXIV de Matthieu d'Edesse, p. 392.

courant des points controversés. Le clergé de Constantinople ne céda pas toutefois à leurs raisons»[311].

Basile II sollicita alors le patriarche Sarqis 1° pour qu'il lui envoie un autre vartabed arménien, Samuel, du couvent de Qamertjatzor. Celui-ci triompha de tous les savants de l'entourage de l'empereur.

«*Alors l'empereur, irrité contre les savants de sa nation, destitua un grand nombre d'entre eux de leurs fonctions ecclésiastiques, et les dépouilla de leurs honneurs; puis il renvoya Samuel, comblé de présents, en Arménie*»[312].

L'église Saint-Grégoire d'Ani s'écroula sous un tremblement de terre. Qaqig 1° la fit reconstruire sur un plan circulaire comme Zwartnots[313].

«*Les fouilles du savant arménisant Marr ont fait retrouver à Ani cette église de Gagik 1° avec la statue du roi-fondateur, et elles ont pleinement confirmé l'assertion d'Asolik, qu'il s'agit d'une construction sur le même plan et dans le même style que l'église de Zwarthnots*»[314].

Saint Grégoire de Narègue, l'arrivée des Turcs, la lâcheté des monarques de Van et d'Ani, le catholicos Pierre

Le roi du Vaspouragan, Seneqerim-Hovhannes Ardzrouni, fit restaurer le monastère de Varac, au sud-est du lac de Van, à 3.090 m. d'altitude. On y conservait un fragment de la vraie croix apportée là au IV° siècle par la vierge sainte Hripssimeh[315].

La croix fut un motif décoratif de l'Arménie païenne. Ce symbole avait été introduit sans doute par les Hourrites, au contact des Kassites. Ceux-ci, horde barbare caucasienne, avaient pris Babylone, en 1531 avant Jésus-Christ, au roi hittite, Mursili 1°.

«*A cette époque les Kassites étaient aussi en contact avec les chefs aryens (indo-iraniens), qui s'étaient détachés de la grande migration indo-germanique vers le Penjab et qui, depuis le XVI° siècle [av. J.-C.], avaient pris la tête des Hourrites. Cependant ils ne se lièrent pas beaucoup avec les lourds et grossiers Kassites*»[316].

---

[311] M. d'Edesse, trad. Dulaurier, 1, XXXIV, p. 38-39.

[312] Matthieu d'Edesse, 1, XXXIV, p. 39.

[313] Asoghiq, III, XLVII, p. 169-170; in R. Grousset, p. 541.

[314] R. Grousset, p. 541.

[315] R. Grousset, p. 541.

[316] H. SCHMÖKEL, *Le Monde d'Ur, Assur et Babylone* (*traduit par Lily Jumel*), p. 89, éd. Corrêa, Buchet/Chastel, Paris, 1957.

Ces Kassites formèrent d'ailleurs les bataillons sanguinaires des Assyriens. Les Hourrites, bien que plus raffinés et faisant sentir leur action civilisatrice dans tout le Proche et Moyen-Orient, prirent le motif décoratif de la croix aux Kassites: «*On y rencontre les formes les plus diverses de la croix, que l'on retrouve aussi dans les bijoux et les pendentifs en bronze, argent et or, et parmi lesquelles domine surtout la croix de Malte ...*»[317].

En Ourartou les tapis, les meubles, les trônes portaient une croix des angles de laquelle partait un rayon. Ceci explique pourquoi les Arméniens chrétiens adoptèrent aussi facilement ce signe. Les croix pattées d'Edchmiadzin et d'Ani reproduisent celle de l'Ourartou. Emblème de soleil et de vie dans l'Antiquité, la croix fut symbole de martyre et de souffrance avant de devenir signe de victoire, de lumière et de gloire, dans le christianisme, après la Résurrection. Les Romains ignoraient la croix, aussi Constantin choisit-il le chrisme. Il fallut attendre Justinien et le VI° siècle pour que Byzance et Rome rejoignent l'Arménie en choisissant la croix à leur tour.

La Sainte-Croix est fêtée quatre fois par toutes les Eglises: **l'Adoration de la Croix**, le Vendredi-Saint; la **Découverte de la Croix** (*Kud Khatch*), par sainte Hélène, la mère de Constantin en 327; **l'Apparition de la Croix**, en 351 la croix, plus brillante que le soleil, apparut dans le ciel de Jérusalem, le pied était sur le Golgotha, les branches s'étendaient jusqu'au mont de l'Ascension, la vision fut attestée par Cyrille, patriarche de Jérusalem, et la population chrétienne et non-chrétienne de la ville; **l'Exaltation de la Sainte-Croix** (*ou Croix Glorieuse*), Heraclius reprit la croix en 610 au Perse Khosrov, qui l'avait emportée en captivité, pour la rendre à Jérusalem.

L'Eglise arménienne y a ajouté une cinquième commémoration, **la Croix cachée de Varac** (*Varaca-Khatch*), le fragment de la Sainte-Croix était enchâssée dans les murs du monastère de Varac, une source en jaillit et coula jusqu'en 1915. Elle se tarit au moment du génocide afin, nous dit la tradition, qu'aucun infidèle ne puisse la découvrir tant que les Arméniens n'auront pas retrouvé leur terre ancestrale pour y rétablir la vraie foi[318].

La renommée d'un des monastères du Vaspouragan s'est répandue dans le monde chrétien c'est celui de Narègue où vécut saint Grégoire de Narègue (*sourp Grigor Naregatsi*) (*951-1003*).

---

[317] H. Schmökel, p. 97.
[318] Extrait de l'homélie de Hagop Vartanian, évêque de Marseille, puis archevêque, vice-patriarche de Jérusalem, le jour de l'Exaltation de la Sainte-Croix, Septembre 1988.

On lui doit les commentaires du Livre de Job, des hymnes sacrées, des poèmes marqués d'une foi profonde, des élégies inspirées. Son père, Khosrov, était un grand seigneur du clan des Antsevatsi du Vaspouragan. A la mort de son épouse il se fit moine puis devint évêque. Avant l'existence de l'alphabet, l'Eglise arménienne célébrait la messe en syriaque ou en grec. Dès le IV° siècle elle y adjoignit le rituel de saint Grégoire l'Illuminateur. Au V° siècle les rituels de la messe furent unifiés, après l'invention des caractères arméniens par saint Mesrob Machtots, en y intégrant les apports de saint Jacques apôtre, saint Cyrille d'Alexandrie, saint Ignace. L'évêque Khosrov Antsevatsi remania la messe au X° siècle. Il confia ses trois fils, Hovhannes (*Jean*), Sahac (*Isaac*) et Grigor (*Grégoire*) au prieur du monastère de Narègue, Anania. Celui-là même qui avait rédigé la réfutation du thondrakisme à la demande de son homonyme, le catholicos Anania 1°. Célèbre pour sa sainteté et sa science, Anania de Narègue inculqua aux trois enfants la connaissance des livres saints, la philosophie, la théologie, les mathématiques, la littérature. Comme il était aussi poète et musicien il leur donna le goût de la versification et du chant. Surtout, il leur apprit à mépriser les plaisirs du monde et à servir et à aimer le Christ de tout leur coeur, de toute leur âme, de tout leur esprit[319].
Situé dans le fief des Rechtouni, au sud-ouest du lac de Van, le couvent de Narègue se prêtait à la prière et à la méditation. La vue magnifique sur les hautes montagnes enneigées l'hiver, sur les vallons verts, frais et fleuris, à l'ombre des grands arbres du printemps à l'automne, parcourus par les ruisseaux chantant au milieu du gazouillis des oiseaux, déversant leurs eaux poissonneuses dans le lac salé, favorisait les exercices spirituels et intellectuels. Un ouvrage entier serait à peine suffisant pour étudier l'oeuvre du grand mystique arménien que René Grousset et François Tournebize ont surnommé «*le Pindare de l'Arménie*». L'époque était favorable à l'éclat de la culture et à l'épanouissement de la foi malgré les velléités de Basile II cherchant à diviser la Géorgie et l'Arménie, cette fois alliées. C'était le calme avant la tempête.
«*Au commencement de l'année 467 (17 mars 1018-16 mars 1019), un fléau annonçant l'accomplissement des menaces divines, tomba sur les chrétiens, adorateurs de la sainte Croix. Le dragon au souffle mortel apparut accompagné d'un feu destructeur, et frappa les croyants à la sainte Trinité. Alors tremblèrent les fondements des livres apostoliques et prophétiques, car il arriva des serpents ailés pour vomir des flammes sur les fidèles du Christ. Je veux, par ce langage, faire entendre la*

---

[319] Pasteur K. KHAYIGUIAN, *Trois Saints*, p. 19-20, Marseille, 1954.

première irruption des bêtes féroces altérées de sang. A cette époque, se rassembla la sauvage nation des infidèles que l'on nomme Turks. S'étant mis en marche, ils entrèrent dans la province du Vasbouragan, et firent passer les chrétiens sous le tranchant du glaive»[320].

Ayant balayé Persans et Arabes, les Turcs commencèrent à faire des incursions au Vaspouragan vers 1018, et au nord d'Erevan vers 1021[321]. Cette date sonnait le glas du nouvel âge d'or de l'Arménie, de sa prospérité, de sa production artistique et intellectuelle.

A l'est se dessinaient de nouveaux envahisseurs, les Turcs seldjoukides. A l'ouest, l'empereur Basile II s'apprêtait à agresser l'Arménie[322]. Incapable de résister aux Turcs, sans doute par manque d'énergie et de courage, le roi du Vaspouragan, Seneqerim-Hovhannes, céda son royaume à Basile II en 1021. Celui-ci, en contrepartie, lui permit de s'établir dans la région de Sébaste (*Sivas*). Seneqerim-Hovhannes s'y rendit avec quelques milliers de ses sujets en laissant, tout de même, les deux tiers de ceux-ci au Vaspouragan, à la merci des Turcs. Les Byzantins n'y viendront qu'en 1022 et seront bien incapables de le défendre[323]. C'était un accord de dupes.

Les Ardzrouni régnaient sur le Vaspouragan sans obligation envers leur suzerain le roi d'Arménie. A Sébaste ils redevenaient de simples princes à la merci des sbires de l'Empire ainsi que des tracasseries du clergé byzantin imposant son rite aux nouveaux venus[324]. L'antique, noble et intrépide lignée des Ardzrouni venait de produire un dernier rejeton responsable de la perte de l'Arménie. Ce n'est pas le titre de «*magistros*» donné par l'empereur au roi du Vaspouragan qui le mettrait à l'abri des humiliations infligées par les fonctionnaires byzantins.

«*... les Arméniens entreprirent cette émigration en masse qui a été la cause principale de la ruine de la patrie arménienne*»[325].

La désertion du roi du Vaspouragan ouvrait la porte du domaine royal des Bagratouni aux Turcs.

---

[320] Matthieu d'Edesse, tr. Dulaurier, 1, XXXVII, p. 40-41.

[321] R. Grousset, p. 550-551.

[322] R. Grousset, p. 553.

[323] R. Grousset, p. 554, estime à: «*...14.000 hommes, sans compter les femmes et les enfants...*» le nombre des habitants du Vaspouragan ayant accompagné leur roi dans l'exil. F. Macler, *4 conférences sur l'Arménie*, p. 66, Paris, 1932, parle de 400.000 Arméniens. J. de Morgan, p. 149, dit aussi qu'ils étaient 400.000. H. Pasdermadjian, p. 162, les évalue à «*près de 40.000 Arméniens*».

[324] R. Grousset, p. 554.

[325] M. Ormanian, p. 46.

Alors que le royaume aurait eu tant besoin d'un «*roi de fer*», un incapable, obèse, podagre et indolent Hovhannes-Sembat ou Sembat III (*1020-1042*) venait de succéder à son père Qaqig 1°. Mauvais guerrier, incapable de rester longtemps à cheval à cause de sa pléthore, il était l'antithèse de son cadet, Achot, qui, lui, avait hérité des qualités de la famille. Hovhannes-Sembat ne sut même pas conserver le titre de roi des rois laissant chaque prince et chaque souverain arménien prendre son indépendance[326]. Il partagea la royauté du Chirac avec Achot IV son frère. Ce qui ne l'empêcha pas d'avoir une conduite aussi indigne que le monarque du Vaspouragan. N'ayant pas de descendant direct, il rédigea un testament par lequel il cédait le Chirac et Ani, après sa mort, à l'empereur de Constantinople[327]. Il chargea de cette vile besogne le patriarche Bedros ou Petros 1° (*Pierre*) en l'envoyant porter le texte à Basile II. En 1019, désirant retourner à sa vie monacale, le catholicos Sarqis 1° avait démissionné et Bedros 1° (*1019-1054*) avait été élu à sa place. Bedros 1° arriva à Trébizonde le jour de la Theophanie. Au moment de la bénédiction de l'eau il aurait fait remonter le fleuve à sa source, d'où son surnom de Qedatartz (*celui qui fait se retourner le fleuve*)[328]. Une autre explication est donnée pour Qedatartz, qui serait «*celui qui retourne au fleuve*», le patriarche ayant souvent traversé l'Euphrate au cours de son long pontificat[329].

Les Arméniens reprochèrent au catholicos d'avoir, par cet humiliant testament, aidé à l'expropriation d'Achot IV, le frère du roi, aimé pour son courage et surnommé Qatch (*le Brave*). Le peuple craignait un rapprochement de Bedros 1° avec les chalcédoniens. Aussi le patriarche ne put-il rentrer au pays dans l'immédiat. En 1023 il se réfugia à Sébaste auprès de Seneqerim-Hovhannes. Puis il tenta à nouveau de rejoindre Ani. On lui fit savoir qu'il y était indésirable. Il s'arrêta dans le Vaspouragan pour séjourner dans le monastère de Tzoroy-Vanq jusqu'en 1029[330].

«*Le patriarche Pétros 1° Gétadartz avait joué un rôle considérable dans la remise, à l'empereur Basile II, de l'acte par lequel le roi Hovhannès-Sembat avait constitué l'empire byzantin son héritier. Quelle part avait-*

---

[326] J. de Morgan, p. 141.

[327] R. Grousset, p. 556-557; F. Tournebize, p. 154.

[328] Aristakès de Lastiverd, trad. Prudhomme, II, p. 26-27; Akulian, *Einverleibung*, p. 59, n. 2; in R. Grousset, p. 557. Aristakès de Lastiverd, II, p. 11-12, éd. de Venise; in F. Tournebize, p. 155.

[329] F. Tournebize, p. 155.

[330] M. Ormanian, p. 40.

il eu dans la rédaction d'un aussi fatal parchemin ? *Ce qui est certain, c'est qu'il avait accepté de l'apporter à Trébizonde à Basile II et qu'il avait été, à ce propos, comblé d'honneurs et de flatteries par la cour byzantine. Son action contrastait singulièrement avec celle des patriarches, ses prédécesseurs, qui, contre tous les envahisseurs quels qu'ils fussent, Perses, Musulmans ou Byzantins, avaient toujours été, souvent jusqu'au martyre, les animateurs de la résistance arménienne*»[331].

En 1034 l'inconsistant et démagogue, Hovhannes-Sembat, poussé par sa noblesse, invita le patriarche à Ani. A son arrivée, en 1036, Bedros 1°, victime de l'ingratitude de son souverain, fut arrêté et incarcéré au fort de Bdjni pendant un an et cinq mois[332]. Hovhannes-Sembat fit appel à Dioscore le supérieur du couvent de Sanahin pour remplacer Bedros. Dioscore occupa le siège patriarcal un an et deux mois[333]. Hovhannes-Sembat avait si peu d'autorité qu'il ne parvint même pas à imposer aux évêques le choix de Dioscore. Les prélats considérèrent ce dernier comme un anticatholicos. Le jour de Noël, au moment de la bénédiction de l'eau, la populace molesta le malheureux Dioscore qui retourna à son monastère (*1037*) sans doute bien soulagé[334]. Bedros 1° retrouva son siège en 1038. Achot IV mourut en 1039-1040 suivi de près par son frère Hovhannes-Sembat.

Qaqig II roi-théologien et soldat, les Byzantins s'emparent d'Ani par traîtrise, les Turcs prennent Ani, premiers contacts entre le patriarche d'Arménie et le pape de Rome

Achot IV laissait un fils de 15 ans, Qaqig. Il succéda à son père et à son oncle. Mais l'empereur byzantin, Michel IV, ne l'entendit pas de cette oreille. Il exigea le respect du testament de Hovhannes-Sembat: la cession d'Ani et du Chirac. Il envoya, à cet effet, une armée en Arménie. Un traître de Siounie, le prince Sarqis encore appelé Vest-Sarqis du nom de sa fonction d'intendant (*Vestiarius*), s'offrit pour conduire l'armée byzantine au coeur du royaume. Il proposa aux nakhararq et au vieux général Vahram Bahlavouni de se joindre à lui. Vahram Bahlavouni était un fier et pieux aristocrate qui avait financé de ses deniers la

---

[331] R. Grousset, p. 566.
[332] Matthieu d'Edesse, 1, XLIX, p. 61; R. Grousset, p. 567.
[333] M. d'Edesse, trad. Dulaurier, 1, XLIX, p. 61-62.
[334] R. Grousset, p. 567-568; M. Ormanian, p. 41.

construction du monastère de Marmachen (*988*)[335]. Il refusa, ainsi que les danouders, de trahir. Serrant les rangs autour du jeune roi ils défirent l'armée grecque. Afin de mettre un terme aux visées byzantines, Vahram Bahlavouni proposa au patriarche Bedros 1° de sacrer Qaqig. Ce fut fait en 1042 dans la somptueuse cathédrale d'Ani[336].
«*Ce jeune prince était très-vertueux, et d'une piété exemplaire. Tous les satrapes se rendirent auprès du patriarche, le seigneur Pierre, et Kakig fut sacré roi d'Arménie, par la grâce de l'Esprit Saint, et d'après l'ordre d'un prince illustre, ordre en vertu duquel notre grand et saint patriarche accomplit cette cérémonie. Ce prince était de la race de Haïg, et par son père descendait de la famille des Bahlavounis*»[337].
Matthieu, moine respectueux de la hiérarchie, ne dit jamais du mal d'un religieux qu'il soit chalcédonien ou non. Il ressort tout de même de son texte que le catholicos Bedros 1° a sacré le roi sur **ordre**.
Ce patriarche était donc soit pusillanime soit versatile. Il avait porté en personne le testament du roi défunt à Trébizonde puis, sous la pression du vieux général, il procédait à l'onction royale de Qaqig II.
La même année, en 1042, Constantin Monomaque (*1042-1054*) revêtait la pourpre impériale. A son tour il exigea Ani et le Chirac. Qaqig II accepta de se reconnaître vassal de Byzance mais refusa de céder ses Etats[338]. Monomaque fit dévaster l'Arménie par les Géorgiens. Devant la résistance des montagnards arméniens, sous la conduite de leur jeune roi, les envahisseurs battirent en retraite. Constantin envoya alors son général l'eunuque Nikolaos qui fut battu à plate couture par Qaqig[339].
«*Les Byzantins commirent alors une action abominable. Constantin Monomaque écrivit à l'émir de Dwin, le cruel Abou'l-Ouswâr, de la dynastie des Banou-Cheddâd, pour l'inviter à envahir de son côté le royaume d'Ani et à faire à Gagik II le plus de mal possible*»[340].
L'émir reçut d'innombrables cadeaux et d'éminentes dignité de la part du monarque byzantin. Il accepta d'attaquer l'Arménie à condition de conserver pour lui ses conquêtes. Citant Schlumberger René Grousset souligne l'attitude indigne de l'empereur: «*Constantin Monomaque*

---

[335] Marmachen s'appelle aujourd'hui Kalindja; R. Grousset, p. 501.

[336] M. Ormanian, p. 41; F. Tournebize, p. 126; Matthieu d'Ed., 1, LVI, P. 68.

[337] Matthieu d'Edesse, tr. Dulaurier, 1, LIX, p. 70.

[338] R. Grousset, p. 574.

[339] SKYLITES-CEDRENOS, ap. Schlumberger, III, p. 482; in R. Grousset, p. 574.

[340] R. Grousset, p. 574.

confirma cet arrangement par un chrysobulle scellé de la grande bulle d'or impériale réservée aux chefs d'Etat alliés»[341].

Le musulman Abou'l-Ouswar, chargé par la grande puissance chrétienne de massacrer une population chrétienne, appliqua à la lettre les recommandations de Monomaque. Et pour complaire davantage à l'empereur de Constantinople, il donnait le choix aux Arméniens entre la conversion à l'Islam ou la mort.

«*Ainsi Byzance supportait de livrer l'Arménie aux Musulmans plutôt que de laisser se perpétuer l'indépendance arménienne. Il y eut là, du point de vue des intérêts de la chrétienté, c'est-à-dire, à cette époque, de la civilisation européenne, une véritable trahison*»[342].

Le courageux Qaqig réussit à refouler les Musulmans à l'est et à contenir les Byzantins à l'ouest établissant une paix de deux ans. Qaqig II savait se battre et commander son armée mais il préférait l'étude et les exercices de piété. Il fut l'un des théologiens les plus réputés et les plus jeunes de son temps. Il eut le rare privilège d'être invité à siéger dans la chaire de Sainte-Sophie à Constantinople et de débattre avec les docteurs grecs[343].

Qaqig II était entouré de félons. Surtout l'odieux Vest-Sarqis qui réussit à rentrer en grâce et à supplanter les plus fidèles conseillers du roi, le général Vahram Bahlavouni et son neveu Grégoire Magistros grand écrivain et homme d'état.

Les armées byzantines s'avéraient incapables de prendre Ani. Constantin Monomaque décida de s'en emparer par la ruse[344]. Sur le conseil de Vest-Sarqis il invita le roi d'Arménie à Byzance.

«*A cette époque, l'infâme Sarkis commença à donner cours à ses trames perfides. Il suggéra à Monomaque l'idée d'inviter le roi d'Arménie Kakig à se rendre auprès de lui à Constantinople, en l'attirant sous un prétexte d'amitié, et de lui enlever ainsi par surprise la ville d'Ani. Ce conseil plut singulièrement à l'empereur, et dans son coeur germa la plante de malice, et l'envie de devenir possesseur de l'Arménie. Il écrivit à Kakig une lettre qui contenait les serments les plus solennels, et poussa si loin l'oubli de toute pudeur, qu'il accompagna cette lettre de l'envoi de l'Evangile et la sainte Croix comme gage de sa sincérité*»[345].

Vahram Bahlavouni et son neveu tentèrent de dissuader le monarque de répondre à l'invitation de Constantin. Vest-Sarqis dénigra alors Grégoire

---

341 Schlumberger, *Epopée*, III, p. 482-483; in R. Grousset, p. 574.

342 R. Grousset, p. 574.

343 F. Tournebize, p. 157.

344 F. Tournebize, p. 127.

345 Matthieu d'Edesse, tr. Dulaurier, 1, LXV, p. 76-77.

auprès de Qaqig II; il lui suggéra que le neveu du grand général avait négocié en sous-main avec l'émir de Dvin[346].

A cause de cette calomnie Grégoire, qui avait réussi à ramener la paix dans le pays, devra se réfugier dans le Daron avec ses quatre fils. De là, ils passeront à Constantinople, après le roi Qaqig, où Grégoire traduira des ouvrages grecs en arménien. La foule se pressera à ses discours en chaire de Sainte-Sophie. L'empereur l'élèvera à la dignité de «*magistros*» et de duc de Mésopotamie[347]. Titres bien au-dessous de ce qui revenait aux Bahlavouni, descendants des souverains arsacides d'Arménie.

Le roi se trouvait désormais entre les mains des traîtres le pressant d'accepter l'invitation de Monomaque.

«*Ils prirent pour garant de leur véracité le seigneur Pierre, et firent les plus terribles serments. Ils apportèrent le Mystère sacré du corps et du sang du Fils de Dieu, et plongeant la plume dans ce sang vivifiant, eux et le patriarche consignèrent ce serment par écrit. Kakig partit donc pour Constantinople ... Cependant les traîtres renégats, qui avaient scellé leur serment avec le sang de Jésus-Christ, envoyèrent à Monomaque les quarante clés d'Ani, avec une lettre dans laquelle se trouvaient ces mots: «Ani et tout l'Orient se sont donnés à toi*»[348].

Qaqig refusa de se soumettre pendant un mois. Mais prisonnier, abandonné et trahi il finit par céder. Il sera assassiné par traîtrise entre 1077 et 1080 sur instigation de l'Arméno-grec Philarète Brachamios[349]. En 1044-1045 Constantin envoya l'eunuque Nikolaos prendre possession d'Ani. La population résista.

Trois candidats, en plus de l'empereur, se disputaient la capitale de l'Arménie, le roi Bagratouni de Kars Qaqig-Abas (*1029-1064*), le roi Bagratouni de Géorgie et d'Abkazie Bagrat IV et Abou'l-Ouswâr l'émir de Dvin dont l'épouse était une Bagratouni. Bedros 1° préféra donner la ville à Monomaque afin d'éviter de nouvelles guerres. Ceci pourrait être considéré comme un témoignage à décharge en sa faveur. Vest-Sarqis ouvrit carrément les portes de la ville à Nikolaos. Nul ne peut dire si le patriarche et le traître naviguaient de conserve dans ces eaux troubles[350]. Les habitants d'Ani, privés de la présence de leur roi, furent frappés d'une sorte d'aboulie et laissèrent les Grecs s'emparer par félonie d'une

---

346 R. Grousset, p. 575.

347 F. Tournebize, p. 128; R. Grousset, p. 575-576.

348 Matthieu d'Edesse, tr. Dulaurier, 1, LXV, p. 77.

349 Matthieu d'Edesse, 1, LXV, p. 77-78, 2, CXIX, p. 183-184; R. Grousset, p. 632-633.

350 R. Grousset, p. 578-579.

cité qu'ils avaient été incapable de prendre par les armes. Les Byzantins, peu reconnaissants, déportèrent Pierre 1° à Constantinople, et de là à Sébaste où il se retira au monastère Sourp-Nchan (*Saint-Signe*). Il y mourra en 1054[351].

Pendant ses pérégrinations son neveu, l'évêque-coadjuteur Khatchiq d'Ani, avait géré l'Eglise. Lorsque Bedros 1° fut appelé à Constantinople il sut qu'il ne reviendrait pas. Ne voulant pas laisser le Siège vacant, il consacra Khatchiq catholicos. Il prit aussi ses précautions pour le saint Myron qui servait aux onctions sacrées. Il l'enferma dans des vases qu'il cacha au fond de la rivière Akhourian: «*il y en avait 400 livres pesant*»[352].

Le Myron ou Saint-Chrême est préparé tous les sept ans à partir d'huile d'olive et d'huile de laurier, mêlées à du baume et à 40 essences de plantes et de gommes odoriférantes. On y ajoute un litre du Saint-Chrême de la préparation précédente, de sorte qu'il contient toujours de l'huile bénie par Notre-Seigneur Jésus-Christ et apportée en Arménie par les apôtres Thaddée et Barthélémy.

Pierre 1° avait enfin compris à quel point il avait été manipulé par les forces du mal, et il rachetait ses fautes par ses derniers actes.

Khatchiq II (*1054-1060*) renouera avec la tradition des saints et courageux patriarches d'Arménie. Il fut, lui aussi, déporté à Constantinople par Constantin Dukas. On le tourmenta sans relâche afin qu'il dévoile l'endroit où Pierre avait caché ses trésors et le Myron, on le persécuta pour qu'il renie la profession de foi arménienne et se plie aux thèses de Chalcédoine. Pendant trois ans, de 1054 à 1057, il résista à toutes les souffrances sans jamais ni avouer ni se soumettre. En 1057 il fut relégué à Thavplour en Cappadoce où il transféra son siège patriarcal. Il y mourut en 1060.

«*Ainsi les Grecs, plus cruels, plus fanatiques que les Arabes eux-mêmes, avaient en quelques années anéanti par la félonie et l'assassinat cette illustre lignée des Bagratides, espoir de la nation arménienne. Quelques branches collatérales des souches royales persistèrent cependant, et de nos jours encore le nom des Bagratides n'est pas éteint.*

Ces crimes de la part de Byzance, étaient non seulement odieux mais aussi fort impolitiques, car l'Arménie, poste avancé du christianisme vers l'Orient, pouvait, si les empereurs l'avaient rendue forte, arrêter pendant bien des années le flot des Turcs, et jouer, par rapport à Constantinople, le rôle de bouclier; mais, au palais sacré, l'on ne

---

[351] M. Ormanian, p. 41; F. Tournebize, p. 155.

[352] Matthieu d'Edesse, 1, LXXIV, p. 85.

songeait guère qu'à des haines de sectes, et personne ne comprenait à Byzance les dangers qui résultaient, pour la couronne des basileïs, de l'entrée en scène des Seldjoukides ... les Grecs qui ne surent pas faire usage des ressources militaires que leur pouvaient offrir les Arméniens, n'étaient pas à même d'entretenir dans le pays de l'Ararat une armée capable de lutter contre les nouveaux envahisseurs»[353].

Les Perses voulurent imposer le mazdéisme à l'Arménie en y faisant couler des flots de sang. Les Byzantins finirent par la ruiner à cause de leur sectarisme chalcédonien. Les Arabes s'étaient contentés d'un tribut en cavaliers, chevaux, tapis, orfèvreries, tissus et métaux précieux. Les Turcs, sortis de leurs steppes de l'Asie Centrale, ne recherchaient pas seulement les richesses de l'Arménie, ils voulaient aussi supprimer sa population tout entière pour s'installer à sa place.

«Ce n'était plus une guerre, mais bien une invasion; car les tribus suivaient les cavaliers, traînant avec elles tous leurs biens, les femmes, les enfants et les vieillards, les dépouilles des pays dévastés, cherchant à s'établir sans jamais rencontrer une nouvelle patrie, parce que le bien d'autrui les attirait toujours plus loin. Le flot ne devait s'arrêter qu'en face de Constantinople, maintenu, pour un temps, par les forces de l'empire»[354].

Avant d'atteindre l'Arménie, les Turcs seldjoukides devaient vaincre les Persans et les Arabes.

«Cette année, une grande calamité nous vint de la Perse. Trois hommes sortis du divan de Toghrul Sulthan ... s'avancèrent dans le pays des musulmans avec des troupes nombreuses, traînant avec eux une multitude immense de captifs ... Le chef des troupes de Mossoul nommé Koreïsch (Kourêsch), seigneur de cette ville, ayant réuni son armée, se porta à la rencontre des ennemis, à la tête des Arabes. Une grande bataille fut livrée, dans laquelle les Turks triomphèrent des Arabes, les mirent en fuite, et s'emparèrent de leurs femmes et de leurs enfants»[355].

Ces affrontements entre Turcs et Arabes se déroulaient en 1045-1046. Inconscient du danger, obnubilé par sa haine des Arméniens, Constantin Monomaque fit dissoudre les milices arméniennes, fortes de 50.000 hommes, paysans et montagnards aguerris prêts à mourir pour la défense de leurs familles, leurs foyers, leur terre. Le basileus les remplaça par des mercenaires commandés par des eunuques peu soucieux de se battre contre les Turcs seldjoukides. Ceci parce que les impôts prélevés sur les

---

[353] J. de Morgan, p. 153-154.
[354] J. de Morgan, p. 148-149.
[355] Matthieu d'Edesse, 1, LXIX, p. 80.

Arméniens pour entretenir ces milices n'entraient pas dans le trésor de Byzance[356].

«On saisit ici sur le vif l'énorme responsabilité de Byzance à l'égard de l'Arménie et, peut-on dire, de la chrétienté. La politique byzantine avait systématiquement, ... et depuis Justinien jusqu'à Constantin Monomaque, travaillé à désarméniser l'Arménie. N'y étant point parvenue, elle avait du moins réussi à éloigner du pays ... les dynasties locales, les familles seigneuriales, l'aristocratie militaire arménienne et finalement tous les cadres politiques de l'Arménie. Quand les Turcs arrivèrent, ils se trouvèrent en présence d'un pays privé de ses défenseurs, d'une société désorientée, décapitée par la perte de ses chefs naturels et de sa classe militaire, en présence d'un pays à l'abandon»[357].

Toghrul Beg puis son neveu Alp Arslan eurent tôt fait d'écraser les mercenaires byzantins. Ils prirent les villes, les pillèrent, violèrent, écorchèrent vifs les habitants, brûlèrent les maisons, les églises et les palais. Du Vaspouragan à Garin, du Chirac à Manazkert ils laissèrent un sillage de sang et de feu. Dans la seule ville d'Ardzn ils massacrèrent les 150.000 habitants pour s'emparer de leurs biens[358]. Le 16 Août 1064, lendemain de l'Ascension, la ville d'Ani abandonnée par les Grecs fut investie par Alp Arslan.

«Ani, à cette époque, renfermait des milliers d'hommes, de femmes, de vieillards et d'enfants, et présentait un spectacle admirable. Cette population était telle, que les infidèles crurent que dans ses murs était réunie la majeure partie de la nation arménienne. Il y avait mille et une églises où l'on célébrait la messe»[359].

Défendue par les milices arméniennes Ani aurait été imprenable. Devant la résistance de la population, Alp Arslan allait lever le siège lorsqu'il s'aperçut que les Byzantins avaient déserté. Alors il lança l'assaut et prit la ville.

«Les Turks tenaient deux couteaux effilés, un de chaque main, et un troisième entre les dents. Aussitôt ils commencèrent le carnage avec une cruauté inouïe. La population d'Ani fut moissonnée comme l'herbe verte des champs. On aurait dit des monceaux de pierres qui tombaient entassés les uns sur les autres. En un instant les rues regorgèrent de sang. Les plus illustres Arméniens et les nobles furent traînés, chargés de chaînes, en présence du sulthan. Des dames belles et respectables, et

---

356 R. Grousset, p. 586.

357 R. Grousset, p. 586.

358 Matthieu d'Edesse, tr. Dulaurier, 1, LXIII, p. 84.

359 Matthieu d'Edesse, tr. Dulaurier, 2, LXXXVIII, p. 122-123.

d'une haute naissance, furent conduites, comme esclaves, en Perse. De jeunes garçons au teint éclatant de blancheur, de jeunes filles à la figure ravissante, furent emmenés à la suite de leurs mères. Une foule de saints prêtres périrent par le feu; il y en eut qui furent écorchés des pieds à la tête avec d'horribles souffrances ... L'un des infidèles étant monté sur le faîte de la cathédrale, arracha l'énorme croix qui s'élevait sur la coupole, et la jeta en bas. Puis, ayant pénétré par la porte qui donnait accès dans l'intérieur de la coupole, il précipita dans l'église la lampe de cristal que le puissant roi Sempad avait rapportée de l'Inde, et qui se brisa en mille pièces. Il l'avait donnée, avec je ne sais combien d'autres trésors, à cette église. Elle pesait douze livres et pouvait contenir un poids égal [d'huile]. Au moment de la chute de la croix, de violents coups de tonnerre se firent entendre, et il tomba une pluie abondante qui entraîna dans l'Akhourian des torrents de sang, et les fit jaillir dans toute la ville. Le sulthan ayant appris que cette lampe qui était sans pareille avait été cassée, en fut désolé. Quant à la croix d'argent que les infidèles avaient précipitée, et qui était de hauteur d'homme, ils l'emportèrent pour la faire servir de seuil à la porte de la mosquée de Nakhdjavan, et elle y est demeurée jusqu'à présent»[360].

En 1070 le même Alp Arslan enlevait aux Byzantins la dernière place forte arménienne en leur possession, Manazkert (*Mantzikert*)[361]. Les Turcs découvraient que sans l'Arménie Byzance n'était qu'un ventre mou. Que devenait le patriarcat arménien dans cette tempête ? Khatchiq II était en résidence surveillée à Thavplour, soumis aux tracasseries perpétuelles des Grecs, pouvant à peine tenir son rang.

A l'époque de la splendeur des Bagratouni, les catholicos recevaient de riches dotations des rois. Ils avaient sous leur juridiction 500 diocèses gérés par des évêques ou des chorévêques. Le palais patriarcal était habité, au minimum, par 12 évêques, 4 docteurs, 60 prêtres, 500 ecclésiastiques et laïques. La résidence du catholicos et sa cathédrale étaient richement meublées. Les tissus précieux, les pièces d'orfèvrerie, les sièges sculptés dans des matériaux rares et nobles, les bibliothèques fournies en faisaient l'égale du palais royal[362].

Lorsque le patriarche Khatchiq II mourut, en 1060, le basileus fit tout pour retarder l'élection de son successeur. Le Siège resta vacant pendant cinq ans. La princesse Marie, fille de l'ex-roi de Kars, Qaqig-Abas,

---

[360] Matthieu d'Edesse, 2, LXXXVIII, p. 124-125.

[361] Matthieu d'Edesse, CII, p. 163; R. Grousset, p. 624.

[362] Matthieu d'Edesse, 2, LXXXIX, p. 127-128.

intervint auprès de Constantin X Dukas pour qu'il permette l'ouverture d'un synode à cet effet, et elle obtint son accord.

Les évêques et les débris de la noblesse et des représentants du peuple se réunirent en 1065 à Tzamendav. Tzamendav (*Zamintia*) se situe à l'est de Malatia près d'Amasia en Cappadoce. Le fils de Grégoire Magistros fut élu. Dans le monde il s'appelait Vahram Bahlavouni et avait hérité du titre de son père duc de Mésopotamie[363]. Descendant des Arsacides, il était donc apparenté à saint Grégoire l'Illuminateur. Ayant le goût de l'étude, de la prière et de la méditation, il s'était éloigné de son épouse pour se faire moine. Comme son père il était théologien réputé[364]. Tournebize nous apprend que sa vocation fut éveillée par le passage suivant de l'Evangile: «*Si quelqu'un veut venir à ma suite, qu'il renonce à lui-même et prenne sa croix chaque jour, et qu'il me suive*»[365].

Vahram Bahlavouni donna tout ce qu'il possédait aux pauvres, entra au monastère d'Areq et prit le nom de Grigor (*Grégoire*), sans doute en souvenir de son aïeul[366]. Constantin X accueillit favorablement l'élection de son duc de Mésopotamie au pontificat suprême. Il imposa tout de même le maintien du Siège patriarcal en Cappadoce à Tzamendav. Grigor II n'avait pas le goût des hautes fonctions. Il les accepta pour maintenir la continuité du patriarcat et parce que l'empereur aurait refusé tout autre pontife que lui. Grégoire II nomma ses vicaires coadjuteurs et leur donna tous pouvoirs pour la gestion de l'Eglise. Il consacra une partie de son long pontificat (*1065-1105*) à l'étude, aux voyages surtout en Palestine et en Egypte sur les traces des saints ermites. On le surnomma Vgayasser (*le Martyrophile*). Sa vie durant il souffrit de l'incompréhension entre les Eglises arménienne et grecque. Les différences lui semblaient peu importantes et les différends surmontables si les empereurs n'en avaient pas fait un enjeu politique pour des visées hégémoniques. Cette intolérance le tourmentait aussi[367]. Elle était responsable de la destruction systématique de la grande dynastie des Bagratouni d'Ani, des monarchies Bagratouni de Kars, Ardzrouni du Vaspouragan, du royaume de Siounie.

Sous Alexis Comnène il tenta un rapprochement avec l'Eglise grecque. Des évêques byzantins exigèrent, en préalable, le rebaptême des

---

[363] M. Ormanian, p. 42; R. Grousset, p. 618; F. Tournebize, p. 163; Matthieu d'Edesse, 2, LXXXIX, p. 128-129.

[364] Matthieu d'Edesse, 2, LXXXIX, p. 128.

[365] Saint Luc, **9,** 23.

[366] F. Tournebize, p. 163.

[367] F. Tournebize, p. 163; R. Grousset, p. 635.

Arméniens. D'autres proposèrent la suppression de certains passages de la profession de foi arménienne. Grégoire essaya de démontrer aux prélats grecs que les Arméniens se pliaient en tous points à l'orthodoxie dans leur rituel et leur profession de foi[368]. Les Byzantins ne firent aucune concession. Le patriarche arménien refusa de se soumettre au diktat des Grecs.

En 1069 épuisé, malheureux à cause de la stérilité de ses efforts il rejoignit son monastère d'Areq. Son chancelier, qu'il avait lui-même consacré, Georg de Lori fut élu sous le nom de Georg III. En 1072, mécontent de la gestion de son successeur Grégoire II sortit de son couvent, le déposa et reprit sa place. Georg III se retira à Tarse où il mourut la même année[369]. L'infâme Philarète Brachamios, instigateur de l'assassinat du roi Qaqig II, tenta de se concilier le patriarche Grégoire II pour parvenir à dominer ce qui restait de l'Arménie. Il ne put le circonvenir. Philarète proclama Sarqis de Honi antipatriarche (*1076*) qui mourut en 1077. Brachamios choisit un nouvel anticatholicos, Theodoros Alakhossiq, qui mourra en 1090[370].

En 1074-1075 Grégoire II se rendit à Constantinople. De là il serait passé à Rome, puis en Egypte où il établit son Siège patriarcal.

«*Il fut traité avec une haute considération et avec de grands honneurs par le roi des Egyptiens, beaucoup plus qu'il ne l'avait été par l'empereur. Une foule d'Arméniens, vinrent le rejoindre, car il y avait à cette époque en Egypte environ trente mille personnes de notre nation*»[371].

A l'époque, l'Egypte était gouvernée par le calife Fatimide Mostanser-Billah (*1036-1094*)[372]. Si l'installation du Siège patriarcal arménien en Egypte est un fait avéré, le voyage à Rome semble improbable. Il y eut, plutôt, échanges de lettres entre le patriarche arménien Grégoire II et le pape de Rome Grégoire VII. Ce dernier déclara que les Arméniens avaient raison, contre les Grecs, d'utiliser le pain azyme dans l'Eucharistie.

«*Ce qui montre bien que Grégoire VII regardait l'Eglise arménienne comme orthodoxe, c'est qu'il enjoint à l'évêque de Bénévent de ne point*

---

[368] F. Tournebize, p. 163-164.

[369] M. Ormanian, p. 42; R. Grousset, p. 635.

[370] M. Ormanian, p. 176.

[371] Matthieu d'Edesse, 2, CVIII, p. 177.

[372] E. Dulaurier, n. 1, du Ch. CVIII de la *Chronique* de Matthieu d'Edesse p. 417.

admettre à la communion catholique, à moins qu'il ne se rétracte, un homme qui a été expulsé comme hérétique de l'Eglise arménienne»[373].

Un nouveau sultan régnait sur les Turcs seldjoukides, Melik-Schah. Il appréciait les qualités des Arméniens. Il avait compris que ceux-ci enrichiraient son empire, et qu'en les favorisant il gênerait Byzance. Grégoire II établit de bonnes relations avec lui; ce qui lui permit de se rendre en Arménie pour ordonner évêque son neveu Barsegh (*Basile*). Il le nomma son coadjuteur en 1081. En 1105, au décès de Grégoire II, un concile, réuni dans le couvent de Haghpat à la frontière de la Géorgie, élit Barsegh 1° patriarche [374]. Celui-ci restaura le Siège patriarcal à Ani et tissa des liens d'amitié réciproques avec Melik-Schah. Le sultan allégea les impôts des Arméniens et exempta de toute redevance les églises, les monastères et toutes les possessions de l'Eglise [375].

Même le Turc se montrait plus clément envers l'Arménien que le frère chrétien grec.

---

[373] F. Tournebize, p. 164.
[374] R. Grousset, p. 635-636.
[375] F. Tournebize, p. 166-167.

Si ceux qui se réfugient auprès de toi te trouvent par la foi, donne-moi la foi;
si c'est par la vertu donne-moi la vertu; si c'est par la science donne-moi la science.
Augmente en moi la foi, augmente l'espérance, augmente la charité. (Saint Augustin)

CHAPITRE IV

<u>L'Arméno-Cilicie et le pari de l'oecuménisme</u>

La fin des monarchies arméniennes entraîne une dispersion, la création de la nouvelle principauté arménienne de Cilicie

L'Arménie, à cause de la rigidité byzantine, était décapitée; ses enfants se trouvaient répandus du Caucase à la Cappadoce.

«*Ainsi et coup sur coup les trois dynasties arméniennes exilées en Cappadoce par Byzance, - les grands-rois bagratides d'Ani, les rois bagratides de Kars et les rois ardzrouniens du Vaspourakan -, étaient éteintes par les Byzantins. La Nouvelle Arménie de Cappadoce était détruite par les Grecs quelques années ou quelques mois avant que son territoire fût occupé par les Turcs*»[376].

Le dernier roi d'Ani, Qaqig II, avait été assassiné dans des conditions indignes.

«*La famille de Kakig et tous les Arméniens le pleurèrent amèrement, et l'ensevelirent dans son couvent de Bizou. Son fils aîné, qui lui survécut, s'appelait Jean. C'est ainsi que finit la royauté arménienne, dans la branche des Bagratides, et que fut accomplie la prédiction de notre saint patriarche Nersès, qui a dit*: «*La royauté s'éteindra dans la nation arménienne*»[377].

Le roi Qaqig laissait deux fils: Hovhannes (*Jean*) et David. Hovhannes s'était réfugié en Géorgie. A la chute d'Ani il se réfugia, avec son fils Achot, à Constantinople. Achot voulait restaurer la monarchie en Arménie.

Alp Arslan 1°, qui avait pris et ravagé Ani (*1064*), l'avait donnée à Fadloun, l'émir kurde de Dvin et de Gandja. Quand Fadloun mourut, son frère et successeur, Manoutcher, commença à relever de ses ruines la capitale des Bagratouni. Achot et Manoutcher devinrent amis, et celui-ci nomma le petit-fils de Qaqig II gouverneur d'Ani. Ce ne fut pas du goût

---

[376] R. Grousset, p. 635.

[377] Matthieu d'Edesse, ch. CXIX, p. 184, traduit par E. Dulaurier.

des émirs turcs et kurdes entourant Manoutcher. Ils firent empoisonner Achot. Quand la dépouille du malheureux arriva à Constantinople son père Hovhannes était décédé (*vers 1080*)[378].

David, le frère de Hovhannes, avait épousé la fille d'Abelgharib Ardzrouni. Celui-ci, en conflit avec son gendre, l'emprisonna dans une forteresse de Cilicie entre Mopsueste et Lampron. Qaqig mort, Ardzrouni fit empoisonner David[379]. La dynastie des Bagratouni en ligne directe venait de s'éteindre.

Quant aux Ardzrouni, nous savons que leur dernier roi avait fui le Vaspouragan. Ce Seneqerim-Hovhannes ne fit pas honneur au nom même du pays de ses ancêtres **Vaspouragan**: «*Ce mot désigne en pehlevi la plus haute classe de la noblesse dans l'empire sassanide et, par suite, le pays de haute noblesse*»[380].

Pris sans doute de remords il avait voulu, à sa mort (*1026-1027*), être inhumé dans le tombeau familial au monastère de la Sainte-Croix de Varac, près du lac de Van. Il y fit rapporter la relique de la Sainte-Croix qu'il avait gardée avec lui pendant son exil [381]. Suivant ses princes dans leur retraite, une portion du peuple arménien commença sa dispersion. «*Une partie prit la voie du nord, traversa le Caucase et l'Euxin, et alla peupler la Géorgie, la Crimée, la Pologne, la Moldavie, la Valachie et la Hongrie ... Une autre partie prit la voie du sud et s'installa successivement dans la Commagène, en Cilicie, en Syrie et en Caramanie, où elle réussit à créer d'abord une principauté, puis un royaume arménien, à transformer enfin ces pays en une petite Arménie*»[382].

Le Chirac, l'Ayrarat et le Karabagh (*cette dernière province étant ce qui reste de l'Aghouanie*) résistaient aux envahisseurs.

Les empereurs byzantins, incapables de protéger les débris de leur Empire, faisaient appel aux Arméniens pour surveiller et défendre les passes conduisant à la Cilicie. Ils favorisèrent ainsi la création de seigneuries arméniennes de la Cappadoce à la Cilicie[383]. L'un de ces nakhararq, Rouben, résolut de secouer la tutelle du basileus.

---

378 Brosset, *Généal. des Bagratides*, in *Hist. de la Géorgie*, p. 161; in R. Grousset, p. 634.

379 E. Dulaurier, n. 3 et 7, p. 420, de la *chron.* de Matthieu d'Edesse. R. Grousset, p. 634.

380 Frédéric MACLER, *Quatre conférences sur l'Arménie faites en Hollande*, p. 41, Adrien-Maisonneuve, Paris, 1932.

381 Matthieu d'Edesse, Ch. XXXIX, p. 44, trad. E. Dulaurier et n. 1, p. 393.

382 M. Ormanian, p. 46-47.

383 J. de Morgan, p. 165; H. Pasdermadjian, p. 198; F. Tournebize, p. 169.

«*Cependant, depuis le désastre d'Ani, il s'était formé deux partis dans la nation arménienne: l'un, découragé, décidé à se plier au joug des Grecs; l'autre, animé par l'esprit national, qui, ne pouvant oublier la trahison à la suite de laquelle le royaume bagratide était devenu province des basileïs, rêvait de venger l'assassinat infâme de son dernier roi. Ce dernier parti résolut de réagir contre les tendances à l'asservissement et de conquérir, par les armes, l'indépendance de la nation*»[384].

Au moment de son assassinat, Qaqig II était accompagné d'un jeune page, Rouben, qui parvint à échapper aux meurtriers, emportant dans son coeur le désir de les punir un jour[385]. Il semble que Rouben ait été apparenté aux Bagratouni; la dynastie qu'il fondera, les Roubeniens, sera aussi appelée, par certains historiens, celle des Roubeniens-Bagratides.

«*Devenu homme, il alla chercher fortune en haute Cilicie du côté de la forteresse de Bartzerbert. Mais il n'oubliait pas le meurtre de son maître et jurait de le venger. L'évêque grec du pays étant venu banqueter à Bartzerbert au cours d'une chasse à la perdrix, l'ancien page de Gagik II réussit à l'étourdir en le faisant basculer dans une cuve de vin, puis il l'étrangla proprement et se rendit maître du château, point de départ de ses possessions futures*»[386].

Bartzerbert ou Partzerperth (*château élevé ou forteresse d'en haut*) était situé au nord de Sis. Il fut le point de départ du futur royaume d'Arméno-Cilicie. Nous étions en 1.080.

Nous avons vu qu'il y avait en Cilicie, avant Rouben, Abelgharib Ardzrouni, que le basileus avait installé comme gouverneur de Tarse et de Mopsueste (*Mamestia ou Mamistra ou Mecis*). Ardzrouni avait hébergé le nakharar Ochine, fuyant l'invasion turque, en 1075. Abelgharib Ardzrouni donna à Ochine le château de Lampron. Ochine venait de loin puisqu'il était seigneur de Mayriats-Tchour (*Rivière des Sapins*) près de Gandja en Aghouanie. D'une façon générale les nakhararq se contentaient du titre de prince des montagnes ou de grand baron, vassaux du basileus[387].

La Cilicie, avant d'être byzantine, avait été arménienne dès le 1° siècle avant J.-C. Elle faisait partie de l'Empire de Tigrane II le Grand[388]. Son

---

[384] J. de Morgan, p. 162.
[385] Guiragos de Qantzac, *Bibl. des Croi.*, *Doc. Arm.*, Ch. II, p. 53-54; in R. Grousset, p. 633.
[386] R. Grousset, p. 633.
[387] René GROUSSET, *Les Croisades*, p. 91, col. «*Que sais-je ?*» P.U.F., Paris, 1944; J. de Morgan, p. 163, 166; F. Tournebize, p. 168-169.
[388] Claude MUTAFIAN, *le Royaume arménien de Cilicie*, p. 15, C.N.R.S., 1993; E. Utudjian, p. 2.

relief montagneux la délimite parfaitement. Au nord-ouest, le massif du Taurus s'appuie sur les plaines de Lycaonie (*Caramanie*) dont la capitale est Qonya (*Iconium*) et la sépare de l'Anatolie. A l'est, les monts de l'Amanus font la frontière avec la Syrie. Sur la Méditerranée, la Cilicie est délimitée, à l'ouest, par l'actuelle Antalya, à l'est, par le golfe d'Alexandrette[389]. Le catholicos Khatchiq 1° (*972-992*), qui siégeait à Ani, avait déjà fait de la Cilicie un diocèse arménien en créant l'archevêché de Tarse[390].

En ce début du XI° siècle l'Empire byzantin n'était déjà plus que l'ombre de lui-même. Miné de l'intérieur par les exégèses à perte de vue de ses ecclésiastiques, les prévarications et les abus de biens publics de ses innombrables technocrates, les rébellions de ses aristocrates. Le pouvoir de Constantinople n'avait aucun moyen de s'opposer à l'indépendance du prince Rouben. La cour impériale ignorait à peu près que la fertile et riche plaine de Cilicie était devenue une sorte de no man's land à peine habitée. «*Cette Montagne était, certainement, très peu habitée au moment où les Roupénides et leurs camarades se sont installés dans ces châteaux qui, plus tard, ont pris de grandes dimensions représentant ce que la Petite Arménie a pu donner dans le domaine de l'architecture à l'art du moyen-âge*»[391].

Rouben 1° conquit ainsi la chaîne du Taurus.

La première Croisade et les Arméniens, le domaine de Basile le Larron, mariages et alliances

A Rouben succéda son fils, Constantin 1°, qui s'empara du château de Vahqa sur le haut Sarus (*Seyhan*), dans l'Anti-Taurus, en chassa les Grecs et y établit son gouvernement[392].

L'arrivée de la première Croisade et l'impéritie du basileus favorisèrent l'implantation, ou plutôt la réimplantation, des Arméniens en Cilicie. Il ne s'agissait pas de la Croisade de Pierre l'Ermite, pacifique, inorganisée et malheureuse, mais de celle des barons conduite par Godefroy de Bouillon.

---

[389] E. Dulaurier, *Recueil des Historiens des Croisades, Documents arméniens*, t. 1, p. 18, Paris, 1869; in J. de Morgan, p. 164.

[390] J. de Morgan, p. 162, 163; Karen YUZBASHIAN, *Quelques observations sur l'identité arménienne en Cilicie*, p. 293, *Les Lusignans et l'outre-mer*, Colloque de Poitiers, 1993.

[391] N. IORGA, *L'Arménie cilicienne*, p. 10, lib. univers. J. Gamber, Paris, 1930.

[392] R. Grousset, *Les Croisades*, p. 91; C. Mutafian, p. 21; F. Tournebize, p. 169.

Depuis la capture de l'empereur de Constantinople, Romain IV Diogène, par les Seldjoukides (*1071*), une bonne partie de l'Empire byzantin était tombée aux mains des Turcs[393].

S'ils mirent les chrétiens en coupe réglée, les Turcs ne se privèrent pas de persécuter les Arabes et les Persans, leurs coreligionnaires. Ils firent du calife de Bagdad une espèce de figurant. Le luxe et la munificence arabes laissèrent la place aux rudes usages touraniens. La civilisation musulmane, portée à une haute élévation culturelle par les Arabes, entra en décadence[394]. Si Jérusalem était restée aux mains des Arabes, il n'y aurait sans doute pas eu de Croisades. Sous leur domination les chrétiens pouvaient, en toute liberté, gérer les lieux saints, et les pèlerins, accomplir leurs dévotions.

Lorsque Jérusalem fut enlevée aux Arabes par les Turcs seldjoukides (*1071*), l'atmosphère changea. Ils pillèrent, profanèrent, rançonnèrent les chrétiens venus prier devant le tombeau du Christ. Ce qui déclencha le déplacement des Francs vers l'Orient. Ils allaient bénéficier des luttes intestines musulmanes.

Melik-Schah (*1072-1092*), le fils et successeur d'Alp-Arslan 1°, sut maintenir l'unité turque. A sa mort, les émirs seldjoukides se divisèrent et se déclarèrent sultans du moindre petit Etat.

L'Egypte, elle, était gouvernée par les Arabes (*la dynastie fatimide chiite*), et était l'ennemie des Seldjoukides sunnites. Le calife d'Egypte, qui se considérait comme le premier des Chiites, prit Jérusalem aux Turcs en 1098 et y rétablit la tolérance coutumière aux Arabes[395]. C'était l'année d'arrivée des Francs en Orient.

Sans les rêves de conquêtes motivant le déplacement des barons occidentaux, sans les Croisades, qui furent tout sauf une épopée, les chrétiens d'Orient auraient sans doute trouvé un modus vivendi avec les musulmans, et tous auraient fini par vivre en une relative bonne intelligence. Le passage des Croisés, s'il embrasa l'Orient, ne fut qu'un feu de paille pour les Latins, qui rentreront chez eux après avoir favorisé, par leur maladresse, l'élimination des chrétiens et la destruction de leurs Etats. La majorité des barons francs était composée d'aventuriers. Sous couvert de reconquête des Lieux saints les Croisés cherchaient à se tailler des fiefs, à se couvrir d'or, à profiter des délices de l'Orient. Pour de jeunes nobles, pauvres et sans scrupules, l'Orient était un pays de cocagne leur offrant aventures, bons coups d'épées et richesses.

---

[393] R. Grousset, *Les Croisades*, p. 15.
[394] R. Grousset, p. 15; H. Pasdermadjian, p. 199.
[395] R. Grousset, p. 30-31; H. Pasdermadjian, p. 200.

Quand le pape de Rome, Urbain II, prêcha une Croisade (*1095*), l'événement était dans l'air du temps.

«*... la croisade avait commencé bien avant la croisade. Elle n'est donc pas l'oeuvre d'Urbain II, ni - et on le croit maintenant - de Pierre l'Ermite, mais avant tout elle n'est pas l'oeuvre de cette prédication de Plaisance et de Clermont qui aurait tout déterminé*»[396].

Des condottiere n'avaient pas attendu les Croisades pour conquérir des terres en Orient sans se soucier du choix du camp. Dès après la défaite de Manazkert, un petit gentilhomme normand, Roussel de Bailleul, qui cherchait fortune, tenta d'enlever une principauté à l'Empire byzantin (*1073-1074*).

«*Il finit par être écrasé entre les Byzantins et les Turcs, mais sa tentative est intéressante: elle nous annonce les chercheurs d'aventures de la Première Croisade*»[397].

Nous avons évoqué déjà l'Arméno-Grec, Philarète Brachamios, qui avait conquis, entre 1071 et 1084, Marach, Malatia, Ourfa, Antioche, la Cilicie et installé successivement deux anticatholicos contre le patriarche Grégoire II le Martyrophile. Il fut vaincu par les Turcs[398].

Un autre Arménien, vers 1092-1093, Danichmend, conquit Sivas et sut la conserver en se faisant sans doute musulman. Des Normands avaient réussi à s'implanter dans la montagne cilicienne à l'imitation des princes arméniens[399]. Parmi ces derniers, nous savons que le prince Ochine campait à Lampron dans une semi-indépendance vis-à-vis du basileus. Son frère Pazouni avait conquis Tarse[400].

Encore plus à l'est, sur l'Euphrate, régnait Kogh Vasil ou Kogh Barsegh (*Basile le Larron ou Basile le Rusé*). Sur ses terres se trouvait le monastère de Garmir-Vanq (*Le couvent Rouge*), entre Sis et Marach, pépinière de moines et de prélats instruits et vertueux. Le catholicos Basile 1° (*Barsegh 1°*) y avait installé son Siège. Le patriarcat et les traditions arméniennes étaient sous la responsabilité de Kogh Vasil. Rouben 1° avait conquis Partzerperth. Son fils Constantin 1° occupait aussi Vahqa. La dynastie des Roubeniens était déjà installée en Cilicie. Les barons de la première Croisade s'aperçurent soudain qu'ils étaient fort éloignés de leurs bases et qu'ils avaient besoin d'un soutien

---

[396] N. Iorga, p. 17.
[397] R. Grousset, *Les Croisades*, p. 15.
[398] R. Grousset, p. 16.
[399] N. Iorga, p. 17.
[400] E. Dulaurier, n. 7, p. 433, trad. de Matthieu d'Edesse.

logistique. Ils s'adressèrent à Alexis Comnène, l'empereur de Constantinople, qui leur promit, verbalement, son appui à condition que les Francs reconquièrent ses provinces perdues et les lui restituent. Conformément aux accords pris avec Alexis Comnène, Godefroy de Bouillon envoya son frère Baudoin de Flandres et le Normand Tancrède pour reconquérir les lambeaux de l'Empire byzantin.
C'était le rude hiver 1097-1098. Les Croisés atteignirent les défilés du Taurus en piteux état. Leurs chevaux moururent de faim et de froid; eux-mêmes étaient exténués, dépenaillés.

«*La multitude des Franks était si considérable, qu'un nouveau danger vint les atteindre: la famine leur fit sentir ses rigueurs. Les chefs arméniens qui habitaient le Taurus, Constantin, fils de R'oupên, Pazouni, le second de ces princes, et Oschïn le troisième, envoyèrent aux généraux franks toutes les provisions dont ceux-ci avaient besoin. Les moines de la Montagne-Noire leur fournirent aussi des vivres; tous les fidèles, en cette occasion, rivalisèrent de dévouement*»[401].

Constantin 1° aurait pu s'en désintéresser. Après tout ils venaient avec l'intention de lui reprendre sa principauté. Au lieu de cela il leur envoya des guides pour les conduire dans les montagnes ainsi que des provisions. Les Croisés furent nourris, équipés, armés par les Arméniens qui leur fournirent aussi chevaux et fourrage en quantité. Sans eux la flotte italienne, qui n'arriva qu'au printemps 1098, n'aurait trouvé que des cadavres.

«*Aucune nation, dit le pape Grégoire XIII, ne vint plus spontanément en aide aux soldats de la Croix, que les Arméniens. Ils leur fournirent des hommes, des chevaux, des armes, des vivres*»[402].

Reçu à bras ouverts par les Arméniens, Baudoin fit preuve d'ingratitude. Thoros (*Theodoros ou Théodore*), le gouverneur arménien d'Edesse installé par l'empereur byzantin, était assiégé par les Turcs. Il appela Baudoin à l'aide. Le Flamand accourut, se fit adopter par Thoros et épousa la fille d'un seigneur arménien. Une émeute ayant éclaté à Edesse, Baudoin abandonna son père adoptif aux mains des insurgés. Il se proclama comte d'Edesse (*9 Mars 1098*) et réprima une insurrection des Arméniens.

Son petit-cousin, Baudoin du Bourg, lui succéda. Il poursuivit la même politique envers ceux des Arméniens d'Edesse qui refusaient de collaborer. Il épousa, lui aussi, une Arménienne, la fille du gouverneur de Mélitène. Les Arméniens étaient les plus nombreux à Edesse et les

---

[401] Matthieu d'Edesse, Ch. CLI, p. 217, trad. E. Dulaurier.
[402] Bulle de 1584 in le Bull. Rom.; in F. Tournebize, p. 170.

comtes francs furent tout de même contraints à les associer aux affaires. Aussi le comté d'Edesse restera jusqu'à sa fin, en 1144, un «*Etat franco-arménien*»[403]. Les deux Baudoin régneront à Jérusalem dont les premières reines seront arméniennes[404].

Bohémond, le cousin de Tancrède, réussit à prendre Antioche pendant l'été 1098, grâce encore à l'aide des Arméniens[405].

La reconnaissance ou le respect de la parole donnée ne furent pas des vertus franques. Les Croisés se contentèrent de décerner des titres nobiliaires en guise de remerciement à Constantin 1° qui était déjà prince[406]. Bohémond se proclama prince d'Antioche. Bafouant les accords passés entre Alexis Comnène et Godefroy de Bouillon il refusa de rendre la ville à l'empereur de Constantinople[407].

«*Chaque baron cherchait à se tailler quelque fief dans la Syrie du Nord. Exemple contagieux que celui de Bohémond et de Baudoin se désintéressant désormais de la délivrance de Jérusalem pour se consacrer le premier à sa principauté d'Antioche, le second à son comté d'Edesse! L'indignation de la foule des pèlerins força enfin, sous la menace de l'émeute, les autres chefs croisés à accomplir leur voeu*»[408].

Les Byzantins, désirant récupérer Antioche, l'attaquèrent par mer, les Turcs par voie de terre. Entre 1101-1103 Bohémond tomba entre les mains de ces derniers. Kogh Vasil (*Basile le Larron*) paya la rançon du prince d'Antioche qui se considéra comme le fils adoptif de l'Arménien. Dès sa libération Bohémond partit chercher du renfort en Italie (*1104*) où il mourut (*1111*). Tancrède lui succéda[409]. Basile le Larron régnait sur une bonne partie de la Mésopotamie septentrionale: l'Euphratèse, capitale: Qesoun. Si les Croisés avaient eu plus de jugeote que d'ambition ou davantage de foi que d'appétit de richesses, ils auraient eu tout à gagner avec un Etat arménien chrétien, à l'est, et une principauté arménienne chrétienne, en Cilicie. Les deux ne cherchant qu'à collaborer afin de former une puissante coalition capable de tenir tête aux Sarrasins et aux Turcs. Tancrède était incapable de comprendre une telle stratégie

---

[403] R. Grousset, *Les Croisades*, p. 37.

[404] R. Grousset, p. 33, 37, 43; C. Mutafian, p. 22.

[405] John FRANCE, *La stratégie arménienne de la 1° Croisade*, p. 145, Colloque de Poitiers, 1993.

[406] H. Pasdermadjian, p. 202; F. Tournebize, p. 170.

[407] C. Mutafian, p. 22.

[408] R. Grousset, *Les Croisades*, p. 33.

[409] R. Grousset, p. 39.

politique. Il se retourna contre Basile le Larron à qui il devait son trône grâce au rachat de son prédécesseur. Basile avait, de plus, fort à faire avec les Seldjoukides.

Aussi intrépide qu'inintelligent, aussi assoiffé de domination que sans scrupules, Tancrède s'attaqua à l'autre Franc, Baudoin, comte d'Edesse. Ce fut encore Basile le Larron qui secourut Baudoin et l'aida à conserver son fief.

La papauté de Rome supportait mal ces disputes entre Croisés. Afin de la disposer en sa faveur, Tancrède fonda le patriarcat latin d'Antioche et installa des prélats romains à Tarse et à Mamistra.

Le fils aîné et successeur de Constantin 1°, Thoros 1° (*Théodore*), tenta de prendre Anazarbe (*Anavarza*) aux Turcs. Là encore sans le secours désintéressé de Basile le Larron, Thoros n'aurait pu conquérir la ville. Basile avait pour lieutenants deux aristocrates arméniens d'antique souche, Ablassad Mamikonian et Basile Kamsarakan dit «*Dgha*» (*le Jeune*). Avec une poignée d'hommes ils réussirent à vaincre les Turcs, venus de Perse, et capturèrent leur chef qui se disait sultan d'Arménie[410].

Thoros 1° fit construire, près de Sis, le monastère de Trazarc qu'il mit sous la juridiction du catholicos. Le patriarche de l'Eglise siégeait à Garmir-Vanq chez Basile le Larron. Plusieurs princes et rois arméniens seront inhumés à Trazarc. Quand les rois d'Arméno-Cilicie utiliseront le latin on traduira Trazarc par «*Tres Arces, Tres Arcus*» ou «*S. Maria Trium Arcium*»[411]. Dans le sens littéral du terme, «*Trazarc ou Trazarg*» pourrait se traduire par: «*frappe à la porte*».

Basile le Larron mourut en 1122, suivi de près dans la tombe par le néfaste Tancrède. Le grandiose projet de Basile sombra à cause de l'incompétence du comte d'Edesse, Baudoin, qui mit un terme, en 1116, à la politique de coalition de Basile le Larron.

Espérant mettre la main sur l'Euphratèse, Baudoin exila Basile Kamsarakan «*Dgha*», l'héritier de Basile le Larron, persécuta et tortura quiconque, parmi les Arméniens, avait l'intention de poursuivre l'oeuvre de Kogh Vasil. Ayant liquidé la Mésopotamie arménienne, qu'il livra aux Turcs, Baudoin s'en alla régner à Jérusalem (*1118*)[412].

Les Arméniens de Cilicie, privés de l'aide de leurs frères de l'Euphratèse, durent se tourner vers les Francs malgré l'inconsistance de ces chercheurs d'aventures.

---

[410] Matthieu d'Edesse, Ch. CXCVII et CXCVIII, p. 264, 266.

[411] E. Dulaurier, n. 2, p. 455 de la trad. de la *Chr. de Matt. d'Ed.*; F. Tourneblze, p. 171.

[412] C. Mutafian, p. 22-23.

Le catholicossat d'Aghtamar, tremblement de terre, mésentente avec Constantinople, la deuxième Croisade

Barsegh 1° avait installé le Siège patriarcal à Ani. Nous savons qu'il avait même réussi à s'entendre avec Melik-Schah, prince turc intelligent, magnanime et fin politique. C'était l'époque où une partie du peuple arménien s'établissait en Cilicie. Selon l'usage de cette nation des établissements religieux y furent fondés.

Au sein de la chaîne de l'Amanus, entre la Cilicie et la Syrie, dans la Montagne Noire (*Sev Ler*) s'élevait le monastère de Chougr dont les moines observaient la règle austère de saint Nersès 1°. On a dit, çà et là, qu'il s'agissait de la règle de saint Basile de Césarée. On sait que saint Nersès 1° et saint Basile de Césarée avaient été condisciples. Ils avaient établi des règlements quasi-identiques pour régir couvents, cloîtres, ermitages. Des moines arméniens issus de l'Arménie historique étaient davantage familiarisés avec la codification de leur catholicos qu'avec celle de saint Basile de Césarée. Cette occultation de la discipline instaurée par le grand patriarche arménien est révélatrice des agissements de certains pour amoindrir l'importance des canons de l'Eglise arménienne.

Grégoire II le Martyrophile aimait à se réfugier à Chougr pour prier et méditer. Basile 1°, quittant Garmir-Vanq près de Qesoun, y transporta sa résidence (*1105*). De la Montagne Noire, s'étant rapproché de la Cilicie, il pouvait étendre son autorité sur les deux Arménie. Il mit un terme aux désordres suscités dans l'Eglise par l'infâme Philarète Brachamios et ses antipatriarches[413].

Dans la tourmente perpétuelle s'abattant sur l'Arménie il était difficile de maintenir le Siège patriarcal à Edchmiadzin ou à Dvin. Ce n'est donc pas le Siège mais le catholicos lui-même qui était le symbole de l'enracinement et du maintien de la foi. Contrairement à d'autres peuples chrétiens, les Arméniens durent combattre les armes à la main pour sauvegarder leur Eglise et leur nation dès l'adoption du christianisme comme religion d'Etat en 301. Depuis, ils conservent la même optique d'union de l'autel et du trône.

Avant de s'éloigner de l'Euphratèse le catholicos nomma l'archimandrite Stepanos (*Etienne*) Supérieur de Garmir-Vanq. Etienne était un vartabed pétri de science et de vertus; théologien de haut niveau il formera, entre autres, deux futurs patriarches les frères Bahlavouni Grégoire III et saint

---

[413] M. Ormanian, p. 43; F. Tournebize, p. 166, 167.

Nersès IV Chnorhali[414]. Le premier succéda au catholicos Basile 1° en 1113.

«*Cette même année, le seigneur Grégoire, fils d'Abirad, fut élevé sur le siège d'Arménie. Il descendait de Grégoire Magistros, fils de Vaçag, le Bahlavouni. Après que Basile fut mort, des évêques et des pères tinrent assemblée à Garmir-Vank', sur les limites de la province de K'éçoun; et, par la volonté de l'Esprit-Saint, ils consacrèrent le seigneur Grégoire, d'abord évêque de la nation arménienne, et ensuite, le même jour, catholicos, et le placèrent sur le trône de saint Grégoire. Il était tout jeune, car la barbe n'avait pas encore commencé à lui pousser; il était de haute taille, beau de visage et humble de caractère*»[415].

Grégoire III (*1113-1166*), n'avait que vingt ans quand il fut élu et consacré patriarche mais il avait été recommandé par deux catholicos, Grégoire II le Martyrophile et Basile 1° réputés pour leur vertu, et non pas parce qu'il était un Bahlavouni[416].

«*... surtout à cause de sa sagesse, de sa science, de son admirable charité*»[417].

Le nouveau patriarche, comme son grand oncle Grégoire II, descendait de la race royale arsacide, donc, indirectement, de saint Grégoire l'Illuminateur [418].

Cependant, en portant à la tête de l'Eglise un pontife aussi jeune, l'assemblée de Garmir-Vanq n'avait pas tenu compte de la règle établie par saint Nersès 1°. On se souvient que l'aïeul de Grégoire III avait institué un âge canonique pour accéder au patriarcat, ayant lui-même souffert d'avoir été élu à l'âge de vingt-sept ans. L'occasion était trop belle pour l'archevêque d'Aghtamar, David Torniqian, fils de Torniq Mamikonian prince de Sassoun[419]. Il s'éleva contre le choix d'un patriarche de vingt ans.

On sait que les événements avaient contraint le catholicos Jean V l'Historien à s'installer près du lac de Van à Tzoroy-Vanq (*le Monastère de la Vallée*) puis sur l'îlot d'Aghtamar. Son successeur, Stepanos II, en avait fait le Siège du patriarcat en 931. Quand le trône catholicossal fut transféré dans le Chirac, à Arqina par Anania 1°, Aghtamar redevint un siège archiépiscopal. Se prétendant l'héritier du dernier patriarche

---

[414] F. Tournebize, p. 167.

[415] Matthieu d'Edesse, Ch. CCXV, p. 286-287.

[416] Matthieu d'Edesse, Ch. CLXXXVII, p. 258.

[417] F. Tournebize, p. 167.

[418] E. Dulaurier, n. 2, p. 445, trad. de *la chr.* de Matt. d'Edesse; F. Tournebize, n. 2, p. 235.

[419] M. Ormanian, p. 43; F. Tournebize, p. 235.

d'Aghtamar, Vahan 1° de Siounie, David Torniqian se déclara catholicos.

Grégoire III et le prince Thoros 1° convoquèrent au monastère de la Montagne Noire un synode de 2.500 évêques, prêtres et moines pour examiner la situation. Le concile condamna David Torniqian. Celui-ci persista dans sa résolution. Plus tard, les catholicos d'Aghtamar se réconcilieront avec le Siège suprême. Ils n'auront plus jamais l'intention de se mettre sur un pied d'égalité avec ce dernier et se considéreront comme patriarches du Vaspouragan.

Après le décès du dernier catholicos d'Aghtamar en 1895, Khatchadour III Chiroyan, le siège est resté vacant mais n'a pas été supprimé[420]. Le Vaspouragan a été vidé de ses habitants à la suite des tueries épisodiques puis du génocide de 1915. Les locaux du catholicossat, le monastère ont été rasés. La cathédrale Sainte-Croix, dernier vestige de la présence chrétienne et arménienne, est peu à peu démantelée par les populations locales qui se sont substituées aux Arméniens. Il paraît difficile dans ces conditions d'y maintenir le catholicossat ou un diocèse ou même une simple paroisse.

Malgré sa jeunesse, Grégoire III fut un pontife compétent, bon et charitable. Le peuple eut l'occasion de l'apprécier lors du tremblement de terre qui, dans la nuit du 29 au 30 Novembre 1114, ravagea la contrée de la Cilicie à la Syrie. Le patriarche se dépensa sans compter pour nourrir, soigner, soulager blessés et affligés et enterrer les morts.

«Cette même année, Dieu fit éclater sa colère contre ses créatures. Dans sa toute-puissance et son courroux, il jeta ses regards sur elles. Il était irrité contre les fils des hommes qui s'étaient égarés, en sortant du droit sentier ... Ce fut ainsi que tous suivirent avec entraînement la route de la perversité, qu'ils prirent en haine les préceptes et les commandements de Dieu ... Tous s'abandonnèrent aux penchants corporels, aux voluptés mondaines, choses que le Seigneur considère comme le plus haut degré du péché ... Tandis que nous étions plongés dans un profond sommeil, tout à coup on entendit un bruit horrible, dont l'univers entier retentit. Un tremblement de terre se fit sentir ... A Samosate, à Hisn-Mançour, à K'éçoun, à Raban, le fléau exerça ses ravages. A Marasch, il fut terrible, et quarante mille personnes perdirent la vie; car c'était une cité très-populeuse, et personne n'échappa. Il en fut de même dans la ville de Sis, où il périt une multitude innombrable d'habitants ...»[421].

---

420 J. de Morgan, p. 367; Ormanian, p. 43-44; F. Tournebize, p. 235-236.
421 Matthieu d'Edesse, Ch. CCXVII, p. 287-289, tr. Dulaurier.

Trente moines et deux vartabeds furent ensevelis sous les décombres du monastère de Chougr, dans la Montagne Noire, pendant qu'ils célébraient l'office divin. Près de Marach le couvent des Jésuéens (*probablement des moines syriens*) s'écroula et aucun religieux n'en réchappa[422].
En 1124 le monastère de la Montagne Noire reconstruit servait toujours de résidence patriarcale. En 1125 Grégoire III préféra s'établir plus au nord et à l'est. Il fixa le catholicossat à Dzovq près de Kharpert. Là, au nord de la Mésopotamie arménienne, fief de son père le prince Abirat, se dressait la forteresse de Dzovq au milieu d'un lac (*aujourd'hui Göldjuk: petit lac en turc*)[423]. Grégoire III se soustrayait de la sorte à l'influence des princes arméniens de Cilicie tout en se rapprochant des diocèses et des monastères d'Arménie orientale. Il mit toute son ardeur au service de son but principal: le rassemblement des brebis du Seigneur dans l'unique troupeau. Il se tourna vers les frères les plus proches les Grecs.
Depuis saint Grégoire l'Illuminateur la majorité des patriarches arméniens avait recherché l'union avec les Byzantins sans jamais être payée de retour. Comme à l'accoutumée, Grégoire III se heurta à l'intransigeance sectaire des empereurs de Constantinople, Alexis 1° Comnène, son fils Jean II ou Kaloioannes (*Jean le Beau*) et de leur patriarche Jean IX Agapetos (*1111-1134*). Alexis Comnène mourut le 15 Août 1118[424].

«*Cette année mourut l'empereur Alexis, prince vertueux et sage, intrépide à la guerre, miséricordieux pour tous les fidèles, excepté pour notre nation qu'il haïssait profondément. Il se rendit illustre, il est vrai, mais il viola les commandements de Dieu; car il ordonnait de conférer une seconde fois le baptême, réprouvant avec mépris ce sacrement tel qu'il a été institué par le concile de Nicée, et propageant la foi du concile de Chalcédoine. Il faisait sans remords rebaptiser les Arméniens, et sans redouter l'Esprit-Saint qui a fondé avec éclat cet auguste sacrement ... Cette année, le fils et successeur d'Alexis, Jean Porphyrogénète (Berph'éroujên), monta sur le trône; prince remarquable par son courage militaire, par sa clémence et sa mansuétude. Il se déclara également contre les Arméniens, et exigea, avec encore plus de rigueur que son père, l'obligation du second*

---

[422] Matthieu d'Edesse, Ch. CCXVII, p. 289-290; F. Tournebize, p. 236 et pour la situation du couvent de Chougr, p. 832.
[423] F. Tournebize, p. 236.
[424] E. Dulaurier, n. 6, p. 458, tr. de Matthieu d'Edesse.

baptême, rejetant le baptême spirituel pour y substituer un sacrement imparfait»[425].

L'empereur de Constantinople, dirigeant en fait l'Eglise byzantine, refusa d'accepter les arguments des Arméniens en vue de l'union. Son unique but consistait à soumettre l'Eglise arménienne à son autorité comme il l'avait fait avec la grecque. Grégoire III comprit cela. Alors il regarda vers Rome. En 1129 Léon 1° (*Levon*) avait succédé à son frère, Thoros 1°, et avait renforcé les liens avec les Francs. D'ailleurs Latins et Arméniens avaient besoin les uns des autres.

Une réussite de la diplomatie arménienne allait présider aux relations avec la papauté romaine. Depuis 1102 les Egyptiens détenaient un chevalier franc, Geoffroy de Latour. Quand le calife fatimide, Hafez, devint sultan d'Egypte (*1130-1142*) il désigna, en 1135, pour son premier vizir, l'Arménien Vahram Tadj-Addoula. Profitant de la nomination de son compatriote, le patriarche arménien de Jérusalem, Esaïe 1° (*1133-1152*), lui délégua un de ses évêques. Il en obtint la libération du vieux chevalier après trente-trois ans de captivité[426].

Grâce à ce succès Grégoire III et son frère, le futur Nersès Chnorhali, furent invités au synode latin de Jérusalem. Le concile était présidé par le légat du pape Innocent II, Albéric évêque d'Ostie, qui donna au catholicos arménien une place d'honneur[427]. Les Latins reprochèrent aux Arméniens des divergences de détail comme, par exemple, l'utilisation de vin pur pendant l'Eucharistie. En somme comme les Grecs, les Latins dictaient leurs points de vue en dominateurs et uniques détenteurs de la vérité. Ils n'avaient pas assez d'humilité chrétienne pour se mettre eux-mêmes en question et écouter les critiques qu'on aurait pu leur adresser. Albéric proposa à Grégoire III de s'unir à l'Eglise romaine.

«*Mais il fut assez habile pour décliner adroitement la proposition, en déclarant que rien d'essentiel ne séparait les deux églises.*

On jugea inopportun de pousser plus loin la discussion, car les Arméniens et les Latins comptaient sur un appui réciproque. Le pape Lucius II (1143-1144) s'empressa d'envoyer à Grigor III des présents ecclésiastiques. Celui-ci, voulant rivaliser de générosité, envoya une délégation, qui rencontra à Viterbe le pape Eugène III (1145-1153). En cette circonstance, la dispute recommença à propos des différences doctrinales et cérémoniales entre les deux églises. Eugène III écrivit à

---

425 Matthieu d'Edesse, Ch. CCXXVIII, p. 300-301.

426 IBN AL-ATHIR, *Histoire des Croisades*, t. 3, p. 408; *manuscrits syriaques du XII° au XIII° siècle*, Journal asiatique (*nov.-déc. 1888*); in F. Tournebize, p. 237; J. de Morgan, p. 368.

427 M. Ormanian, p. 48, date le synode de 1143; F. Tournebize, p. 237, du 21 Avril 1142.

ce sujet à Grigor III, pour l'inviter à se conformer aux usages de l'église romaine. C'est ainsi que se termina cette première phase des négociations avec les Latins»[428].

Le prince Léon 1° prisonnier du basileus, les Byzantins soudoient les ennemis des Arméniens, la résidence patriarcale de Hromgla, saint Nersès IV Chnorhali précurseur de l'oecuménisme

Pendant ce temps le prince roubenien Léon 1° (*1129-1139*) agrandissait ses possessions en Cilicie. Il conquit Mamestia, Adana et Tarse sur les Byzantins tout en tenant les Sarrasins en respect. Comme ce fut souvent le cas, la félonie se trouvait dans le propre camp des chrétiens. Raymond de Poitiers, prince d'Antioche, captura Léon 1° par traîtrise et lui enleva Mamestia, Adana et un château-fort. Il relâcha le prince arménien contre une forte rançon de 60.000 tahegans. Dès sa libération Léon 1° reprit toutes ses villes à Raymond. Ils se réconcilièrent en 1137 grâce à la médiation du comte d'Edesse Josselin II, neveu de Léon 1°. Une alliance s'établit entre Léon 1° prince d'Arméno-Cilicie, Raymond de Poitiers prince d'Antioche, Josselin II comte d'Edesse et Foulques d'Anjou roi de Jérusalem[429]. Ce ne fut pas du goût de l'empereur Jean II Comnène qui, s'alliant aux seigneurs arméniens de Lampron, attaqua Raymond de Poitiers et Léon l'Arménien. Il conquit Tarse, Adana, Anazarbe, Mamestia et Vahqa et emmena Léon et une partie de sa famille en captivité à Constantinople.

Deux points d'appui de la présence arménienne en Cilicie venaient de tomber: Vahqa et Anazarbe. Dans Anazarbe, Thoros 1° avait fait construire une église dédiée à la Vierge Marie. Il y avait placé une image de la Sainte Vierge prise aux frères Mandalé, les assassins de Qaqig II. Thoros 1° les avait exécutés vers 1111[430].

«*Thoros rendit grâces à Dieu de ce que la justice n'avait pas laissé impuni le meurtre de Kakig, car Thoros descendait de ce monarque par son grand-père R'oupen*»[431].

Léon 1° était aux mains de Jean II Comnène. Le basileus fit brûler les yeux du prince héritier Rouben avant de le faire assassiner. Léon mourut dans sa prison en 1141. Mais il lui restait encore trois fils. Les deux plus

---

[428] M. Ormanian, p. 48.
[429] C. Mutafian, p. 24.
[430] Matthieu d'Edesse, CCVII, p. 276-277; E. Dulaurier, n. 1, p. 470 de sa trad. de la *Chronique* de Matthieu d'Edesse.
[431] Matthieu d'Edesse, CCVII, p. 278.

jeunes, Stepanos et Mleh, s'étaient réfugiés à Edesse, chez leur cousin Josselin II. Le second rejeton de Léon 1°, Thoros, parvint à s'enfuir de Constantinople. Il se rendit en Chypre puis à Antioche. Athanase VIII, le patriarche syriaque d'Antioche, et Raymond, le prince souverain de la ville, lui fournirent une petite troupe. Les barons arméniens vinrent en renfort.

Le 23 décembre 1144 Edesse fut prise par l'émir de Mossoul Eimad ed-Din Zangui, devenu atabeg d'Alep. A cette occasion Mleh et Stepanos rallièrent leur frère Thoros. En 1146 Zangui sera assassiné; son fils Nour ed-Din lui succédera[432].

La chute d'Edesse conduisit le pape de Rome, Eugène III, à prêcher la seconde croisade *(1147-1149)*. Elle fut confiée au roi de France Louis VII et à Conrad III de Germanie.

«*La 2° Croisade, ineptement conduite, aboutit donc à un total échec*»[433]. A cause d'une idylle probable entre Raymond de Poitiers, prince d'Antioche, et Aliénor d'Aquitaine, reine de France, Louis VII refusa d'écouter son rival qui lui conseillait d'attaquer Alep. Il préféra rejoindre Conrad III à Jérusalem. Après quoi il assiégea Damas dont l'émir avait été l'allié des Francs contre Zangui. Les barons se disputèrent devant Damas. Les Croisés rentrèrent chez eux le 28 Juillet 1148, abandonnant Raymond de Poitiers, prince d'Antioche, face à l'atabeg Nour ed-Din[434]. Quant au basileus, il ne cherchait qu'à reprendre Antioche et ses provinces perdues fût-ce au prix d'une alliance avec les Turcs. Manuel Comnène *(1143-1180)*, qui venait de succéder à son père Jean II, envoya en Cilicie une puissante armée commandée par son cousin Andronic *(1152)*. L'Arménien, Ochine II de Lampron, apporta son soutien à Andronic. La famille d'Ochine était la rivale des Roubeniens. Malgré ses forces réduites, Thoros II vainquit les Byzantins et fit prisonnier Ochine de Lampron[435].

Humilié par la déroute de son cousin et général, Manuel Comnène soudoya le sultan seldjoukide d'Iconium *(Qonya)*, Mahsoud 1° *(116-1156)*, pour qu'il attaque Thoros II[436].

«*L'hostilité des Turcs envers les Arméniens était d'ailleurs entretenue à prix d'or par la cour de Byzance*»[437].

---

[432] R. Grousset, *Les Croisades*, p. 47; Mutafian, p. 26; Tournebize, n. 1, p. 176.
[433] R. Grousset, p. 49.
[434] R. Grousset, p. 49.
[435] GREGOIRE le Prêtre, *continuateur de Matthieu d'Edesse*, tr. E. Dulaurier, CCLXIII, p. 334-335; F. Tournebize, p. 176.
[436] F. Tournebize, p. 176.
[437] J. de Morgan, p. 173.

Thoros II vainquit Mahsoud 1° et conquit l'Isaurie. Azz ed-Din Kilidj-Arslan II (*1156-1193*) succéda à son père Mahsoud. Il signa la paix avec le prince arménien.

Pour se ménager l'empereur de Constantinople, Thoros II s'en déclara le vassal et accepta la nomination d'un gouverneur byzantin pour la Cilicie. Il épousa la fille du seigneur de Raban[438]. Cette alliance lui était d'autant plus nécessaire qu'il avait les Templiers contre lui. En effet les Grecs avaient enlevé aux Templiers le château-fort de Gaston (*ou Gastim*) à Bagras. Thoros II avait repris Gaston aux Byzantins. Il refusait de le restituer aux Templiers.

Voyant les Turcs en paix avec les Arméniens, ce qui lui déplaisait, Manuel Comnène dressa Renaud de Châtillon contre Thoros II. Aventurier sans scrupules, Renaud avait épousé Constance, veuve de Raymond de Poitiers et fille de Bohémond II. Il avait enlevé la main de Constance à deux soupirants grecs suscités par Manuel Comnène. Ce mariage avait fait de Renaud de Châtillon le prince d'Antioche mais lui avait attiré l'hostilité de l'empereur de Constantinople. Trop heureux de se réconcilier avec le basileus, Renaud attaqua Thoros II. On ne sait lequel des deux remporta la victoire. Toujours est-il que Gastim fut rendu aux Templiers. Mécontent de la perte de la forteresse, Manuel Comnène refusa de rembourser les frais de campagne de Renaud de Châtillon. Celui-ci s'allia cette fois avec Thoros II. Les deux princes débarquèrent en Chypre pour appliquer des représailles aux Grecs[439].

Pendant que les chrétiens se déchiraient, les Turcs prenaient Qesoun et toute la Mésopotamie arménienne. Dzovq, le Siège du patriarcat arménien, tombait aussi en leurs mains. Le catholicos Grégoire III dut abandonner le fief de son père et acheter le château de Hromgla à Béatrix, la veuve de Josselin II de Courtenay et à son fils. Josselin II avait été le dernier comte d'Edesse; il était le petit-fils de l'Arménien Constantin 1°. Le château de Hromgla était un nid d'aigle surplombant l'Euphrate au sud-est de Qesoun et de Marach, à l'ouest d'Edesse. Hromgla est une déformation du turc Roum-Qalé ou Roum-Qalaat (*le Roc ou le Fort des Romains*). Le château-fort fut bâti par les Romains sur la courbe que fait l'Euphrate vers l'ouest. Hromgla devint résidence catholicossale en 1147 et le restera jusqu'en 1293[440].

---

[438] C. Mutafian, p. 27.

[439] F. Tournebize, p. 177-178; C. Mutafian, p. 28.

[440] E. Dulaurier, *Traduction de Matthieu d'Edesse*, p., 454, n. 4, parle d'acquisition et fixe la chute de Hromgla à 1293; pour C. Mutafian, p. 27, l'achat est de 1150, la chute de 1292; M. Ormanian, p. 44 et 176, fixe l'achat «*à prix d'argent*» à 1147 et la chute à 1293; pour F. Tournebize, p. 238-239, Hromgla aurait été cédé «*gracieusement*» et serait tombé en 1293.

Dans sa dispersion la nation arménienne, qu'elle fût enclavée dans ses montagnes ou qu'elle s'ouvrît à la mer, conservait sa personnalité.

«C'est seulement à l'époque des Croisades que le royaume arménien de Cilicie atteignit la mer et alors, de florissantes relations commerciales s'établirent par mer entre l'Arméno-Cilicie et les cités commerçantes de Gênes, de Livourne et de Venise en Italie, de Marseille et de Montpellier en France, de Barcelone en Espagne. Malgré cette expansion maritime l'Arménien resta montagnard ... il convient cependant de rappeler deux autres facteurs qui ont fortement agi pour maintenir les Arméniens dans ce splendide isolement.
C'est d'abord leur Eglise à laquelle ils ont tenu ferme, malgré toutes les persécutions et tous les appels à la conversion. C'est ensuite leur langue qui, dès le V° siècle de notre ère, est devenue et est restée jusqu'à nos jours, le principe de cohésion par excellence, qui les a empêchés de se fondre et de se confondre avec leurs nombreux voisins»[441].

La fidélité du peuple arménien à son Eglise renforça celle-ci, en retour, dans son orthodoxie.

«L'Eglise arménienne est celle qui a empêché la transformation de ces baronnies arméniennes de la Montagne en des Etats francs du même caractère que les Etats francs du voisinage.
C'est de cette façon que l'Etat arménien est tout de même national, l'Etat de Constantin, de son fils Thoros ou Théodore, l'Etat de ce Léon (1129-1137), qui a été pris par les Byzantins de Jean Comnène, l'Etat de Thoros II, revenu en 1141, de Constantinople, en aventurier et qui regagne tout le territoire perdu ...»[442].

Stepanos, l'un des frères de Thoros II, se mit en campagne pour reprendre l'Euphratèse aux Turcs. Afin de l'en empêcher le gouverneur byzantin de la Cilicie fit assassiner Stepanos (*1162*). Il préférait laisser aux Seldjoukides une terre chrétienne plutôt que la voir reprise par les Arméniens.

Dès lors la situation se dégrada. L'alliance difficilement obtenue entre les deux familles rivales arméniennes, ceux de Lampron et les Roubeniens, se défit. Le catholicos Grégoire III envoya son frère Nersès pour les réconcilier. La paix fut scellée par deux mariages. Une des nièces de Grégoire III et de Nersès fut mariée à Mleh frère de Thoros II.

---

[441] Frédéric MACLER, *Quatre conférences sur l'Arménie*, p. 17, Librairie Adrien-Maisonneuve, Paris, 1932.
[442] N. IORGA, *Brève Histoire de la Petite Arménie*, p. 21, Librairie Universitaire J. Gamber, Paris, 1930.

Une autre de leurs nièces épousa Ochine de Lampron. De cette dernière union naîtra le futur archevêque de Tarse, Nersès de Lampron[443].

Nersès (*le futur catholicos Nersès IV Chnorhali*), sur le chemin du retour, s'arrêta à Mamistra pour y rencontrer Alexis Axouch, gouverneur de l'Asie grecque et neveu par alliance de l'empereur Manuel Comnène (*1165*). Alexis était le fils d'un Turc converti au christianisme; il était bon chrétien et bon théologien. Il manifesta un grand intérêt à s'entretenir avec le futur catholicos Nersès Chnorhali. Il découvrit avec plaisir que la foi des Arméniens était tout aussi orthodoxe que celle des Grecs. A son rapport au basileus il joignit l'exposé sur la doctrine et la discipline de l'Eglise arménienne fourni par Nersès[444].

Après avoir gouverné l'Eglise pendant 53 ans, maintenu le cap de l'orthodoxie et incarné la présence arménienne du Caucase à la Méditerranée, Grégoire III décida de se retirer. Il était âgé de 73 ans. En Avril 1166 il réunit ses évêques leur présenta sa démission et leur recommanda l'élection de son frère, Nersès. Ce qui fut fait. Quelques semaines plus tard Grégoire III mourait (*Juillet 1166*)[445].

Nersès IV fut surnommé Glayetsi (*de Hromgla*). On l'appela surtout Chnorhali (*Gracieux ou plein de grâce et d'agrément*)[446]. On ne peut appliquer l'adjectif «*gracieux*» au catholicos Nersès IV en ne tenant compte que de l'aisance de sa tenue et l'amabilité de son caractère. **Chnorh** ou chnorq signifie aussi la grâce divine. Le participe **li** veut dire: «*plein, empli*». L'archange Gabriel, au moment de l'Annonciation, dit à Marie: «*Vohtchoyn qez Mariam li chnorhoq!*» = «*Salut à toi Marie pleine de grâce!*».

Nous voyons dans l'épithète **Chnorhali**, appliquée au patriarche, une dimension spirituelle qui transcende le simple qualificatif de «*gracieux*». Elu et consacré en 1166 Nersès IV Chnorhali dirigera l'Eglise arménienne jusqu'à sa mort en 1173[447].

«*Nersès IV Schinorhali prit possession du siège, et publia son célèbre Indanrakan (encyclique), dont le texte fait encore aujourd'hui autorité dans les questions ecclésiastiques*»[448].

La lettre de Manuel Comnène, adressée à Grégoire III, parvint en 1167 à Nersès IV. L'empereur lui demandait l'exposé de la foi de l'Eglise

---

[443] C. Mutafian, p. 29-30.
[444] M. Ormanian, p. 48-49; F. Tournebize, p. 239-240; C. Mutafian, p. 29.
[445] M. Ormanian, p. 49; F. Tournebize, p. 239.
[446] Los Frères Mekhitaristes de Saint-Lazare, *Dictionnaire arménien-français*, vol. II, p. 1815, Venise, 1926, réédité en 1996.
[447] M. Ormanian, p. 176.
[448] M. Ormanian, p. 49.

arménienne. Ignorant le décès de Grégoire III, le basileus lui proposait d'envoyer son frère Nersès à Constantinople pour en débattre. Devenu catholicos entre-temps, Nersès IV répondit à Manuel qu'il ne pouvait se rendre à son invitation. L'empereur devant entreprendre une campagne contre les Tartares, Nersès lui suggérait de s'arrêter en chemin à Hromgla[449].

«Il lui proposa encore d'amener avec lui les délégués latins, que Rome avait envoyés à Constantinople, et comme le patriarche syrien était aussi présent à Rhomkla, on pourrait dans un concile plénier établir l'union des quatre églises, et mettre fin au désaccord existant depuis sept siècles. Car, disait Nersès, s'il est des points que les Arméniens doivent corriger sur les propositions des Grecs, ceux-ci doivent à leur tour en retoucher certains autres d'après les propositions des Arméniens. En même temps il faisait remettre à l'empereur un second exposé dogmatique, par lequel il confirmait comme patriarche tout ce qu'il avait écrit comme évêque»[450].

A la suite du malentendu de Chalcédoine, les théologiens byzantins étaient persuadés que les Arméniens étaient monophysites. Nersès IV ne pouvait accepter qu'on en fût encore à calomnier son Eglise. Dans sa réponse à Manuel Comnène il démontra magistralement que l'Eglise arménienne avait rejeté et condamné l'hérésie d'Eutychès. Elle avait adopté, comme l'Eglise tout entière, la formule de saint Cyrille d'Alexandrie: **Une nature unie dans le Verbe incarné**. C'est-à-dire l'union indivise et sacrée de la Divinité et de l'humanité en Christ. **Les Arméniens admettaient les deux natures mais rejetaient la séparation prônée par Nestorius**.

Les troubles internes de l'Empire empêchèrent Manuel Comnène de se rendre à Hromgla. En accord avec le patriarche de Constantinople, il envoya auprès du patriarche de l'Eglise arménienne deux religieux, l'un Grec, Theorianos, l'autre Arménien, Ohan Outman. Ce dernier était le supérieur du monastère de Philippopolis en Thrace et acquis à la doctrine chalcédonienne. Les émissaires avaient pour mission d'amener les Arméniens à accepter les théories de Chalcédoine afin de se soumettre à l'autorité du patriarche de Constantinople, sous-entendu à celle de l'empereur. Manuel n'avait nullement l'intention de corriger les erreurs des Grecs.

---

[449] F. Tournebize, p. 240; M. Ormanian, p. 49.
[450] M. Ormanian, p. 49.

Les pourparlers durèrent un mois, de la mi-mai à la mi-juin 1170[451]. Theorianos ne put obtenir du catholicos arménien l'adhésion à Chalcédoine. Nersès était de toutes ses forces pour l'union des Eglises mais pas au point de renoncer à l'orthodoxie éphésienne. Le bien-fondé de l'approche dogmatique de Nersès IV impressionna Theorianos. Il ne pouvait s'en faire l'écho auprès de l'empereur sans encourir ses foudres. Il dut se livrer à une interprétation agréable à Manuel Comnène des exposés de Nersès Chnorhali dans ses «*Disputations entre Théorianus et Nersès*»[452].

Afin d'informer ses évêques, le catholicos décida de les réunir en concile. Il en fit part à l'empereur. Il lui rappelait dans sa lettre ce que l'Eglise arménienne professait depuis saint Sahac 1° le Grand: **l'existence de deux natures en Christ, la Divine et l'humaine prises dans une union harmonieuse extraordinaire.** Il disait, plutôt répétait: «*Nous ne divisons pas, avec Nestorius, le Christ en deux personnes; nous ne le confondons pas en une seule nature, comme Eutychès. Mais avec le Grand Grégoire le Théologien, écrivant à Cledonius contre Apollinaire, nous affirmons qu'il existe deux natures en J.-C.; et la raison, c'est que le Christ est Dieu et homme tout ensemble*»[453].

En 1172 Manuel Comnène et le patriarche de Constantinople Michel Anchialos envoyaient à nouveau Theorianos et Ohan Outman à Nersès IV. Ils étaient chargés de lui imposer le point de vue grec.

«*Les discussions de Théorianos avec Nersès firent honneur à l'un et à l'autre. Si le philosophe grec l'emporta par la science et la rigueur logique, Nersès le surpassa par sa modération, sa largeur d'esprit*»[454].

Nersès IV mourut en 1173, avant d'avoir pu réunir son concile. Le synode s'ouvrira sous le pontificat de son successeur six ans plus tard[455].

«*Malheureusement, tandis que le formalisme mesquin et le ton hautain de quelques Grecs, surtout du patriarche Michel III Anchialos (1169-1177), réveillaient les défiances des Arméniens, le catholicos devait laisser inachevée son entreprise*»[456].

L'empereur de Constantinople savait bien que l'Eglise arménienne était orthodoxe mais, comme ses prédécesseurs, il poursuivait des buts

---

[451] M. Ormanian, p. 49; F. Tournebize, p. 245.
[452] M. Ormanian, p. 49-50.
[453] F. Tournebize, p. 248.
[454] F. Tournebize, p. 252.
[455] M. Ormanian, p. 50; C. Mutafian, p. 33; F. Tournebize, p. 246-253.
[456] F. Tournebize, p. 253.

profanes. Il avait tout intérêt à la calomnier en l'accusant de monophysisme.

«... les autres Eglises ont constaté plusieurs fois que notre «monophysisme» n'était pas dans le sens de l'hérésie qu'elles soupçonnaient. Par exemple, au XII° siècle, il y a eu des rapports théologiques très profonds entre l'Eglise de Constantinople et le centre de notre Eglise qui se trouvait à l'époque à Hromgla, entre l'Arménie et la Cilicie. Cet échange, promu par notre Catholicos saint Nersès le Gracieux, un des théologiens les plus lucides et fidèles de notre Eglise, doit être considéré aujourd'hui comme un modèle de dialogue oecuménique.

Dans l'exposition de notre doctrine arménienne que saint Nersès présenta à l'empereur Manuel 1° Comnène il y a une expression-clé: «Si l'on dit une «nature» dans le sens de l'union indissoluble et non pas dans le sens de la confusion, et [si l'on dit] «deux natures» comme étant sans confusion et sans altération et non pas signifiant «division», [alors] toutes les deux [positions] sont dans l'orbite de l'orthodoxie». Je pense donc qu'au niveau théologique le malentendu a été déjà éclairci en ce temps-là»[457].

Saint Nersès Glayetsi ou Chnorhali fut un des grand patriarches de l'Eglise arménienne. Théologien remarquable, il fut un poète mystique aussi inspiré qu'un saint Grégoire de Narègue. Parmi sa production littéraire on relève plus de 8.000 vers qu'il avait commencé à ciseler dès sa jeunesse[458]. Il composa aussi une histoire de l'Arménie en vers. Grâce à la précision de la langue arménienne, ses écrits théologiques mettent à mal tous ceux qui voudraient ternir la fraîcheur et la justesse de l'enseignement de Jésus-Christ. Sa maîtrise des sujets, son style naturel, spontané et délicat qui peut devenir puissant, convaincant et même véhément en font un des grands docteurs de l'Eglise universelle. Tous les spécialistes et les exégètes de ses oeuvres sont unanimes dans leur admiration.

«Et lorsque la civilisation chrétienne du haut Moyen Age évoluera dans le sens qu'attestent les débuts des littératures néo-latines, les Arméniens seront encore dans le mouvement, et non parmi les derniers. On peut, en effet, constater que saint Nersès le Gracieux, patriarche arménien né trois-quarts de siècle avant saint François d'Assise, est dans ce pays le promoteur d'une évolution semblable à celle que nous connaissons sous le nom de mouvement franciscain.

---

[457] G. Guaïta, *Karékine 1°*, p. 115.
[458] F. Tournebize, n. 1, p. 239.

Il cherche à rapprocher le christianisme de la masse des fidèles, et, pour cela, il réserve les discussions théologiques aux élites et en affranchit la croyance populaire en prêchant la doctrine, plus attrayante, du Dieu plein d'amour pour ses créatures. Il s'adresse donc au peuple, pour lequel il ne répugne pas à écrire en langue vulgaire. La conséquence de cette innovation sera la création en langue populaire d'une poésie lyrique qui, même quand elle prend un tour un peu sensuel à la manière persane, garde toujours un fond de mystique chrétien»[459].

Grégoire IV poursuit la politique d'union avec les Grecs, le concile de Hromgla, nouveaux contacts entre les Eglises romaine et arménienne

Grégoire IV le Jeune (*Grigor IV Dgha*), (*1173-1193*) succéda à son oncle saint Nersès IV Chnorhali.

«*On sait que cette transmission du catholicat d'oncle à neveu fut trop souvent en usage chez les Arméniens. Si on ne peut l'approuver, on doit convenir que, vers cette époque surtout, le patriarcat fut rarement confié à des indignes. Michel le Syrien dit de Grégoire Dgha qu'il était aussi saint que savant*»[460].

Bien que Grégoire IV ait été instruit, formé et consacré évêque par saint Nersès Chnorhali, celui-ci ne l'avait pas désigné pour lui succéder. Grégoire IV fut imposé par Mleh (*1169-1175*), frère de Thoros II, à la tête de l'Eglise comme le prélat le plus capable de la diriger en ces périodes difficiles. On sait que Mleh avait épousé une nièce de saint Nersès IV Chnorhali, donc la soeur de Grégoire IV.

Après avoir aidé son frère à reconquérir son bien, Mleh s'était fait Templier. Là il s'aperçut que les Latins, comme les Grecs, ne pensaient qu'à asservir les Arméniens pour s'approprier la Cilicie. Mleh quitta l'ordre, reprocha à son frère Thoros II ses alliances avec les Francs. Thoros bannit Mleh qui se réfugia auprès de l'atabeg d'Alep, Nour ed-Din. A la mort de Thoros II, son fils Rouben II, un enfant, lui succéda. On désigna pour régent son cousin du côté maternel le Franc Thomas[461]. Mleh vit que l'Arméno-Cilicie allait tomber aux mains des Latins. Son ami Nour ed-Din lui fournit une armée pour envahir la Cilicie. L'atabeg d'Alep espérait pour prix de son aide régner sur l'Arméno-Cilicie par

---

[459] Frédéric FEYDIT, *Introduction à l'épopée de David de Sassoun*, p. 37-38, N.R.F. Gallimard, Paris, 1964.
[460] F. Tournebize, p. 253-254.
[461] F. Tournebize, p. 181.

Mleh interposé. Inquiet, le baîle Thomas proposa à Mleh de partager le gouvernement avec son neveu, Rouben II. Mleh accepta puis s'empara du pouvoir et fit assassiner son neveu. Il affirma que la Cilicie était définitivement arménienne. Ce ne fut pas du goût de Bohémond III, prince d'Antioche, ni de celui d'Amaury 1°, roi de Jérusalem.

Amaury 1° (*1162-1174*) rêvait de dominer tout l'Orient. Lorsqu'en 1167 Nour ed-Din attaqua les Fatimides d'Egypte ceux-ci appelèrent Amaury à leur aide et acceptèrent de lui payer tribut. Ils lui permirent d'installer une garnison franque au Caire. Amaury exigea la soumission de l'Egypte à son entière autorité (*1168*). Alors les Fatimides se tournèrent vers leur ennemi héréditaire, l'atabeg d'Alep. Nour ed-Din leur envoya son général Chirkouk qui jeta Amaury hors d'Egypte. Chirkouk mourut en 1169 et fut remplacé par son neveu Saladin. A 22 ans Saladin prit le commandement de l'armée. A 24 ans (*1171*) il était sultan d'Egypte. La sotte fatuité du roi de Jérusalem avait permis la réconciliation des Sunnites de Syrie et des Chiites d'Egypte, adversaires depuis deux siècles. Amaury 1° venait de précipiter le déclin des Croisades[462]. Saladin est l'une des figures les plus marquantes de l'époque; chevaleresque, loyal, intrépide les adjectifs ne manquent pas pour décrire ses qualités.

«*Saladin fut le plus grand homme que la race kurde ait produit*»[463]. Après sa défaite, Amaury 1° s'allia au prince d'Antioche pour arracher la Cilicie à Mleh. Le prince arménien et son allié Nour ed-Din taillèrent les Francs en pièces. Excédé par l'arrogance et la stupidité des Francs, Mleh chassa les Templiers d'Arméno-Cilicie. Avec l'aide de l'atabeg d'Alep et celle de Kilidj-Arslan II, le sultan turc d'Iconium, Mleh écrasa les armées byzantines et força Manuel Comnène à reconnaître l'indépendance de l'Arméno-Cilicie (*1173*). Nour ed-Din eut la bonne idée de mourir en 1174 son fils, un enfant, lui succéda.

Ainsi Mleh en se débarrassant des Byzantins, des Sarrasins et des Francs, donnait à l'Arméno-Cilicie sa liberté et sa souveraineté. La grande majorité des auteurs traîne Mleh dans la fange. On l'accuse de tous les vices. Guillaume de Tyr le qualifie de «*très pervers*» et lui reproche sa grande cruauté[464]. Ce dernier trait était courant à l'époque chez les chrétiens comme chez les musulmans. Rappelons que la prise de Jérusalem par les Croisés le 15 juillet 1099 se fit au prix d'un carnage et

---

[462] R. Grousset, *Les Croisades*, p. 51-52.

[463] H. Pasdermadjian, p. 207.

[464] C. Mutafian, p. 31-33; F. Tournebize, p. 181-182.

d'un bain de sang[465]. Certains auteurs suspectent Mleh de s'être converti à l'Islam; cela nous paraît sans fondement. Il fut même un des meilleurs garants de l'intégrité de l'Eglise arménienne. Il favorisa les rencontres entre Theorianos et Nersès IV. Nous avons vu qu'il fit élire Grégoire IV, non pas parce qu'il était son beau-frère, mais pour son ardeur unioniste. Est-ce une attitude de non-chrétien ?[466].

Les Byzantins perdaient leur empire par lambeaux. Ils n'avaient pas compris que leur intérêt était dans leur alliance avec les Arméniens. Les Francs s'assoupissaient dans les délices de l'Orient. Donnant libre cours à leurs désirs de batailles, souvent inutiles, et à leur soif de richesses, ils avaient oublié le but premier de leur présence dans ces régions: celui des Croisades. Ils ne donnaient pas aux populations locales l'exemple de la piété et du respect de l'Evangile. Malgré les mariages et les cousinages, après tant d'années, ils ne s'étaient ni intégrés ni assimilés. Ils retourneraient un jour dans cette Europe qu'ils ne connaissaient plus mais dont ils avaient conservé les sectarismes, fortune faite ou ruinés. Prêts, dans ce dernier cas, à louer leurs épées à n'importe quel chef de bande pourvu qu'il y eût pillages et faits d'armes.

Les Arméniens n'avaient pas de position de repli. L'alliance avec les Grecs ou les Latins, deux entités versatiles, ne pouvait que leur nuire en attisant les animosités des Musulmans contre eux. Au contraire en s'entendant avec ces derniers, en sachant jouer de leurs divisions les Arméniens auraient pu conserver leur patrie, unique îlot chrétien local capable de subsister indépendant. En faisant une politique à contre-courant de ses prédécesseurs et successeurs, en ne tenant compte que du seul intérêt de son peuple, Mleh était un visionnaire. Il fut assassiné dans sa ville de Sis dont il avait fait sa capitale[467].

En 1174 Saladin enleva Damas au petit garçon qui avait succédé à Nour ed-Din. En 1183, il lui prendra Alep.

«*La Syrie musulmane et l'Egypte une fois unies sous le commandement de l'homme supérieur qu'était Saladin - un des plus grands hommes, en effet, de l'histoire asiatique -, les Etats francs étaient non seulement encerclés, mais en état d'infériorité permanente*»[468].

---

[465] Mgr Bernardin COLLIN, *Les Lieux Saints*, p. 35, «*Que sais-je ?*», P.U.F., Paris, 1969.

[466] J. de Morgan, p. 180; C. Mutafian, p. 31-33; H. Pasdermadjian, p. 205-207; F. Tournebize, p. 181-183.

[467] ABOULPHARADJ, *Chron. Syr.*, p. 365; Guillaume de Tyr, *Histoire occid. des Crois.*, l. XX, 25-28; in F. Tournebize, p. 181-182; C. Mutafian, p. 33.

[468] R. Grousset, *Les Croisades*, p. 53.

Grégoire IV Dgha, ne voulant pas se cantonner aux conversations avec les seules Eglises grecque et latine, désira y faire participer ses frères non-chalcédoniens syriaques. Il renforça et réactiva avec le patriarche d'Antioche, Michel (*1166-1199*), les liens séculaires unissant les Eglises syrienne et arménienne. Puis il se tourna vers Constantinople afin de poursuivre l'oeuvre de son prédécesseur. En 1175 il manifesta au basileus son désir de renouer le dialogue.

C'était l'époque où Kilidj-Arslan II, le sultan de Qonya, était en train d'arracher l'Anatolie à Byzance. Manuel Comnène ne put répondre au catholicos arménien qu'en 1177. Michel III Anchialos, le patriarche de Constantinople, joignit son message à celui de l'empereur. Michel III s'appuyait sur les décisions d'un synode d'une vingtaine de prélats byzantins qu'il avait réunis au préalable[469]. L'empereur et le patriarche enjoignaient au patriarche arménien d'approuver le concile de Chalcédoine et sa formulation des deux natures en Christ. Après quoi, ils invitaient les évêques arméniens à venir siéger en concile avec leurs homologues grecs à Constantinople.

Grégoire IV décida d'examiner ces propositions en convoquant le synode préparé par saint Nersès IV Chnorhali. Mais les archimandrites et évêques d'Arménie orientale n'avaient pas l'intention de reprendre les discussions. Ils se souvenaient des persécutions byzantines et avaient pris la mesure de l'intransigeance des Grecs. Grégoire IV leur fit ressortir l'utilité de réunir Grecs, Arméniens, Syriens, Francs, et même les Nestoriens afin qu'il n'y ait plus qu'un seul Seigneur, un baptême, une Eglise. Il ajoutait que le même Christ était venu pour les Grecs, les Latins, les Arméniens[470].

Mais le ton de l'empereur, son désir d'utiliser les pourparlers pour asservir l'Eglise arménienne à ses desseins avaient refroidi le zèle unioniste des prélats arméniens. Il fallut tout la force de conviction de l'archevêque de Tarse, Nersès de Lampron, petit-neveu du catholicos, pour lever les réticences et les préventions du clergé arménien.

Le concile s'ouvrit enfin à Hromgla en 1179. Trente-trois ecclésiastiques s'y rendirent dont Stepanos III (*1155-1195*) catholicos d'Albanie Caspienne, Sahac 1° (*1152-1180*) patriarche de Jérusalem, les évêques d'Antioche, de Césarée (*Kayseri*), de Tiflis (*Tbilissi*), de Mélitène (*Malatia*), de Séleucie, de Samosate (*Samsat*), d'Anazarbe (*Anavarza*), de Tarse, de Mopsueste (*Mamestia*), de Chypre, d'Achmousat, de

---

[469] F. Tournebize, p. 255.
[470] F. Tournebize, p. 255-256.

Nerperkert, de Sébaste (*Sivas*), de Néocésarée (*Niqsar*), de Cucuse, d'Apamée en Syrie, de Laodicée (*Lattaqié*)[471].

Le synode acclama l'**Encyclique** de saint Nersès IV Chnorhali, reprit les anathèmes contre les hérétiques notamment: Arius, Macedonius, Paul de Samosate, Nestorius, Eutychès. Il adressa le compte-rendu aux prélats grecs en les assurant du respect fraternel du clergé arménien et en déclarant qu'il n'y avait rien à ajouter aux textes de Nersès IV. Les Pères affirmaient leur croyance en Jésus-Christ Dieu et homme, selon la profession de foi éphésienne, leur foi en une seule Eglise, un seul baptême. Quand la lettre synodale parvint à Constantinople Manuel 1° Comnène était mort (*1180*). Les tentatives d'union entre les deux Eglises échouèrent devant les désordres engendrés par la disparition du basileus. L'usurpateur, Andronic Comnène, puis Isaac l'Ange, qui le fit assassiner en 1185, déclenchèrent des persécutions et des pogroms contre les Arméniens habitant l'Empire byzantin[472].

Au moment du concile de Hromgla, l'Arméno-Cilicie avait pour prince-souverain, Rouben III (*1175-1187*). Fils de Stepanos et neveu de Mleh et de Thoros II. Sa mère était la fille de Bagouran de Lampron. Les deux familles rivales de Cilicie s'étaient unies en Rouben III[473].

L'Islam venait de retrouver son unité sous la férule de Saladin. La chrétienté, elle, était divisée. Rouben III dut faire face, à un contre dix, aux nombreuses agressions de Saladin et de Kilidj-Arslan II. L'Arméno-Cilicie était cernée par les Mamelouks de Syrie et d'Egypte à l'est, le sultanat turc de Caramanie (*capitale Qonya*) au nord. Les Musulmans englobaient l'Arméno-Cilicie dans leur hostilité envers les Francs[474].

Les périls sur tous les fronts conduisirent Rouben III à rechercher une alliance du côté des Latins. Il épousa Isabelle la fille de Humphroy III seigneur de Karak (*le Krak des Croisés*) et de Toron.

Si l'entente était impossible avec l'Eglise byzantine ce n'était pas tellement par incompréhension mutuelle entre les ecclésiastiques. Seule l'intransigeance des empereurs favorisait ce climat de suspicion de la part de leurs prélats. Les souverains de Constantinople étaient persuadés que l'acceptation par l'Eglise arménienne des décrets de Chalcédoine leur permettrait de dominer définitivement l'Arménie. Ils étaient aveuglés à un tel point par cette politique qu'ils ne s'étaient même pas

---

[471] J. de Morgan, p. 367-368; F. Tournebize, p. 256.
[472] C. Mutafian, p. 33; M. Ormanian, p. 50; F. Tournebize, p. 253-257.
[473] C. Mutafian, p. 33.
[474] Nicolas COUREAS, p. 99, colloque de Poitiers, 1993.

aperçus qu'elle favorisait la décadence de l'Empire après avoir détruit l'Arménie des Bagratouni et des Ardzrouni.

Le catholicos, Grégoire IV Dgha, espérant trouver davantage de sollicitude fraternelle de la part de l'Eglise latine, décida d'envoyer une délégation auprès du pape de Rome Lucius III[475]. L'envoyé du patriarche de Hromgla était l'évêque arménien de Philippopolis. Il rencontra le pape à Vérone en 1184. Il portait un message de Grégoire IV exposant la foi des Arméniens, et demandant, en retour, un énoncé des traits essentiels de la discipline romaine. Il sollicitait aussi une aide pour l'Arméno-Cilicie, foyer chrétien en Orient. Dans sa réponse (*3 décembre 1184*) au patriarche le pape ne discernait pas de grandes différences (*à quelques détails près comme la date de Noël par exemple*) entre les doctrines, la discipline et la foi des deux Eglises. Il envoya en présents à Grégoire IV Dgha son propre pallium, sa mitre personnelle et un anneau[476].

Tout au long des relations entre les deux Eglises, la papauté romaine monnayera son soutien en exigeant la soumission des patriarches arméniens. Elle fera même passer ce projet avant la sauvegarde d'un Etat chrétien indispensable à la survie des possessions des Francs. La seule union militaire et politique ne satisfaisait pas la papauté romaine tout aussi désireuse que les Grecs d'absorber l'Eglise arménienne.

«... *la papauté s'obstine, comme toujours, à voir dans tout appel à l'aide un acte de soumission à l'Eglise catholique*»[477].

Entre deux batailles Rouben III, pieux et généreux, embellit son Etat et orna sa capitale Sis de monuments religieux et séculiers.

A la fin de sa vie il se fit moine au couvent de Trazarc où il sera inhumé le 6 mai 1187[478].

La troisième Croisade, Léon II feudataire de Frédéric 1° Barberousse, Nersès de Lampron, le couronnement de Léon

Le frère de Rouben III, Léon II prit en mains le destin de l'Arméno-Cilicie en une période noire pour les chrétiens. Le jeune roi de Jérusalem Baudoin IV mourut, rongé par la lèpre, le 15 mars 1185. Il avait succédé en 1174 à son père Amaury 1°. Son neveu, Baudoin V âgé de cinq ans, disparut en septembre 1186. La soeur de Baudoin IV Sibylle devint alors

---

[475] C. Mutafian, p. 33; F. Tournebize, p. 257.
[476] P. ALISHAN, *Léon le Magnifique*, n. 2, p. 161; in N. Iorga, p. 32; F. Tournebize, p. 257-258.
[477] C. Mutafian, p. 33-36.
[478] J. de Morgan, p. 183; F. Tournebize, p. 182-184.

reine de Jérusalem; elle partagea son pouvoir avec son mari «*Guy de Lusignan, un incapable*»[479]. Négligeant les avis judicieux de Raymond III de Tripoli, Guy de Lusignan engagea une campagne contre Saladin. Sur le champ de bataille de Hâttin (*4 juillet 1187*), les Francs furent décimés. Guy de Lusignan, le roi de Jérusalem, tomba entre les mains de Saladin.

Du 10 juillet 1187 au 2 octobre 1187 Acre, Jaffa, Beyrouth, Jérusalem furent prises les unes après les autres par Saladin[480]. Laodicée (*Lattaqié*) sera conquise en 1188. Il ne restait plus que Tripoli et Antioche aux mains des Francs. Leur situation était précaire et leur chance de survie aurait été minime sans l'accession au pouvoir de Léon II l'Arménien (*1187-1219*).

Le prince souverain d'Arméno-Cilicie épousa Isabeau (*ou Isabelle*) d'Antioche entre 1188 et 1190. Elle était la nièce de Sibylle, l'épouse de Bohémond III le Bambe (*l'Enfant*) ou le Baube (*le Bègue*), prince d'Antioche[481]. Léon, afin de se concilier les bonnes grâces de Rome, restitua les évêchés de Tarse et de Mamistra aux Latins, ouvrit les portes du pays aux ordres militaires. Il avait une préférence marquée pour les Hospitaliers. Il prit à son service des chevaliers francs, Français en majorité. Il changea les titres des nakhararq arméniens qui devinrent des comtes et des barons. Les sires arméniens se prénommèrent désormais Geoffroy, Simon, Henri, Josselin, Baudoin, Raymond[482].

«*Il était plus difficile de s'appuyer sur les moines de l'Occident, parce que le katholikos était là pour représenter les anciennes traditions de la race. Cependant, les moines latins eurent aussi leur part des larges libéralités du prince, de la «graisse du pays».*

Léon éleva des couvents comme Agner et des églises, favorisant, en même temps, Grecs, Syriens et Géorgiens»[483].

Léon II fit du latin et du français, à côté de l'arménien, les langues officielles de son administration. Il accorda des privilèges, d'abord, aux Languedociens et Provençaux en matière de tarifs douaniers et de droit d'aubaine. Les Italiens et les Espagnols obtinrent aussi des régimes de faveur pour installer leurs maisons de commerce à Mopsueste, Sis, Tarse. Le port d'Ayas (*ou Layas, Lajacium, Lajazzo, Ayach*) en face d'Alexandrette devint un centre de négoce prospère sur la route de la soie

---

[479] R. Grousset, *Les Croisades*, p. 55.

[480] R. Grousset, *Les Croisades*, p. 54-55.

[481] R. Grousset, p. 92, F. Tournebize, p. 188, 192.

[482] N. Iorga, p. 59; C. Mutafian, p. 36; H. Pasdermadjian, p. 209.

[483] Michel le Syrien, p. 407, 409; Guiragos, p. 424; in N. Iorga, p. 109.

et des épices. Marchands arméniens, juifs, grecs, latins s'y côtoyaient en toute liberté. Le commerce était florissant pour les Marseillais, Montpelliérains, Narbonnais, Nîmois, Génois, Pisans, Siciliens, Vénitiens, Barcelonais avec le «*Portus Ayach regis Ermeni*»[484]. Au point que l'Arméno-Cilicie devint une «*France d'Arménie*»[485].

Malgré cela un moine, venant de l'Arménie orientale, Jean d'Erzinga (*Erzindjan*) voyait dans les souverains de Cilicie:

«*baume et remède de soulagement pour la nation haïkkane et la race d'Aram brisée et déchirée par les peuples étrangers*»[486].

Léon II ceignit l'Arméno-Cilicie de 72 forteresses. Il en confia le commandement à des Arméniens et à quelques Grecs. En réalité ces «*Grecs*» étaient des Arméniens venant de l'Empire byzantin. Il y plaça aussi des Allemands et, surtout, des Français. Il donna aux Chevaliers Teutoniques le château-fort d'Amouda (*entre Anazarbe et Mamestia*). Avec l'aide des Hospitaliers, Léon II tint la campagne, au nord et à l'est, contre les Musulmans. En 1187 il vainquit les sultans d'Alep et de Damas. En 1188 le Turcoman Roustem s'approcha de Sis. Avec quelques-uns de ses hommes Léon II entra sous la tente de Roustem et le tua. Il écrasa définitivement les Turcomans près de Marach (*Germanicia*). Profitant du conflit entre Kilidj-Arslan II et ses fils, Léon lui prit une place forte. En 1188 Saladin avait enlevé aux Templiers le fameux château de Bagras (*Gaston ou Gastim*). Léon le lui reprit. Il refusa de le rendre aux Templiers. Il le donna à Adam, seigneur de Bagras. Décidément les Templiers étaient incapables de défendre et de garder cette forteresse commandant le passage entre la Cilicie et la Syrie. A l'ouest, Léon II conquit l'Isaurie, au nord, il occupa la Cappadoce. Il fit définitivement de Sis la capitale de l'Arméno-Cilicie[487]. En fixant une partie des armées musulmanes, les Arméniens affaiblissaient Saladin qui se préparait à prendre Jérusalem mais les Francs ne profitèrent pas de la situation [488].

Le risque de voir s'écrouler le royaume latin de Jérusalem avait laissé l'Occident indifférent. La prise de la ville sainte causa une espèce d'électrochoc. A l'appel du pape Clément III (*1187-1191*) trois

---

[484] Charles-Diran TEKEIAN, *Marseille, la Provence et les Arméniens*, p. 8, Institut Historique de Provence, Marseille, 1929.

[485] N. Iorga, p. 5, 29.

[486] Archag TCHOBANIAN, *La Roseraie d'Arménie*, p. XI, Paris, 1923; in N. Iorga, p. 55.

[487] R. Grousset, *Les Croisades*, p. 92; C. Mutafian, p. 36; H. Pasdermadjian, p. 208; F. Tournebize, p. 189, 193, 199.

[488] W. STEVENSON, *The Crusaders in the East*, p. 243; in H. Pasdermadjian, p. 208.

souverains européens se croisèrent: l'empereur du Saint Empire Romain Germanique, Frédéric 1° Barberousse (*1152-1190*), le roi de France, Philippe II Auguste (*1180-1223*), le roi d'Angleterre, Richard 1° Coeur de Lion (*1189-1199*). Clément III écrivit au catholicos Grégoire IV Dgha et au prince Léon II afin que les Arméniens soutiennent les Croisés[489]. Dans sa lettre, le pape de Rome appelait le prince Léon II : «*son illustre fils montagnard*»[490].

«*... les Arméniens représentaient une race éminemment guerrière, et l'importance de leur concours résidait précisément dans le fait qu'ils constituaient le seul élément militairement utilisable que les Croisés trouvèrent au Levant, c'est-à-dire installé sur place et sur lequel ils pouvaient s'appuyer*»[491].

Frédéric Barberousse rêvait d'ajouter un Saint Empire d'Orient à son propre Empire. A cette fin, il ne pouvait compter que sur Léon l'Arménien. Il fit miroiter à ce dernier la possibilité d'obtenir une couronne royale. Certains historiens ont dit que Léon s'était entouré de Francs et avait entamé des négociations avec Rome dans l'unique dessein d'obtenir cette couronne que seuls le pontife romain et l'empereur germanique pouvaient lui décerner. Or au moyen âge on ne faisait pas de différence entre prince et roi s'ils étaient souverains. La proposition de Frédéric 1° avait fini par provoquer chez Léon le désir d'instaurer une dynastie royale. Mais c'était tout de même Frédéric Barberousse qui avait le plus intérêt à transformer la principauté de Cilicie en royauté[492].

«*Il est bien certain qu'entre Léon, lorsqu'il n'était pas encore roi, et entre Frédéric Barberousse il y a eu des rapports, même des rapports étroits. Il est bien certain que la croisade, - dans laquelle Frédéric Barberousse, qui plus d'une fois a été dans sa longue carrière un simple aventurier, même un aventurier pauvre et pas toujours heureux, a eu un peu plus de méthode, d'informations préalables, de recherches préparatoires, que pour les autres croisades, - n'a pas été une croisade spontanée. Ce n'a pas été une croisade pour la croisade.*

Frédéric Barberousse a commencé d'abord par envoyer des explorateurs, pour créer des relations. Alors il est bien certain que Frédéric avait besoin de quelqu'un qui fût pour lui le portier de ce monde nouveau ...»[493].

---

[489] C. Mutafian, p. 36.
[490] F. Tournebize, p. 258.
[491] H. Pasdermadjian, p. 202.
[492] N. Iorga, p. 32.
[493] N. Iorga, p. 32.

Frédéric Barberousse partit donc avant les deux autres monarques. Il arriva devant Qonya. Il la prit (*18-20 mai 1190*). Il était le premier Croisé à triompher aisément des Turcs. Il était pressé d'atteindre son but[494]. Né en 1122 il avait 68 ans, grand âge pour l'époque.

Léon II envoya l'archevêque de Tarse, Nersès de Lampron, auprès du catholicos, Grégoire IV Dgha. Il les chargeait de former une délégation pour accueillir l'empereur germanique[495]. Sur le chemin de Hromgla, près de Marach, Nersès de Lampron et sa suite furent attaqués et détroussés par les Turcomans. De leur côté, les ambassadeurs de Frédéric ne purent gagner Sis. Les barons arméniens finirent par rejoindre Barberousse qui leur communiqua son désir de couronner le prince arménien. Alors l'empereur quitta Qonya et se dirigea vers Sis[496]. En chemin, nous sommes le 10 juin 1190 jour de la Pentecôte, le vieux monarque souffrant de la chaleur, après un copieux repas, décida de se baigner dans le Sélef ou Calycadnus (*Göksu*). Il s'y noya. Les chevaliers arméniens et allemands se jetèrent à l'eau sans pouvoir le repêcher. Son armée se dispersa[497].

Philippe-Auguste et Richard Coeur de Lion s'ébranlèrent de Vézelay le 4 juillet 1190. Ils séjournèrent quelques mois en Sicile. Comme ils ne pouvaient pas se supporter, chacun partit de son côté. Le roi de France accosta Saint-Jean d'Acre le 20 avril 1191. La tempête poussa la flotte du souverain anglais sur les côtes de Chypre qu'il s'empressa d'enlever aux Byzantins[498]. Le 12 mai 1191 il y épousa la princesse de Navarre. Le prince Léon II était parmi les invités[499]. Nous remarquons que des trois souverains européens un seul avait un projet, un but, un moteur: Frédéric Barberousse. Pour lui la reconquête de Jérusalem passait par la consolidation de l'unique base arrière sûre de la région: l'Arméno-Cilicie. Byzance en pleine déliquescence, même si elle l'avait pu, n'aurait jamais aidé un empereur occidental à s'emparer de Jérusalem. Les Etats des Croisés, gérés par d'inconsistants personnages, n'étaient d'aucun secours. Ce raisonnement fut aussi celui de son successeur, Henri VI, qui malheureusement n'avait pas l'envergure de son père.

---

[494] R. Grousset, *Les Croisades*, p. 56-57.

[495] F. Tournebize, p. 185.

[496] C. Mutafian, p. 36-37; F. Tournebize, p. 272.

[497] R. Grousset, p. 57; J. de Morgan, p. 184; C. Mutafian, p. 37; H. Pasdermadjian, p. 210; F. Tournebize, p. 185.

[498] R. Grousset, p. 57.

[499] J. BURTT, *The People of Ararat*, p. 37, Londres, 1926; in H. Pasdermadjian, p. 209.

Quant à Philippe-Auguste et Richard Coeur de Lion, ils se conduisirent en seigneurs féodaux à l'amour-propre exacerbé. Par manque d'organisation de leurs armées, malgré leur bravoure, ils ne firent pas le poids face à un Saladin, grand général doublé d'un chef d'Etat exceptionnel. L'intrépidité de Richard lui permit de remporter quelques victoires sur la dynastie ayoubide.

Les deux monarques avaient chacun un candidat à placer sur le trône de Jérusalem; encore fallait-il la conquérir. Le roi de France soutenait Conrad de Montferrat, seigneur de Tyr, qui fut assassiné. Ayant épousé sa veuve, Isabelle de Jérusalem, Henri II comte de Champagne lui succéda. Il reçut le soutien du roi de France. Guy de Lusignan, malgré l'appui du monarque anglais, fut évincé par les Français qui méprisaient le vaincu de Hâttin. Richard Coeur de Lion offrit à Guy l'île de Chypre en compensation (*mai 1192*)[500].

Et c'est sur cette galère prenant eau de toutes parts que la papauté romaine avait entraîné à s'embarquer l'Arméno-Cilicie.

«*De guerre lasse, Richard se résigna à conclure avec Saladin une paix de compromis (3 septembre 1192). Les Francs gardèrent la côte palestinienne reconquise par la 3e Croisade, de Tyr incluse à Jaffa incluse. L'intérieur, y compris Jérusalem, resta à Saladin, mais les chrétiens reçurent l'autorisation de venir librement en pèlerinage dans la ville sainte. La 3e Croisade aboutit donc à un* modus vivendi *entre chrétiens et musulmans avec un minimum de tolérance religieuse réciproque*»[501].

A un roi français, privé de sa capitale, et un prince français de Chypre, piètre administrateur et mauvais général, Henri VI préféra l'Arménien Léon II, solidement implanté entre Byzance et la Palestine. Henri VI rêvait de s'en emparer. L'Arméno-Cilicie serait, selon le désir du pape de Rome et pour servir l'ambition de l'empereur germanique, latine mais non française[502]. Léon II n'avait pas l'intention de se laisser dicter sa conduite par qui que ce soit et se séparer des Français pour qui il marquait une nette préférence. Mais en attendant sa couronne il devait faire preuve de diplomatie. Il avait à choisir entre Rome et Byzance. Celle-ci, malgré sa décrépitude, était plus proche de lui. Il était conscient que l'éloignement de Rome était un handicap. Il choisit de mener les conversations en parallèle entre les deux capitales[503].

---

[500] R. Grousset, *Les Croisades*, p. 59, 81.
[501] R. Grousset, p. 37-38.
[502] N. Iorga, p. 35.
[503] J. de Morgan, p. 187.

A Grégoire IV avait succédé Grégoire V (*1193-1194*). On le surnomma Manoug (*l'Enfant*), il avait 22 ans. C'est Nersès de Lampron qui aurait dû monter sur le siège pontifical mais les ecclésiastiques d'Arménie, qu'on appelait les **docteurs orientaux**, ne voulurent pas de lui. Ils le suspectaient de sympathies latines.

Ces docteurs orientaux étaient les évêques d'Ani, de Kars, de Dvin, d'Edesse, Grigor Doudêorti le supérieur du couvent de Sanahin, David de Qopayr, les vartabeds Iqniatios (*Ignace*), Vartan, Mkhitar de Khorakert, les moines de Dzorqed (*la Rivière de la Vallée, à Ani*)[504]. Pour leur complaire, Léon II avait fait élire Grégoire V Manoug et éloigné Nersès de Lampron de son siège archiépiscopal de Tarse[505].

Mais Grigor Doudêorti ne fut pas satisfait du choix de Grégoire V qu'il trouvait trop jeune. Léon II était soucieux de maintenir la balance entre Orient et Occident se considérant comme le monarque de tous les Arméniens et non de la seule Arméno-Cilicie. Il fit enlever de Hromgla le jeune catholicos qu'il emprisonna dans la forteresse de Gobidar à l'ouest de Sis. Il réunit un synode auquel participa Nersès de Lampron. Le concile déposa Grégoire V. Celui-ci tenta de s'évader de sa geôle à l'aide de draps noués; ils se détachèrent et le patriarche se fracassa sur les rochers. On le surnomma Qaravège (*Tombé sur le Roc*). On ne sait pas si les draps se dénouèrent d'eux-mêmes[506].

Léon II choisit un autre Bahlavouni, Grégoire VI (*1194-1203*), neveu de Grégoire III et de saint Nersès IV Chnorhali. Les docteurs orientaux accusèrent Grégoire VI de pencher vers Rome et le surnommèrent Abirat (*le Méchant*). Ils choisirent de leur côté un antipatriarche Barsegh II (*Basile*) d'Ani (*1195-1206*)[507]. Les Orientaux demandèrent à Léon de déposer Grégoire VI, de reconnaître Basile II et d'empêcher Nersès de Lampron de s'occuper des affaires du catholicossat. Léon II avait besoin d'un patriarche conciliant pour ses projets d'union avec Rome dont il attendait sa couronne. Il imposa un compromis; il conserva Grégoire VI et éloigna Nersès de Lampron des sphères de pouvoir[508].

Il nous faut évoquer cette grande figure, habitée par la passion de la foi, celle de Nersès de Lampron. Dans sa fougue pour l'union il parut parfois à la limite de la maladresse. C'était un aristocrate descendant, par sa

---

[504] F. Tournebize, p. 273.
[505] M. Ormanian, p. 51; F. Tournebize, p. 272-273.
[506] M. Ormanian, p. 51; F. Tournebize, p. 259.
[507] M. Ormanian, p. 51-52, F. Tournebize, p. 259.
[508] M. Ormanian, p. 52.

mère, des catholicos Grégoire III et Nersès IV Chnorhali. Son père Ochine II, seigneur de Lampron, fut souvent allié des Grecs.

Sembat de Lampron naquit en 1153. Il opta pour la vie religieuse et se fit moine au couvent de Sgévra. Son oncle Nersès IV Chnorhali, alors évêque, l'ordonna prêtre sous le nom de Nersès. Le jeune abbé continua ses études au monastère de la Montagne Noire. Son maître, Stepane Diratsou (*Etienne le Clerc*), lui enseigna le grec, le latin, le syriaque ainsi que la théologie, la philosophie, la littérature, etc... En 1176, âgé de 23 ans, il fut consacré évêque de Tarse par son cousin le catholicos Grégoire IV Dgha qui le nomma aussi supérieur du monastère de Sgévra[509].

Ces monastères: Hromgla monastère et résidence patriarcale, Garmir-Vanq dans l'Euphratèse, Sgévra, Chougr dans la Montagne Noire, Varac et Narègue dans le Vaspouragan, Tathev en Siounie, etc.., servaient en ces temps troublés de refuge à la foi, à la culture, à la tradition. Ils étaient comme autant d'îlots de lumière au milieu de peuples hostiles. Leur enseignement était parmi les meilleurs d'Orient et, sans doute, d'Occident. C'est là que les moines arméniens inventèrent l'art de l'enluminure et celui de la miniature qu'ils transmirent à leurs homologues européens.

Il est vrai que, par ses origines familiales, par sa culture et sa formation, Nersès de Lampron était proche des Grecs. Bien qu'il connût à fond les doctrines et les disciplines des Eglises grecque et latine, il était avant tout un prélat arménien. Comme son oncle, saint Nersès Chnorhali, il était poète mystique. Il glorifia notamment le Saint-Esprit dans ses hymnes qu'on chante encore aujourd'hui dans les messes solennelles de l'Eglise arménienne[510]. Il fut l'un des prélats, avec Khosrov Antsevatsi (*le père de saint Grégoire de Narègue*), au X° siècle, et le vartabed Hovhannes Ardjichetsi, au XIII° siècle, à remanier et compléter le rituel de la messe. Très en avance sur son siècle, il se heurta à l'incompréhension de ses contemporains. Il n'avait nullement l'intention d'inféoder l'Eglise arménienne à une autre mais, reprenant les desseins oecuméniques de ses oncles, il désirait unir tous les chrétiens dans le même troupeau sans que nul ne renonçât à sa particularité. Nersès de Lampron encouragea son cousin, le catholicos Grégoire VI Abirat, à renouer le dialogue avec l'Eglise grecque.

---

509 F. Tournebize, p. 259-260.

510 F. Tournebize, p. 260.

Le prince Léon II laissa l'archevêque de Tarse se rendre à Constantinople en 1196[511]. Accompagné par trois princes arméniens, Nersès de Lampron rencontra Alexis III l'Ange (*1195-1203*). Le prélat arménien se heurta à l'intolérance coutumière des Grecs. Il fut tellement déçu dans ses sympathies qu'il les qualifia d'ignorants, grossiers, matériels, obstinés, fermés à l'Esprit de vie et esclaves de la lettre[512].

Cet échec ne fut pas sans déplaire à Léon II, qui attendait sa couronne du pape romain, sachant qu'il échapperait ainsi aux appétits de Byzance. Le pape tenait, en échange de ladite couronne, à étendre sa domination sur l'Eglise et la principauté arméniennes, et à supplanter l'empereur germanique avec lequel il était en compétition à cet effet.

Célestin III envoya auprès de Léon II son légat le cardinal Conrad de Wittelsbach archevêque de Mayence. Peu de différences existaient entre les deux Eglises. Les demandes du pape romain ne concernaient que le rituel et la discipline: il exigeait que Noël et les fêtes des saints fussent célébrés par les Arméniens aux mêmes dates que les Latins et les Offices aux mêmes heures et jours. Vincent de Beauvais ajoute que le légat voulut imposer l'enseignement du latin dans toutes les écoles arméniennes[513]. Conrad de Wittelsbach présenta tout ceci sous forme d'ultimatum, ajoutant que si les Arméniens ne s'y pliaient pas ils devraient, en compensation, donner beaucoup d'or, d'argent et de pierres précieuses aux Latins[514]. Les prélats arméniens, choqués par ce marchandage, l'écoutèrent avec froideur. Léon accepta tout. L'archevêque de Mayence réclama l'engagement de douze évêques par serment. Léon II réunit ces derniers et leur dit: «*Ne vous inquiétez de ses réclamations, je vais le satisfaire, pour le moment, par une soumission apparente*».

A l'adresse du cardinal-légat, il ajouta: «*Nous nous conformerons sans restriction et sans délai aux ordres du grand empereur et du souverain pontife*».

Et les douze évêques prêtèrent serment[515.] Tout était prêt pour la transformation de la principauté en royaume. On choisit le jour de Noël arménien. Le jour où les Arméniens fêtent la Nativité et l'Epiphanie

---

[511] M. Ormanian, p. 52.

[512] F. Tournebize, p. 267.

[513] N. Iorga, p. 103; F. Tournebize, p. 268.

[514] J. de Morgan, p. 193.

[515] J. de Morgan, p. 193-194; Guiragos, *ed. Osgan*, Moscou, 1858; *Bibl. des Croisés, Doc. Arm.*, I, 423; Père Alishan, *Vie de Léon*, p. 165; Vincent de Beauvais, *Spécul. hist.*, XXXI, 29; in F. Tournebize, p. 268.

ensemble. Le 6 janvier 1198, dans la cathédrale Sainte-Sophie de Tarse, le prince Léon II fut couronné roi d'Arménie sous le nom de Léon 1°. Il reçut l'onction sacrée des mains du catholicos Grégoire VI «*selon la manière arminoise*»[516].

Le patriarche arménien était entouré par le légat du pape et représentant de l'empereur Henri VI, le cardinal Conrad de Wittelsbach, le patriarche syrien d'Antioche, Joseph du couvent des Jésuéens, le catholicos d'Aghouanie, Hovhannes VI (*1195-1235*), le patriarche grec de Tarse, le patriarche arménien de Jérusalem, par quinze évêques arméniens, par les prélats de la suite de l'archevêque de Mayence, trente-neuf grands seigneurs arméniens, une foule de chevaliers francs. Certains auteurs placent le couronnement au 6 janvier 1199. Il semble qu'il vaut mieux retenir 1198, car Célestin III mourut le 7 janvier 1198 et Henri VI le 30 septembre 1198[517].

L'empereur de Constantinople, Alexis III l'Ange, envoya à Léon 1° une double couronne royale parée de perles et de pierreries. Il y joignit un étendard représentant un lion couché. Léon le prit pour emblème en remplacement de l'antique bannière des rois d'Arménie portant l'aigle, la colombe et le dragon. Les présents étaient accompagnés d'une lettre dans laquelle on relève la phrase suivante: «*Ne mets pas sur ta tête le diadème que t'ont donné les Romains, mais le nôtre, car tu es beaucoup plus près de nous que de Rome*»[518].

Eu égard à l'état de délabrement dans lequel se trouvait l'Empire byzantin les menaces d'Alexis III ne pouvaient dépasser le domaine de l'intention. Le calife de Bagdad envoya lui aussi ses ambassadeurs chargés de cadeaux au nouveau roi[519].

La transformation de la principauté arménienne de Cilicie en royaume illustre l'habileté de Léon le Magnifique. Le pape de Rome avait l'intention de s'accaparer l'Eglise arménienne, le basileus et Henri VI caressaient le projet d'établir leur suzeraineté sur l'Arméno-Cilicie. Léon 1° réussit le tour de force de devenir roi avec la bénédiction de deux chefs d'Eglise et l'accord de deux empereurs sans rien céder à personne. «*Ses historiens louent sa bravoure qui était réelle, son habileté de cavalier qui était peu ordinaire, son humeur aimable et enjouée.*

---

[516] Dardel, p. 65; in N. Iorga, p. 104.

[517] N. Iorga, p. 103; R. Grousset, *Les Croisades*, p. 92; J. de Morgan, p. 196; C. Mutafian, p. 41; H. Pasdermadjian, p. 210; Sembat de Cilicie, *ed. de Moscou*, p. 99; in E. Dulaurier, *chronique de Matthieu d'Edesse*, CCXVII, p. 455, n. 3.

[518] J. de Morgan, p. 195; F. Tournebize, p. 186.

[519] J. de Morgan, p. 195.

Pourtant, par là, il ne se distinguait pas de ses chevaliers les plus preux, ou de ses courtisans les plus polis et les plus spirituels. Le trait saillant qui le met à part, c'est surtout la prudence, la finesse du diplomate, la perspicacité du politique»[520].

Les vues politiques du roi, le catholicos Jean VI le Magnifique, successions d'Antioche et d'Arméno-Cilicie, avènement de la famille de Lampron

Léon 1° adopta les coutumes féodales européennes. S'il francisa l'administration de son royaume c'est qu'il projetait de régner à Antioche. De là il serait passé en Chypre. Ayant formé un puissant royaume arménien il aurait pu se dresser face aux successeurs de Saladin en champion de la chrétienté[521]. Le sort de celle-ci en Orient n'aurait plus été à la merci d'arrivées périodiques de Croisades inorganisées et inefficaces. Il fallait pour cela le soutien de l'Eglise latine. Léon 1° persuada le catholicos Grégoire VI d'assurer le pape Innocent III de son désir de collaborer. Il écrivit de son côté au pape pour lui témoigner son attachement. Innocent III déclara le patriarche arménien «*membre important de l'Eglise de Dieu*» et lui envoya un pallium. A Léon il offrit l'étendard de saint Pierre. Mais Léon ne voulait pas non plus se couper de ses compatriotes orientaux. Il avait en vue le rétablissement de la royauté rompue par «*la destruction d'Ani par Byzance*»[522].

«*... jamais, dans le monde des prêtres, des moines, des écrivains, des artistes, on n'a abandonné l'ancienne tradition qui venait d'une autre région et qui a empêché cette Arménie cilicienne de se perdre, d'un côté dans Byzance, de l'autre côté dans le monde latin d'Antioche et de la Syrie*»[523].

A la tête d'un petit Etat, encerclé de toutes parts, avec des forces militaires réduites, Léon ne pouvait pas tenir sans l'aide des Latins. Il refusait cependant de faire de l'Arméno-Cilicie un royaume franc de plus qui serait devenu, sans le soutien de son Eglise et de son peuple, une entité secondaire.

---

[520] F. Tournebize, p. 192.

[521] N. Iorga, p. 56-57.

[522] Karékine 1° alors qu'il était Karékine II, catholicos de la Grande Maison de Cilicie, *L'Eglise, l'Arménie oecuménique*, p. 148; in *Le Royaume Arménien de Cilicie*, op. cité.

[523] N. Iorga, p. 55-56.

«*Cependant, à travers toutes ces protestations réitérées d'obéissance, le fin politique poursuivait son but, qui était de se rendre indépendant, au point de vue politique et religieux, de ses plus proches voisins*»[524].

Le 4 mars 1203, à l'âge de 82 ans, mourut Grégoire VI Abirat[525]. Il avait instauré une politique de fraternité chrétienne. Fidèle à l'esprit oecuménique de son aïeul saint Grégoire l'Illuminateur, dont la lignée s'éteignait définitivement avec lui.

Le roi proposa aux évêques la candidature de l'archevêque de Sis, Hovhannes. Le synode l'élit sous le nom de Hovhannes VI (*Jean VI*) (*1203-1221*). Il était du clan de Lampron. On le surnomma Medzaparo (*le Magnifique*) à cause de la magnificence de son train de vie. Grand seigneur, tenant table égale à celle du roi, il était bon théologien, polyglotte et fin lettré. Quand il était évêque, Léon l'avait nommé chancelier et juge pour toutes les affaires concernant les Latins du royaume, puisqu'il parlait les langues européennes. Chevalier intrépide, un tant soit peu aventurier il avait enlevé, sur ordre de son souverain, le malheureux catholicos Grégoire V Qaravège de Hromgla.

Sur les instances du roi, Jean, alors qu'il était archevêque de Sis, avait écrit au pape de Rome. Il l'assurait de ses efforts en vue d'unir leurs deux Eglises. En contrepartie il lui demandait d'élargir aux soldats arméniens, engagés dans la lutte contre l'Infidèle, les indulgences accordées aux Croisés. Innocent III avait accepté et envoyé un pallium à Hovhannes. Le nonce venant de Rome le lui apporta en 1205. L'archevêque de Sis était devenu Jean VI le Magnifique. Ensemble, ils convinrent d'un pacte. Le nonce s'engageait au nom du pape à inviter le patriarche arménien à tous les conciles de l'Eglise latine qui se tiendraient en deçà des mers[526].

Entre-temps avait éclaté le conflit de la succession d'Antioche.

La fille de Rouben III et nièce de Léon 1°, Alice, avait épousé Raymond III, fils aîné du prince d'Antioche, Bohémond III. Raymond III, devenu fou, mourut en 1200. Son père Bohémond III décéda en 1201. Le trône revenait à Raymond-Rouben fils de Raymond III et d'Alice, petit-neveu de Léon 1°. Feu Bohémond III avait aussi un fils cadet, Bohémond, comte de Tripoli. Ce dernier prit tout le monde de vitesse et se fit proclamer prince d'Antioche sous le nom de Bohémond IV. Il eut aussitôt l'appui des Templiers. On se souvient que Léon refusait de leur

---

[524] F. Tournebize, p. 271.
[525] M. Ormanian, p. 53; F. Tournebize, p. 277.
[526] F. Tournebize, p. 280.

rendre le fort de Gaston. Les Hospitaliers se rallièrent à la cause du roi arménien.

Léon 1° chassa les Templiers de son royaume et leur confisqua leurs biens (*1203*)[527]. Il fit emprisonner Henri de Camardias et de Norperth (*Séleucie*) avec ses trois fils, Constance, Josselin et Baudoin. Henri était le beau-frère du catholicos, Hovhannes VI, qui exigea du roi la libération de ses parents. Léon 1° refusa. Le patriarche s'en prit violemment au monarque qui le fit déposer[528]. A la place de Jean VI fut élu l'évêque de Sébaste, Anania (*1204*), puis son coadjuteur, David d'Arqagaghine. Grâce à ces antipatriarches, Léon 1° put répudier son épouse Isabeau en l'accusant d'inconduite; sans doute à tort (*1205*). En 1210, à 60 ans, il épousera Sibylle, âgée de 10 ans. Elle était la fille d'Amaury 1°, le roi défunt de Jérusalem. Il mariera son petit-neveu, Raymond-Rouben, 11 ans, à la soeur aînée de Sibylle, Helvis, 20 ans[529].

Les trois anticatholicos - Basile d'Ani élu par les docteurs orientaux, Anania de Sébaste et David d'Arqagaghine - moururent la même année (*1206*)[530]. Le prince Zakaré Orbelian réussit à convaincre le clergé d'Arménie orientale de reconnaître Jean VI le Magnifique comme catholicos de tous les Arméniens. Léon 1° n'osa pas faire élire un autre antipatriarche.

«... *placés entre les exigences des papes, qu'ils avaient le plus grand intérêt à ménager ... et entre la formidable opposition du clergé arménien et de la nation, les souverains de Cilicie se virent toujours contraints à louvoyer*»[531].

Ce qui préoccupait Léon 1° en ce moment était la question d'Antioche. Bohémond IV avait pour alliés les Templiers et le fils de Saladin, sultan d'Alep. Léon 1° était appuyé par les Hospitaliers, les Chevaliers Teutoniques et le frère de Saladin, sultan d'Egypte[532]. Qu'il était loin le rêve des Croisades en ce début du XIII° siècle.

Le comte de Tripoli et prince d'Antioche avait installé un patriarche grec à Antioche et fait emprisonner le patriarche latin, Pierre 1° d'Angoulême. Ce malheureux avait bu l'huile de sa lampe pour étancher sa soif. Il en mourra le 8 juillet 1208. Pour ces raisons, le pape de Rome, Innocent III, n'aimait pas Bohémond IV.

---

[527] F. Tournebize, p. 187, 188, 281.
[528] F. Tournebize, p. 278.
[529] N. Iorga, p. 107-108; C. Mutafian, p. 45; C.-D. Tékéian, p. 8; F. Tournebize, p. 192.
[530] M. Ormanian, p. 53.
[531] J. de Morgan, p. 194.
[532] C. Mutafian, p. 46; F. Tournebize, p. 282-283.

Pierre de Saint-Marcel et Geoffroy de Sainte-Praxède, les légats du pape de Rome, avaient choisi les camps opposés. Le premier soutenait Bohémond IV, le second Léon 1°. En 1205 Pierre de Saint-Marcel convoqua un concile à Antioche auquel, bafouant le pacte, il n'invita pas le catholicos arménien. Le patriarche et le roi attirèrent l'attention d'Innocent III sur l'attitude de son légat. Pour toute réponse le pape de Rome exhorta «*son cher fils Léon*» à rendre Gaston aux Templiers. Il ne faisait aucun commentaire quant à la non-invitation du patriarche arménien au synode d'Antioche. Le catholicos et le roi conclurent à la rupture du pacte.

Léon 1° expulsa tous les ecclésiastiques latins, hormis les Hospitaliers. Vers 1210-1211 le patriarche latin de Jérusalem excommunia Léon. Le pape confirma la sanction. En 1216 profitant de l'absence de Bohémond IV, parti à Tripoli, Léon 1° prit Antioche et installa son petit-neveu Raymond-Rouben sur le trône. Afin de séparer Bohémond IV de ses alliés, il rendit Gaston aux Templiers. Aussitôt Innocent III fit lever l'excommunication par le patriarche latin de Jérusalem son légat en Syrie[533]. Honorius III (*1216-1227*), le successeur d'Innocent III, renoua de bonnes relations avec le roi Léon 1°.

Sur son lit de mort, le 1° mai 1219, Léon 1° pressentit sa fille cadette, Zabel, pour lui succéder. Il l'avait eue de sa seconde épouse, Sibylle de Lusignan. Etant donné le jeune âge de Zabel la régence fut attribuée à Adam, seigneur de Bagras. Le prince de Gorigos, du clan des Lampron, Constantin de Babéron succéda à Adam.

Raymond-Rouben, qui régnait mal à Antioche n'ayant pas su se faire aimer par la population, exigea le royaume d'Arméno-Cilicie. Il était le petit-neveu du roi défunt. Le nonce du pape de Rome, Pélage Galvano évêque d'Albano, le soutenait[534]. Raymond-Rouben entra en guerre. Il fut vaincu à Tarse par Constantin de Babéron, fait prisonnier et exécuté[535]. Bohémond IV reprit le trône d'Antioche en 1219.

Léon 1° avait une fille aînée, qu'il avait eue de son premier mariage avec Isabeau d'Antioche, Rita ou Stéphanie. Elle était l'épouse de Jean de Brienne, roi de Jérusalem, dont elle eut un fils. Jean de Brienne réclama le trône arménien pour son fils et menaça de déclarer la guerre[536]. Rita et

---

[533] C. Mutafian, p. 46; F. Tournebize, p. 283.
[534] F. Tournebize, p. 284.
[535] F. Tournebize, p. 207.
[536] C. Mutafian, p. 46-52; F. Tournebize, p. 206.

son fils furent empoisonnés ce qui coupa court aux exigences du roi de Jérusalem[537].

Pendant ce temps la cinquième Croisade (*1217-1221*) avait lamentablement échoué. Il ne serait pas utile de l'évoquer si elle n'avait pas définitivement perdu Jérusalem, les Croisés lui préférant les richesses du Caire[538]. En 1221 le catholicos Hovhannes VI Medzaparo s'éteignait sans avoir fait allégeance à Rome.

Pendant que les chrétiens s'entre-déchiraient les Turcs seldjoukides enlevaient l'Isaurie aux Arméniens. Sentant le danger, trop tard, Bohémond IV maria son fils Philippe à l'enfant-reine Zabel âgée de 9 ans (*1222*). Prétentieux, arrogant, incapable Philippe voulut soumettre l'Arméno-Cilicie à Antioche. En 1225 les seigneurs arméniens se révoltèrent, le capturèrent et le laissèrent mourir en prison[539].

Alors le régent, Constantin de Babéron, qui attendait son heure, donna Zabel à son fils Héthoum guère plus âgé qu'elle. Le catholicos, Constantin de Partzerperth (*1221-1267*), bénit le mariage. Unissant les deux familles, naguère rivales. La dynastie héthoumienne prenait le pouvoir. Le patriarche Constantin 1° et le roi Héthoum 1° (*1226-1270*) allaient inaugurer une politique latinophile. Elle fera la transition avec la troisième dynastie celle des Lusignan, carrément catholique romaine, qui conduira l'Arméno-Cilicie et sa brillante civilisation à la ruine.

---

[537] Alishan, *Léon le Magnifique*, p. 283-284; continuateur de Grégoire de Tyr, XXXI, 9, 321; in F. Tournebize, p. 284.

[538] R. Grousset, *Les Croisades*, p. 61.

[539] C. Mutafian, p. 52.

L'église arménienne a entendu toujours l'union dans le sens vrai et strict du mot. Elle a voulu l'établir sur la communion spirituelle des églises, le respect réciproque de leurs situations, la liberté pour chacune dans les limites de sa sphère, et la charité chrétienne dominant tout. Elle n'a jamais souffert que l'union fût changée en domination ni se confondît avec le prosélytisme. (M. Ormanian)

CHAPITRE V

Le pari perdu

Le roi Héthoum 1°, les Mongols alliés des Arméniens, la trahison des Francs, l'apparition des Mamelouks

La reine Zabel avait été mariée par le régent Constantin à son fils Héthoum. Le frère aîné de Héthoum 1°, le connétable Sembat, était généralissime. Les monnaies du règne portent les effigies de Zabel et de Héthoum[540].

«*Elle se montra, d'ailleurs, le modèle des épouses et des mères. A l'hôpital de Sis, élevé par ses soins en 1241, on la voit soigner de ses mains les malheureux. Elle mourut le 12 janvier 1252, après avoir donné au roi trois fils et cinq filles*»[541].

Très vite Héthoum 1° (*1226-1269*) allait montrer un caractère et une personnalité hors du commun. Il fut le roi providentiel dont avait besoin un pays entouré d'ennemis.

L'arrivée de la VI° croisade conduite par Frédéric II, en 1228, avait fait naître l'espoir. Le sultan d'Egypte, Malik al-Salih, avait offert Jérusalem, Bethléem et Nazareth à l'empereur d'Occident pour obtenir sa protection. Le 17 mars 1229 Frédéric II était entré dans Jérusalem. Bien qu'excommunié il s'en était proclamé le roi puis était retourné en son royaume de Sicile[542]. Le sultan de Qonya, Ala ed-Din Qayqobad (*1220-1237*), avait établi un protectorat sur l'Arméno-Cilicie.

A l'horizon se profilait la déferlante mongole. A partir des rivages du Gange et de l'Indus, Temoudjin surnommé Gengis-Khan (*le grand roi*)

---

[540] J. de Morgan, p. 203.
[541] F. Tournebize, p. 207-208.
[542] B. Collin, p. 38.

fondit sur le Kharisme où régnait le sultan Mohamed Ala ed-Din. Ce royaume était situé entre la mer d'Aral et la mer Caspienne. Djelal ed-Din Mangberti, le fils du sultan du Kharisme, battit en retraite. Dans sa fuite il dévasta l'Atropatène (*Azerbaïdjan iranien*) avec son armée, ainsi que la Siounie, l'Ayrarat, la Géorgie et le Vaspouragan. Enfin il enleva Garin aux Turcs seldjoukides. Devant la menace tous les souverains de la région, dont Héthoum 1°, s'unirent sous le commandement du sultan de Qonya. Ils écrasèrent Djelal ed-Din qui se replia sur le Kurdistan où il fut assassiné (*1231*). Gengis-Khan mourut en 1227; son fils Ogday-Khan (*1227-1241*) lui succéda.

Le sultan de Qonya fut assassiné par son propre fils, Gayad ed-Din Qaykhosrou II, en 1237[543].

Ogday-Khan poursuivit l'entreprise de Gengis-Khan. Il expédia ses généraux, Tcharmaghan puis, quand celui-ci devint fou, Batchou dans le sillage de Djelal ed-Din. Les Mongols massacrèrent la quasi-totalité des habitants de Gandja et ruinèrent Lori, Gayan, Ani, Kars. En 1242 Batchou entra dans Garin puis Césarée, Sébaste, Erzindjan. La population de l'ancienne capitale des rois d'Arménie fut exterminée[544]. Les Mongols menaçaient désormais l'Arméno-Cilicie. Profitant de la situation, l'oncle du roi et cousin du régent, Constantin de Lampron, s'allia au sultan de Qonya pour évincer Héthoum 1°. Le régent, Constantin de Babéron, et son fils aîné, Sembat, s'allièrent aux Mongols. Ils écrasèrent Constantin de Lampron et Qaykhosrou II[545].

En 1247-1248 Héthoum envoya Sembat en ambassade auprès des Mongols. Koyoug-Khan, qui venait de succéder à Ogday-Khan, reçut le connétable avec de grands égards. Sembat épousa une princesse mongole dont il aura un fils prénommé Tatar[546]. Cependant les généraux tartares prélevaient d'énormes impôts sur les Arméniens[547]. Ne pouvant le supporter davantage Héthoum 1° décida de se rendre en personne à la cour de Mangou-Khan, le petit-fils de Gengis-Khan. De 1254 à 1255 le roi d'Arméno-Cilicie entreprit un long et périlleux voyage. Il traversa

---

543 Mohammed en-NESSAVVI, *L'Histoire de Djelal ed-Din*, trad. Oudas, Paris, 1895; Guiragos, *Journal Asiatique*, fev.-mars 1858; in F. Tournebize, p. 208. J. de Morgan, p. 203; C. Mutafian, p. 54; H. Pasdermadjian, p. 214; F. Tournebize, p. 208-209.

544 J. de Morgan, p. 203; F. Tournebize, p. 209.

545 J. de Morgan, p. 204; F. Tournebize, p. 209-210.

546 N. Iorga, p. 128.

547 *Lettre de Sembat de Samarcande à son beau-frère Henry 1° de Chypre, dans le Recueil des Hist. de France*, t. XX, p. 360, pub. Acad. des Inscrip.; Guiragos, p. 59, éd. Brosset; F. Tournebize, p. 210; N. Iorga, p. 125.

l'Arménie historique, la Géorgie et l'Aghouanie. Il franchit la passe de Derbend comme le grand Vartan Mamikonian huit siècles plus tôt. Il atteignit le Daguestan, remonta jusqu'à la Volga et parvint à Qaraqorum, capitale de la Mongolie[548]. Le grand Khan le reçut royalement et lui accorda tout ce qu'il désirait. Héthoum 1° repartit avec deux décrets de Mangou-Khan. Le premier interdisait aux généraux tartares de nuire au monarque arménien. Le second exemptait de redevances l'Eglise arménienne et, à travers elle, toutes les Eglises.

Sartakh, fils de Batou et neveu de Mangou et de Houlagou, était chrétien. Dokouz-Khatoun, l'épouse de Houlagou, était aussi chrétienne. Sartakh et Dokouz-Khatoun obtinrent de Mangou-Khan le second édit[549]. Héthoum 1°, doué d'une capacité prospective peu courante, était persuadé que les Arméniens devaient s'accommoder avec les forces locales pour préserver l'indépendance de leur Etat. Les maigres possessions des Croisés n'offraient aucune garantie; l'aide de l'Occident, trop épisodique, s'avérait sans intérêt. Ce qui n'empêcha pas le roi arménien d'instaurer une politique latinophile, surtout francophile, afin de diversifier les alliances. Il maria l'une de ses filles à Bohémond VI, prince d'Antioche et comte de Tripoli. Pour cela il dut se réconcilier avec le père, Bohémond V, par l'entremise de saint Louis[550].

En 1248 la VII° croisade, conduite par le roi de France saint Louis IX, s'était cantonnée à l'Egypte. Les deux dernières croisades avaient donné la prééminence aux Européens. En y ajoutant l'alliance mongole, Héthoum 1° espérait renforcer la chrétienté. C'est ce qui poussa le patriarche Constantin 1° de Partzerperth (1221-1267) et le roi Héthoum 1° à se rapprocher de Rome[551].

«*Héthoum 1° (1226-1269) fut un des meilleurs esprits, un des plus grands politiques de l'époque des croisades*»[552].

L'esprit des Croisades avait disparu en Occident et chez les Latins d'Orient.

«*Par la suite, l'esprit de croisade est allé en se dégradant. Chez les Croisés installés en Orient d'abord, et cela pour le plus grand scandale des nouveaux arrivants, puis dans la chrétienté tout entière. Un saint*

---

[548] Qaraqorum fut édifiée vers 1235 par Ogday-Khan. Ses ruines sont à l'ouest d'Oulan-Bator, en République de Mongolie.

[549] J. de Morgan, p. 204-205; F. Tournebize, p. 210-211.

[550] R. Grousset, *Les Croisades*, p. 93; F. Tournebize, p. 212.

[551] M. Ormanian, p. 53.

[552] R. Grousset, p. 93.

Louis fait en son siècle, figure d'original, on le suit bien souvent par force et à contrecoeur. Il est le dernier croisé»[553].

Saint Louis, débarqué en Chypre, réconcilia Héthoum et Bohémond V. Pour féliciter le roi de France de ses bons offices, le patriarche arménien, Constantin 1°, vint en personne dans l'île. Il était entouré des membres de son clergé et accompagné par de nombreux barons arméniens. Il remit à Louis IX un somptueux présent de la part de Héthoum 1°: la tente que celui-ci avait prise au sultan de Qonya en 1249[554].

«*En ce temps que nous vînmes en Chypre, le soudan d'Iconium était le plus riche roi de tous les païens ...*

Sa grande richesse apparut en un pavillon que le roi d'Arménie envoya au roi de France, qui valait bien cinq cents livres; et le roi d'Arménie lui manda qu'un ferrais *du soudan d'Iconium le lui avait donné. Ferrais est celui qui tient les pavillons du soudan et qui lui nettoie ses maisons.*

Le roi d'Arménie, pour se délivrer du servage du soudan d'Iconium, s'en alla au roi des Tartares, et se mit en leur servage pour avoir leur aide; et il ramena une si grande foison de gens d'armes qu'il put combattre le soudan d'Iconium. Et la bataille dura longtemps, et les Tartares tuèrent tant d'hommes au soudan que depuis on n'ouït plus de ses nouvelles. A cause de la renommée, qui était grande en Chypre, de la bataille qui devait avoir lieu, des sergents à nous passèrent en Arménie pour gagner et pour être à la bataille; et jamais nul d'eux n'en revint»[555].

Mangou avait élevé son neveu Sartakh à la dignité de Khan de la Horde d'Or. Sartakh, en bon chrétien, fut un chef charitable. Il réussit à faire vivre les Mongols en bonne intelligence. Ils étaient païens en majorité, chrétiens pour une faible part et musulmans depuis peu. Ceci déplut à ses deux autres oncles, convertis à l'Islam, qui le tuèrent en 1256.

Vers 1257 Houlagou, frère de Mangou-Khan, envahit le sultanat de Roum (*Iconium ou Qonya*). Héthoum 1° et son gendre Bohémond VI se joignirent aux Tartares. Houlagou prit Bagdad le 4 février 1258. Il s'y livra à un massacre de 40 jours. Alep, Damas, et bien d'autres villes à travers la Mésopotamie subirent le même sort. Les chrétiens et les églises furent épargnés. Ils étaient protégés par Dokouz-Khatoun.

Houlagou dut rentrer dans ses foyers pour y mettre de l'ordre. Ce qui l'empêcha d'investir Jérusalem comme le lui avait conseillé Héthoum 1°.

---

553 B. Collin, p. 33.

554 F. Tournebize, n. 1, p. 210 et p. 292.

555 JEAN Sire de Joinville, *Histoire de Saint Louis*, Ch. XXXI, par. 141-143, trad. en français moderne par N. Natalis de Wailly, p. 79-81, Jean de Bonnot, Paris, 1997.

Il laissa son armée cantonnée en Syrie, sous le commandement de Kitbogha, chrétien lui aussi. Cette intervention des Mongols ne pouvait que renforcer la puissance des Francs au Levant. Mais les barons de Saint-Jean d'Acre n'avaient pas la capacité de discernement d'un Héthoum 1°. Amollis dans les délices de l'Orient, ces descendants dégénérés des Croisés avaient établi des relations plus ou moins intéressées avec les Mamelouks et les Turcs caramanides[556]. Ils étaient terrorisés par les Mongols, pourtant favorables aux chrétiens. Ils tenaient tellement aux biens de ce monde qu'ils étaient en passe de tout perdre.

«*Finalement le conseil d'Acre décida d'appuyer les Mamelouks d'Egypte qui préparaient une contre-attaque musulmane contre les Mongols. Grâce à la neutralité bienveillante des Francs, les Mamelouks purent écraser les Mongols à Aïndjalout, en Galilée (3 septembre 1260) et les chasser de la Syrie musulmane*»[557].

Le sultan ayoubide, Malik al-Salih, avait formé, en 1230, une troupe d'élite, les Mamelouks. Ce corps était constitué d'esclaves turcs et de chrétiens convertis à l'Islam. En 1250 ils se débarrassèrent du dernier représentant de la dynastie de Saladin. A partir de l'Egypte, ils commencèrent leur progression vers la Palestine et la Syrie. Ils n'avaient qu'un but: détruire et faire disparaître d'Orient toute présence chrétienne. Les Francs de Saint-Jean d'Acre venaient, nous l'avons vu, d'aider cette entreprise.

Sans la hautaine maladresse de l'Eglise romaine les Tartares auraient été prêts à embrasser le christianisme. Le légat du pape latin le dominicain Simon de Saint-Quentin relate l'échec des négociations[558].

«*Les dominicains se présentent devant Batchou en mai 1247. Ces représentants de la religion catholique, donc universaliste, ne peuvent que heurter par leur arrogance les Mongols qui, eux, se considèrent par définition comme destinés à dominer le monde entier*»[559].

Tant que Houlagou occupa le trône mongol de Perse, l'Arméno-Cilicie fut protégée. A sa mort, en 1265, Abaqa-Khan lui succéda. Il n'était pas chrétien mais demeura l'ami des Arméniens. Guiragos de Gantzac, qui vivait à cette époque, et avait été formé dans le monastère de Qedig dans le Gougarq, nous dit qu'Abaqa était chrétien[560].

---

[556] R. Grousset, *Les Croisades*, p. 67; J. de Morgan, p. 205-206; C. Mutafian, p. 58-60; F. Tournebize, p. 211-212.
[557] R. Grousset, p. 67.
[558] C. Mutafian, p. 58.
[559] C. Mutafian, p. 58.
[560] Guiragos, *Journal Asiatique*, p. 482, 508, trad. Dulaurier, 1858; in Tournebize, p. 212.

Abaqa avait pour ennemi le Khan Bereqé, un des assassins de Sartakh. Bereqé s'unit au sultan mamelouk d'Egypte Bibars (*1260-1277*). Et voilà les Tartares divisés en deux camps[561].

La revanche des Mamelouks, art et culture en Arménie, les Ordres Mendiants, le synode de Sis (*1243*), le clergé arménien refuse la subordination à Rome

Bibars, esclave bulgare converti à l'Islam, tout aussi cruel qu'intelligent, décida de mettre la main sur Antioche. Le pape de Rome, Clément IV (*1265-1268*), demanda à Héthoum 1° de secourir les Francs. Le roi arménien entra en campagne non sans avoir sollicité l'aide d'Abaqa-Khan. Ce qui attisa la fureur de Bibars contre les Arméniens. Les Tartares n'avaient pas encore franchi l'Euphrate que les généraux mamelouks, Malik Mansour, Kelaoun et Azz ed-Din Igan, fonçaient sur l'Amanus. La poignée d'Arméniens commandée par les princes Levon et Thoros, les fils du roi, fut écrasée. Thoros fut tué dans la bataille et Léon fait prisonnier (*24 Août 1266*)[562]. Amouda, la forteresse des Templiers, tomba. Sis fut dévastée, sa grande cathédrale livrée aux flammes. Mamistra, Adana, Tarse, le port d'Ayas furent pillés et saccagés. La population égorgée, violée, brûlée vive. Les Mamelouks appliquaient aux Arméniens la même barbarie que les Mongols et leurs alliés chrétiens avaient fait subir à Bagdad, Alep et Damas. Les maigres troupes indisciplinées envoyées en renfort par Abaqa-Khan ne furent d'aucun secours à Héthoum 1°. Le 19 mai 1268 Antioche fut prise et rasée. Héthoum 1° dut signer la paix avec Bibars au début de l'été 1268. Il céda de nombreuses villes, fut taxé d'énormes tributs. Cela ne suffit pas pour que le sultan lui rende son fils Léon. Le pape Clément IV écrivit au monarque arménien pour le féliciter de son courage et compatir au sort de l'Arménie. C'est tout ce que l'Occident pouvait faire pour «*son poste avancé*». Heureusement pour Héthoum 1°, le mignon de Bibars, surnommé le Faucon Roux, était aux mains d'Abaqa. Il avait été fait prisonnier par Houlagou à la prise d'Alep. Celui-ci donna son captif à Héthoum 1°. Bibars rendit alors Léon à son père[563]. Héthoum abdiqua en faveur de son fils (*1269*) et se fit moine. Le 28 Octobre 1270 mourut un grand roi d'Arménie, le plus grand génie politique du moyen-âge, Héthoum 1°. Il fut inhumé dans la nécropole royale de Trazarc.

---

561 J. de Morgan, p. 206; F. Tournebize, p. 212.

562 N. Iorga, p. 125-126; J. de Morgan, p. 206; F. Tournebize, p. 213.

563 N. Iorga, p. 126; J. de Morgan, p. 206; C. Mutafian, p. 60; F. Tournebize, p. 213-214.

Malgré l'état de guerre permanent et les dévastations périodiques, les arts, les lettres, la spiritualité atteignirent des sommets dans les monastères. Les moines de la Montagne Noire, de Sgévra, de Trazarc et, surtout, ceux de la résidence patriarcale de Hromgla, notamment Thoros Roslin, produisirent des miniatures incomparables, embellirent d'enluminures les Evangiles, les hymnaire et les lectionnaires.

«*On ne peut parler que de cette peinture des miniatures que nous connaissons heureusement si bien par les deux magnifiques albums publiés par M. Macler et, en même temps, par tout ce qui a passé dans les beaux ouvrages illustrés qui sont le* Sissouan *du père Alishan, ou les trois volumes de la* Roseraie d'Arménie, *due à un des plus grands poètes arméniens contemporains, à celui qui représente ... de la façon la plus brillante, le génie national, Archag Tchobanian*»[564].

Notre propos n'est pas d'étudier l'originalité et la complexité de cet art des miniatures qui fut transmis aux moines d'Occident par les Arméniens; d'excellents ouvrages en font mention. Nous ne faisons que l'évoquer pour nous émerveiller de la puissance créatrice de ce peuple vivant au sein des tourments les plus cruels. Il y a aussi une littérature qui plonge ses racines dans son passé plurimillénaire. Elle ne fut pas réservée aux seuls ecclésiastiques. Un grand militaire, brave au combat, diplomate averti, le connétable Sembat, nous a laissé des textes historiques, des descriptions des vieux usages du peuple, des poèmes. Il fut aussi linguiste. Il traduisit du français, en arménien, les «*Assises d'Antioche*»[565]. Ce texte était une sorte de code, un recueil législatif à l'usage des Etats francs. Les Arméniens s'en inspirèrent pour établir des règles de droit en leur royaume.

Même s'il inaugura une politique latinophile, Héthoum 1° maintint à sa cour les coutumes des anciens rois d'Arménie, notamment la fonction de «*Thaqatir*», datant de la plus haute Antiquité. On sait que ce grand personnage tenait la couronne sur la tête du monarque au moment de son couronnement.

Les relations entre l'Arménie orientale et l'Arméno-Cilicie ne furent jamais interrompues. Un des plus grands enlumineurs de Grande Arménie, le moine Avaq, fut l'élève de Thoros Roslin. Ainsi l'enseignement du maître cilicien se répandit dans les monastères d'Arménie[566].

---

[564] N. Iorga, p. 69.

[565] N. Iorga, p. 79.

[566] Lilith ZAKARIAN, *Un épisode de l'histoire des relations culturelles du Royaume arménien de Cilicie et de la Grande Arménie*, traduit par Aïda Tcharkhtchian, p. 301-302, Coll. de Poitiers, 1993.

Ayas était la plaque tournante du négoce international.

«*Le port d'Ayas (ou Lajazzo) était un des principaux débouchés du commerce asiatique. Dès 1201, les Génois y avaient établi des comptoirs. La chute d'Antioche (1268), puis celle d'Acre (1291) décuplèrent l'importance de ce port devenu le seul grand marché du continent au pouvoir des chrétiens ... Cette prospérité n'était d'ailleurs pas sans danger*»[567].

Cette prospérité attirait la convoitise des Egyptiens. Ils auraient voulu attribuer le monopole du trafic à Alexandrie d'autant qu'ils avaient la sympathie des Vénitiens et des Génois pour lesquels l'argent n'avait ni religion ni nationalité.

«*A défaut d'une armée, le pape envoya du moins aux chrétiens orientaux et même aux infidèles, dont les bras étaient tendus vers lui, des missionnaires avec des lettres de conseil et de consolation*»[568].

Les Ordres mendiants, Franciscains et Dominicains, apparurent au Levant au XIII° siècle. Ils étaient chargés de convertir les Tartares, ils échoueront, et de soumettre les Arméniens au Siège de Rome, unique objectif auquel ils se consacreront. Le catholicos Constantin 1° laissait faire espérant ainsi sauver le royaume. Alors qu'il aurait pu dire au pape ce que saint Nersès IV le Gracieux écrivait à l'empereur byzantin:

«*Si Dieu veut que nous nous rencontrions et menions des négociations, adressons-nous l'un à l'autre non pas comme un maître à son serviteur, ni comme des serviteurs à leurs maîtres*»[569].

Pourtant l'amour-propre du chef de l'Eglise arménienne était mis à rude épreuve. Il n'était même pas question de le soumettre au pape romain mais de le ravaler au rang de subordonné du patriarche latin d'Antioche. Ce dernier se plaignit à Grégoire IX (*1227-1241*) que le patriarche arménien n'obtempérait pas à ses ordres[570]. Le pape écrivit à Constantin 1° qu'il était digne d'honneur et lui affirma que la discipline, la liturgie, la doctrine de l'Eglise arménienne étaient orthodoxes[571].

Alors le catholicos convoqua un synode à Sis en 1243. De nombreux décrets y furent promulgués. Ils réglementaient, entre autres, l'administration des sacrements, la fréquence avec laquelle l'évêque ou le chorévêque visiteraient les diocèses en y établissant et contrôlant

---

[567] R. Grousset, *Les Croisades*, p. 96-97.

[568] F. Tournebize, p. 286.

[569] H.-M. BARTIKIAN, *Les relations des Eglises de l'Arménie cilicienne et de l'Empire Byzantin et leurs implications politiques*, p. 49, colloque de Poitiers, 1993.

[570] C. Mutafian, p. 56; F. Tournebize, p. 286.

[571] F. Tournebize, p. 286-287.

l'instruction religieuse du clergé séculier et des fidèles, les motifs de punition ou de destitution des prêtres indignes. Le concile de Sis reprit les édits de saint Nersès 1° en instituant un âge réglementaire pour le sacerdoce. Il fut fixé à 20 ans au moins pour le diacre, 25 ans pour le prêtre, 30 ans pour l'évêque.

Innocent IV (*1243-1254*) venait de succéder à Célestin IV (*1241*), après deux ans de vacance du pouvoir papal à Rome. Il ne fut pas satisfait de toutes les dispositions du synode. Il exigea que l'Eglise arménienne y ajoute **la procession du Saint-Esprit du Père et du Fils**.

Constantin 1° convoqua donc un autre concile à Sis (*1251*)[572]. Les avis divergent quant au contenu de ces actes selon qu'on se réfère aux partisans de Rome ou aux tenants de la tradition de l'Eglise arménienne. Les premiers affirment que les Pères conciliaires se seraient pliés à la volonté d'Innocent IV. Les seconds doutent que les évêques arméniens se soient mis en contradiction avec les canons du 2° concile oecuménique (*Constantinople 381*) qui faisaient **procéder du Père le Fils et le Saint-Esprit tout en maintenant l'égalité des Trois Personnes de la Trinité**. Toujours est-il que les docteurs orientaux refusèrent toute allégeance à Rome comme ils s'étaient opposés à toute subordination à Constantinople. Les couvents de Sanahin et d'Aghpat, à la frontière géorgienne, et de Tathev, en Siounie, furent très vigilants sur cette dérive. Ils menacèrent de transporter le siège catholicossal à Edchmiadzin si Constantin 1° se soumettait au pape[573]. La contestation était animée par l'archevêque de Siounie, Stepanos Orbelian. Les métropolites de Siounie avaient établi leur Siège dans le vénérable monastère de Tathev depuis le IX° siècle.

La famille princière des Orbelian fournit de nombreux prélats siégeant dans ce couvent isolé des montagnes de Siounie à 1.600 m. d'altitude[574]. Le dernier représentant vivait encore à Tathev au début du XX° siècle. Le catholicos Constantin 1° était tiraillé entre les exigences de Héthoum 1° et l'antagonisme de son clergé oriental ainsi que celui d'une bonne partie des ecclésiastiques de Cilicie. Le roi était prêt à tout accepter de la papauté latine pour satisfaire ses ambitions politiques.

Vanagan le supérieur du couvent de Qedig aurait été favorable à la spiration imposée par Innocent IV[575]. Or Qedig est voisin d'Aghpat et de

---

[572] F. Tournebize, p. 288-289.

[573] F. Tournebize, p. 293.

[574] B. CHANTRE, *A travers l'Arménie Russe*, Ch. VII et VIII, Paris 1893; in F. Tournebize, n. 1, p. 296.

[575] F. Tournebize, p. 290.

Sanahin. Il nous semble peu vraisemblable que le vartabed Vanagan, - de par la situation géographique de son monastère et sa formation théologique -, ait pu épouser le point de vue du pape de l'Eglise romaine. Son élève, Vartan de Partzerperth, conseiller du patriarche arménien, l'avait poussé à repousser le diktat d'Innocent IV. Vartan de Partzerperth était l'un des rédacteurs des décrets du concile de Sis de 1243.

Un autre archimandrite, Mkhitar de Sgévra, appuya Vartan auprès du catholicos. Au début Mkhitar était latinophile. La cause de son revirement fut la maladresse du légat du pape, le frère Thomas de Lentil. A peine débarqué à Saint-Jean d'Acre, Thomas convoqua le patriarche arménien en lui ordonnant de venir avec de beaux présents. Constantin 1°, arguant de son grand âge, ne se déplaça pas. Thomas de Lentil se plaignit à Ochine, comte de Gorigos et frère de Héthoum 1°. Il estimait injurieux le comportement du catholicos envers sa personne. Le roi convainquit Constantin 1° d'envoyer une ambassade auprès de l'acariâtre légat. Héthoum 1° était prêt à tout accepter de la papauté latine par souci politique: «*Conformément au caractère de notre nation, qui se déprécie elle-même pour exalter les autres*», dit l'évêque Mkhitar de Sgévra qui conduisait la délégation arménienne auprès d'un frère Thomas imbu de la supériorité latine. La réception condescendante du légat acheva de refroidir la sympathie de Mkhitar envers Rome[576]. Il conclut l'entrevue par cette phrase: «*D'où l'Eglise de Rome tient-elle ce pouvoir de se faire juge des autres sièges apostoliques et de n'être point elle-même soumise à leur jugement ? Car nous avons, nous, la possibilité de vous mettre en cause*»[577].

L'arrogance des représentants de Rome fit que Constantin 1°, quelques années après le concile de Sis de 1251, s'éloigna définitivement de ce mouvement unioniste qui n'était rien d'autre que du prosélytisme.

Règne de Léon II, désastre de Homs, Léon II fait la paix

Héthoum 1° avait laissé son trône à son fils revenu de captivité. Léon II (*1269-1289*) reçut l'onction royale des mains du catholicos Hagop 1° (*Jacques*) de Qla (*1267-1286*). Jacques 1° avait succédé à Constantin 1°; il était surnommé le Savant (*Qidnagan*). Sis étant en ruines, la cérémonie se déroula dans la cathédrale Sainte-Sophie de Tarse (*13 janvier 1271*).

---

[576] F. Tournebize, p. 290-296.

[577] C. Mutafian, p. 65.

Léon II fut aussi pieux et charitable qu'intrépide chevalier et bon général. Les seigneurs arméniens se soulevèrent contre lui. Léon II les soumit et se contenta de leur enlever leurs châteaux forts. Le sultan d'Egypte Bibars en profita pour lâcher ses Mamelouks sur l'Arméno-Cilicie (*1273*). Missis, Sis, Tarse furent dévastées. Dans Tarse ils incendièrent la cathédrale Sainte-Sophie, massacrèrent 15.000 habitants et en emmenèrent 10.000 en esclavage. Ils s'emparèrent aussi du trésor royal. En 1274 ils anéantirent les installations d'Ayas. Marco-Polo y était passé en 1271 et avait décrit l'impressionnante activité du port arménien.

La papauté romaine ne parvint pas à mobiliser les barons francs d'Orient ou les monarques européens en faveur du petit royaume chrétien. Ce qui n'empêchait pas les pontifes latins d'envoyer aux Arméniens des lettres d'encouragement à la veille des batailles, de consolation au lendemain des défaites, de prescriptions disciplinaires ou liturgiques pendant les synodes. Malgré tout Léon II et le catholicos Jacques 1° ne rompirent pas avec Rome. Le pape Grégoire X (*1271-1276*) les convia au concile de Lyon mais le pays étant menacé de toutes parts il ne fut pas possible au monarque et au patriarche de répondre à l'invitation[578].

En 1275 les Egyptiens se reposèrent. Ils étaient repus de viols, de sang et de pillage. Léon II réunit ses maigres troupes et se lança dans la bataille (*1276*). Bibars envoya du renfort; les Mamelouks écumèrent de nouveau le pays d'Ayas jusqu'à Sis. Les Turcomans leur prêtèrent main forte pour obtenir leur part du butin. Léon II leur tomba dessus entre Alexandrette et Marach. Les Arméniens étaient très inférieurs en nombre. Les Turcomans s'avérèrent aussi piètres guerriers qu'ils étaient hardis pillards. Trois cents chevaliers arméniens périrent dans la bataille dont l'oncle du roi, le vieil érudit, le connétable Sembat.

Les Mongols, en fixant Bibars au nord de la Syrie, l'avaient empêché de secourir les Turcomans. Rompant devant les Tartares, Bibars envahit la Cappadoce. Abaqa-Khan le poursuivit et lui prit Césarée. Bibars se réfugia à Damas où il mourut le 30 Juin 1277. Selon certains historiens musulmans il aurait absorbé par erreur le poison destiné à l'un de ses généraux; pour d'autres il aurait succombé aux suites d'une blessure de guerre. L'émir Kelaoun se proclama sultan et s'intitula Malik-Mansour (*Roi Victorieux*). Le mignon de Bibars, Sonqor-Achkar (*Faucon Roux*), vice-roi de Syrie se déclara sultan de Damas, se révolta contre Kelaoun et se ligua avec les Mongols et les Arméniens. Mais quand Mangou

---

[578] F. Tournebize, p. 300.

Timour, commandant l'armée tartare, franchit l'Euphrate, Sonqor-Achkar le trahit pour rallier Kelaoun.

L'affrontement eut lieu à Homs, sur l'Oronte, en Syrie le 29 octobre 1281. Les Arméniens et les Géorgiens se joignirent aux Mongols. Les Francs continuèrent à observer une neutralité suicidaire pour la chrétienté. Arméniens et Géorgiens avaient enfoncé l'aile gauche des Mamelouks quand Kelaoun mit les Tartares en déroute. La victoire des chrétiens se changea en désastre.

« Le Khan mongol infligea une punition exemplaire à Mangou Timour et à son armée pour cette conduite inexplicable. Tous les généraux furent décapités et les soldats condamnés à s'habiller en femmes »[579].

Ajoutons que Kelaoun pénétra en Arméno-Cilicie et la mit à feu et à sang. Le 1° avril 1282 le grand Khan des Mongols de Perse, l'ami des Arméniens, Abaqa-Khan, mourait. Son frère Tagoudar Ogoul lui succédait. Bien que baptisé Tagoudar avait apostasié pour se faire musulman, prendre le nom de Mohamed et s'allier à Kelaoun. Abandonné par les Tartares, trahi par les Francs il ne restait plus au roi Léon II qu'à sauver les débris de son royaume.

Entre 1283 et 1285 il envoya des ambassades à Kelaoun pour faire la paix. Le 7 mai 1285 le traité fut signé. L'Arménie dut verser un énorme tribut, les négociants musulmans obtinrent le droit de commercer, sans taxes ni droits de douane avec le port d'Ayas et d'y acheter notamment des esclaves, des chevaux et des mulets[580]. Ce trafic passait souvent par les Génois. Ces chrétiens, qui avaient choisi de servir Mammon, profitèrent de la déchéance de l'Arméno-Cilicie pour y acquérir des esclaves et les revendre aux Egyptiens. En 1288 Léon II leur demanda de ne point céder d'esclaves chrétiens aux musulmans[581].

Les conditions étaient très dures mais le roi, à l'écoute des aspirations de son peuple, était prêt à payer le prix de la paix. Il savait que le goût du labeur, de l'industrie et le courage des Arméniens leur permettraient non

---

[579] H. Pasdermadjian, p. 215.

[580] N. Iorga, p. 127, estime le tribut à «*500.000 direms par an*» auxquels il fallait ajouter, tous les ans, «*...25 chevaux, 25 mules, 10.000 «bonnes plaques de fers à clous*»; J. de Morgan, p. 209 et F. Tournebize, p. 218, l'évaluent à 1.000.000 de dirhams par an avec chevaux et mules.

[581] Pour ces événements: Aboulfeda, *Hist. or. des Crois.*, t. 1, p. 150; Chahnazarian, *Hist. de l'Arm.*, p. 74; Héthoum, comte de Gorigos, *Table chronologique* an. 731 (*10 jan. 1282-9 jan. 1283*); V. Langlois, *Le trésor des chartes d'Arménie*, p. 217 et suiv.; in F. Tournebize, p. 215-218. N. Iorga, p. 126-127. F. Macler, Arménie, *The Cambridge Medieval History*, t. VI, p. 176; in H. Pasdermadjian, p. 215. Makrizi, *Histoire des Sulthans Mamelouks*, t. 1, 2° partie, p. 123; in J. de Morgan, p. 207, et 206-209. C. Mutafian, p. 61.

seulement de payer les énormes redevances dues aux Mamelouks mais aussi de rendre sa prospérité au royaume. Ayas fut relevée de ses ruines. Catalans, Aragonais, Languedociens, Provençaux, Génois, Siciliens, Vénitiens, Pisans y achetaient les denrées les plus rares en provenance de Chine, des Indes, de Perse, de Syrie, de Cappadoce[582].
Léon II fit édifier des hospices, des hôpitaux, des couvents, des ermitages. Le monastère de Medzagar (*le Grand Roc*) s'illustra dans l'enseignement de la théologie. Des milliers de manuscrits, somptueusement ornés, furent édités. Malgré les tourmentes il en existe encore d'innombrables exemplaires chez les Pères mekhitaristes de Venise (*dont l'oeuvre a été et est si utile à l'Eglise et au peuple arméniens*), au catholicossat de tous les Arméniens à Edchmiadzin[583], ainsi qu'au Madenataran d'Erevan[584].
Parallèlement à ces créations culturelles de l'Arméno-Cilicie se développaient celles de la Grande Arménie, elle aussi en butte aux invasions de toute sorte. Entre deux batailles les descendants des anciens nakhararq s'employaient à protéger les arts. Parmi les chefs de la résistance en Arménie orientale il faut noter les Zakarian et les Prochiantz.

«*Différente dans son ensemble de tous les arts contemporains, originale et portant le sceau d'une profonde spiritualité, cette culture témoigne de l'existence d'une vie artistique intense et de conditions favorables à l'art. La Cilicie est à tel point exceptionnelle parmi les pays chrétiens du XIII° siècle que le Concile ecclésiastique réuni en 1243 dans la capitale Sis consacre deux de ses canons à l'art et au développement culturel en général, plaçant par là-même la culture sous la protection officielle de l'Etat. A cette même époque, les arts connaissent un grand essor dans la Mère-patrie uniquement grâce au mécénat des maisons princières. Ces deux pays qui existent, semble-t-il, absolument indépendants l'un de l'autre, sont spirituellement inséparables. Ils se nourrissent mutuellement, se communiquent des impulsions culturelles; imaginer et, surtout, expliquer, comprendre la culture de l'un sans l'autre est impossible*»[585].

---

[582] C.-D. Tékéian, p. 8.

[583] F. Tournebize, p. 219.

[584] Cette bibliothèque d'un des plus petits et plus pauvres pays de notre époque, est actuellement la dixième en importance dans le monde; ce qui donne une idée de la valeur attribuée à la culture par le peuple arménien.

[585] L. Zakarian, p. 301, Coll. de Poitiers, 1993.

L'historiographe du roi, le moine Vahram Raboun, ne tarit pas d'éloges quant à la piété de Léon II et de son épouse la reine Kyranne. On les voit sur de nombreuses miniatures ornant des évangiles ou des textes sacrés. Ils eurent 11 enfants dont deux, Nersès et Regina (*Takouhie*), décédèrent en 1278. En 1285, n'ayant pu supporter la vue de son peuple mourant de la faim et de la peste, la reine suivit ses enfants dans la tombe[586]. Ayant relevé le pays de ses ruines Léon II les rejoignit dans la mort (*1289*).

Héthoum II roi-moine, chute de Hromgla, le Siège catholicossal à Sis, Héthoum II roi de Jérusalem

Son fils Héthoum II (*1289-1293*) monta sur le trône d'Arméno-Cilicie. Alors que le pays avait besoin d'un monarque habile et fort il héritait d'un souverain n'attendant de l'aide que de l'étranger, hésitant entre la vie monastique et le pouvoir. Il s'était fait Franciscain. Cet Ordre, implanté dans les trois plus grandes villes du royaume, personnifiait la stratégie de prosélytisme latin en milieu arménien. Le roi ne manquait pas cependant de courage physique.

Ayant chassé les Francs de Jérusalem, Antioche et Edesse les Mamelouks exigèrent des tributs de plus en plus élevés de l'Arméno-Cilicie.

En 1289 Héthoum II chargea le Frère Mineur Jean de Montecorvino d'un appel de détresse auprès du pape Nicolas IV (*1288-1292*). Le roi assurait le pape, Franciscain comme lui, de son obéissance[587].

Nicolas IV essaya bien de prêcher une nouvelle croisade mais les princes européens se souciaient peu de délivrer le tombeau du Christ ou de secourir les chrétiens orientaux

«*Plusieurs princes, comme Alphonse III, roi d'Aragon, Dom Jayme, roi de Naples, et la république de Gênes concluaient des traités de commerce avec le sultan*»[588].

Malgré cette désaffection de l'Occident, le sultan d'Egypte craignait l'arrivée de renforts pour les Arméniens. Ce qui décuplait sa haine. Nicolas IV se contenta de féliciter Héthoum II pour sa soumission et lui ordonna, en gage de bonne conduite, de la faire partager à son peuple. Le pape reprenait les exigences de son prédécesseur à savoir, la procession du Saint-Esprit du Père et du Fils, la dualité des natures en Jésus-Christ. Nous avons vu la position de l'Eglise arménienne sur ces deux points. Le terme **dualité** entraînait une confusion regrettable avec la séparation des

---

[586] J. de Morgan, p. 209; F. Tournebize, p. 215, 218-219.

[587] C. Mutafian, p. 70; F. Tournebize, p. 300.

[588] F. Tournebize, p. 220.

natures. Pour les Arméniens **le Christ est parfait Dieu, parfait homme, et ces deux natures sont prises dans une union harmonieuse extraordinaire**. Nicolas IV ordonnait qu'on reconnût sa primauté.
Le catholicos Jacques 1° le Savant était décédé en 1286. Le nouveau patriarche Constantin II fut élu le 13 avril 1286 et surnommé Bronaqordz (*Faiseur de Charpie*). Il s'éleva aussitôt contre les prétentions du pape de l'Eglise latine. Héthoum II le fit alors déposer (*1289*) et élire à sa place un ermite, Stepanos IV (*Etienne*) de Hromgla (*1290-1293*)[589].
Pendant que Nicolas IV tentait d'imposer sa suprématie à l'Eglise arménienne, Tripoli tombait (*1289*) puis Saint-Jean d'Acre (*1291*) et Tyr, Beyrouth, Sidon. Il ne restait plus que l'Arméno-Cilicie et Chypre pour défendre la foi chrétienne face aux Mamelouks et leurs alliés.
Devant la déroute des Francs Nicolas IV tenta de susciter un sursaut en Europe. Il promit des indulgences à ceux qui rétabliraient les Latins dans leurs possessions. Ni le roi de France, Philippe IV le Bel, ni les Templiers ni les Hospitaliers ne répondirent aux appels de leur pape. Quant aux Arméniens, Nicolas IV se souciait davantage de leur soumission à son autorité que de voler à leur secours. Il se conduisit avec eux en impérialiste, conditionnant son aide à leur docilité à son égard. Ce comportement d'homme d'Etat plutôt que de pasteur chrétien ne scandalise pas tout le monde.
«*Que les papes, avant d'intervenir en faveur des Arméniens, aient souvent exigé leur réunion au centre de la chrétienté, nous n'avons pas le droit d'en être choqués: est-ce que tout pouvoir, avant de prodiguer ses ressources et de venir en aide à une autre puissance, n'exige pas de celle-ci un accord préalable, une sincère amitié ?*»[590].
L'auteur de cette remarque semble tout de même mal à l'aise pour développer son argumentation. Elle appelle plusieurs observations: qu'est-ce que le «*centre de la chrétienté*» ? Le pouvoir du pape latin doit-il être assimilé à une quelconque Puissance ordinaire ? Si oui, pourquoi le pape n'avait-il pas la capacité militaire d'aider l'Arméno-Cilicie, même si l'Eglise arménienne lui faisait allégeance ?
Toujours complaisant à l'égard de Rome, Héthoum II crut nécessaire de se répandre en remerciements devant les efforts stériles de Nicolas IV. Il aurait mieux fait de fortifier ses villes et de ne compter que sur ses propres forces.

---

[589] M. Ormanian, p. 54, 176.

[590] F. Tournebize, p. 300.

En 1292, poursuivant leur offensive, Malik Achraf Khalil, fils et successeur de Kelaoun, et ses Egyptiens remontèrent le long de l'Euphrate et mirent le siège devant Hromgla. La résidence patriarcale était un véritable nid d'aigle surplombant le fleuve, ceint de quatre épais remparts. La garnison était sous les ordres de l'oncle maternel du roi Héthoum II, le baron Raymond. Elle résista plus d'un mois. Le 16 juin 1292 les Mamelouks parvinrent à faire une brèche dans les murailles. Ils pénétrèrent dans le monastère. Les défenseurs furent égorgés, le catholicos Etienne IV, les femmes, les enfants furent emmenés en captivité à Damas. Les calices d'or pur, les trésors liturgiques, un butin impressionnant furent saisis par les agresseurs. Parmi ceux-ci la relique la plus précieuse de l'Eglise, le Bras Droit de saint Grégoire l'Illuminateur (*Sourp Atch*).

De 1292 à 1294 le roi se retira chez les Franciscains sous le nom de Frère Mineur Jean et céda la régence à son frère Thoros; ce qui ne l'empêcha pas d'intervenir dans les affaires de l'Etat[591].

En 1293, afin de mettre un terme à la furie sanguinaire de Malik Achraf Khalil, Thoros en accord avec son frère, lui céda Behesni, Marach et Tell-Hamdoun[592]. Malik Achraf fut assassiné (*1294*) par ses émirs qui s'entr'égorgèrent par la suite. Le généralissime des Mamelouks, Malik Adelzêin ed-Din Ketbogha, évinça Naçr Mohamed, le frère de Malik Achraf. En 1294-95-96 les crues du Nil furent insignifiantes occasionnant la famine puis la peste en Egypte. Ketbogha fit la paix avec Héthoum II et rendit le Bras Droit de saint Grégoire l'Illuminateur ainsi que les Arméniens prisonniers. Le catholicos Stepanos IV était déjà mort au Caire (*1293*)[593].

Cette paix inespérée aurait dû conduire Héthoum II à affermir sa puissance et garantir ses frontières. Au lieu de cela il se retira à nouveau dans son couvent de Mamistra. Il en ressortit pour assister au mariage de sa soeur Zabel qui épousait Amaury de Lusignan, prince de Tyr, frère de Henry II roi de Chypre. A la demande de son frère Thoros, d'Amaury et de Henry II il consentit à reprendre les rênes de l'Etat.[594].

Les Khans mongols s'entre-tuaient, à leur tour, pour le trône de Perse. Gazan réussit à supplanter ses rivaux (*1295*). Héthoum II se rendit à Tabriz et renouvela son alliance avec le monarque tartare.

---

[591] N. Iorga, p. 128; J. de Morgan, p. 211; C. Mutafian, p. 71; F. Tournebize, p. 222.

[592] MAKRIZI, *Histoire des sulthans Mamelouks*, p. 144-148; REY, *Colonies franques de Syrie aux XII° et XIII° siècles*, p. 318; in F. Tournebize, p. 221.

[593] J. de Morgan, p. 210; F. Tournebize, p. 221-222.

[594] N. Iorga, p. 128; J. de Morgan, p. 211; C. Mutafian, p. 71; F. Tournebize, p. 222.

L'empereur de Constantinople, Andronic II, demanda à Héthoum II la main de sa soeur aînée Rita (*Margarita*) pour son fils Michel. Le mariage eut lieu le 16 janvier 1296 alors que Michel était devenu le basileus Michel IX Paléologue (*1295-1320*). Avant la cérémonie les Grecs octroyèrent une seconde fois l'onction du Saint-Chrême à la future impératrice, débaptisèrent Rita et la rebaptisèrent, selon leur manière, Xenê ou Marie. Ce rebaptême et cette reconfirmation d'une princesse arménienne, déjà baptisée et confirmée, ne choquèrent pas Héthoum II qui ne recevra jamais le moindre secours de l'Empire byzantin. Il est vrai qu'il avait adopté lui-même les usages latins.

En 1297, accompagné par son frère Thoros, il se rendit à Constantinople. Ils y rencontrèrent leur soeur. Héthoum II confia la régence à un autre de ses frères, Sembat. Celui-ci s'empara immédiatement du pouvoir en proclamant que Héthoum II, ayant démissionné pour vivre la vie monacale, ne pouvait revenir sur sa décision pour régner encore. Il fut soutenu par un quatrième frère, Constantin. Sembat fut oint et couronné à Sis par le patriarche Grégoire VII (*1293-1307*) d'Anavarza[595].

Depuis la chute de Hromgla et la mort du patriarche Etienne IV en captivité, le catholicos Grégoire VII avait transféré son Siège à Sis capitale de l'Arméno-Cilicie (*1293*).

Pour la première fois, depuis la création de cet Etat, le chef de l'Eglise venait se placer sous l'influence du roi d'Arméno-Cilicie. Jusque là il s'était toujours tenu à l'extérieur pour rester en relation avec les deux Arménie et conserver son indépendance. Afin d'atténuer l'effet de surprise désagréable, provoqué par son éloignement de l'Arménie orientale, Grégoire VII reconnut l'existence du catholicos d'Aghtamar et sa juridiction sur le Vaspouragan. Il renforçait ainsi sa position de patriarche suprême et catholicos de tous les Arméniens.

Malgré ce contre-pouvoir oriental qu'il se ménageait, le patriarche allait avoir de très grandes difficultés à se maintenir sur un pied d'égalité avec le pape de Rome. Sollicité, d'une part, par le monarque arménien pour se soumettre à Rome et l'autoritarisme croissant des chefs de l'Eglise latine il devait, d'autre part, ménager le clergé d'Arménie orientale.

Le pape de Rome exigeait que l'Eglise arménienne célébrât l'Annonciation, la Nativité et l'Epiphanie aux mêmes dates que les Latins. Ces minimes différences disciplinaires ou liturgiques valaient-

---

[595] N. Iorga, p. 128; J. de Morgan, p. 211; C. Mutafian, p. 71; F. Tournebize, p. 222-223. N. Iorga et J. de Morgan situent le couronnement de Sembat en 1296.

elles la rigueur ou les foudres de la papauté romaine ? A moins que celle-ci ne fût animée d'un désir d'hégémonie bien temporel.

La faiblesse de Grégoire VII aurait fait perdre son autocéphalie au Siège apostolique des saints Thaddée-Barthélémy-Grégoire l'Illuminateur sans la vigilance des docteurs orientaux. L'Eglise de Grande Arménie se dressa contre cette entreprise. Elle était dirigée par Stepanos Orbelian. Il avait été sacré évêque de Siounie par le catholicos Constantin II, il avait été le candidat du clergé pour la fonction catholicossale. Le roi, tout dévoué à Rome, l'avait écarté.

A leur retour de Constantinople, Héthoum II et Thoros ne furent pas reçus par leurs frères, Sembat et Constantin. Ils durent retourner dans la capitale byzantine en passant par Chypre. De là ils tentèrent de rejoindre le Khan mongol. Sembat se présenta le premier à la cour de Perse, épousa une parente de Gazan et gagna son soutien. Héthoum II et Thoros furent emprisonnés. Le roi de Chypre manifesta sa désapprobation, le basileus envoya une petite somme d'argent aux captifs, Gazan les abandonna. Thoros fut étranglé dans sa prison et Héthoum à demi-aveuglé. Alors le prince Constantin, qui avait secondé Sembat, libéra Héthoum, fit jeter Sembat au cachot et se proclama roi (*1298-1299*).

En Egypte, Latchin avait usurpé le pouvoir et chassé Malik Adelzêin ed-Din Ketbogha. Il rompit la trêve avec les Arméniens (*1298*) et entama le processus habituel de viols, pillages, massacres, dévastations. Pour obtenir la paix Constantin lui livra une dizaine de forteresses.

Ayant recouvré la vue, aidé par sa noblesse, les Templiers et les Hospitaliers, Héthoum II réclama son trône. Constantin, opportuniste et versatile, libéra Sembat pour s'opposer à Héthoum II. La victoire fut pour le roi. Il exila ses deux frères à Constantinople où ils mourront (*1299*)[596].

Les émirs égyptiens, fidèles à Ketbogha, se révoltèrent contre Latchin et poussèrent les Mongols à entrer en guerre.

Le pape Boniface VIII (*1294-1303*) écrivit au catholicos Grégoire VII qu'il préparait une nouvelle croisade avec Philippe IV le Bel, roi de France, Jacques II, roi d'Aragon, et Edouard 1°, roi d'Angleterre. Les démêlés entre Boniface VIII et Philippe le Bel transformèrent l'intention du pape en voeu pieux.

Pendant ce temps les Tartares entamaient leur campagne. Leur général, Selamech, trahit son Khan et s'unit aux Mamelouks. Gazan envoya un autre de ses généraux, Boulaï. Héthoum II et Boulaï vainquirent les Mongols dissidents. Héthoum captura Selamech. Il le livra à Gazan qui le fit exécuter. Arméniens et Tartares affrontèrent ensemble les

---

[596] N. Iorga, p. 128-129; J. de Morgan, p. 211; F. Tournebize, p. 223-224.

Mamelouks près de Homs (*22-23 décembre 1299*). La seconde bataille de Homs tourna à l'avantage des alliés[597]. Héthoum II entra à Jérusalem. *«Le Frère Mineur qui était maintenant le roi d'Arménie en fut cependant consolé par la part importante qu'il prit à la bataille; même il put entrer à Jérusalem en libérateur, nouvel Héraclius ou Godefroi de Bouillon. La Ville Sainte vit de nouveau la joie des grands triomphes de l'Eglise: l'office fut célébré devant un roi chrétien. On lui fit faire le pèlerinage des Lieux Saints et gravir les marches du Calvaire»*[598].

Cette Croisade-là, la dernière de toutes, était une Croisade purement arménienne. Les autres chrétiens avaient depuis longtemps effacé de leurs ambitions celle de délivrer le Tombeau du Christ.

«De fait, Héthoum II a eu la suprême satisfaction d'entrer à Jérusalem, d'y rester quelques jours, de célébrer l'office, de pouvoir croire que «le royaume de David» est ressuscité; ce fut le suprême triomphe pour cette royauté des croisades qui venait de s'établir en Arménie ...

Et on s'imaginait que le roi une fois entré à Jérusalem y restera, que la Terre Sainte lui sera confiée et que tout ce qui sera conquis sur les Musulmans appartiendra à cette royauté.

Tout l'Occident y a cru aussi, et l'Arménie a été de ce fait l'initiatrice de l'Occident dans cette nouvelle croisade»[599].

Cette royauté arménienne de Jérusalem est attestée par Bernardin Collin: *«Les chrétiens, surtout les géorgiens et les arméniens, entretenaient contre les sultans d'Egypte, de bonnes relations avec les Tartares. Un moment même, grâce à ces derniers, Jérusalem fut donnée par leur khan au roi Héthoum d'Arménie»*[600].

Avant de quitter la ville, Héthoum II offrit son sceptre, taillé dans une seule pièce d'ambre, au patriarcat arménien de Jérusalem, qui en eut la garde au sein de la Congrégation Saint-Jacques[601]. Bien qu'ayant revêtu la bure du franciscain et favorisé l'influence de l'Eglise latine dans son royaume, Héthoum II se conduisait en roi arménien en laissant l'emblème de sa royauté au patriarche arménien de Jérusalem plutôt qu'au patriarche latin.

Ce sceptre est toujours conservé dans le trésor de la Congrégation Saint-Jacques de Jérusalem. Le patriarche apostolique arménien de la ville sainte en a la garde.

---

[597] J. de Morgan, p. 211-214; F. Tournebize, p. 223-225.
[598] N. Iorga, p. 129-130.
[599] N. Iorga, p. 39-40.
[600] B. Collin, *Les Lieux Saints*, p. 46.
[601] C. Mutafian, p. 73.

Léon III, concile de Sis (*1307*), assassinat de Héthoum II et de Léon III, Ochine roi, scission du patriarche de Jérusalem

Gazan avait nommé un des émirs égyptiens dissidents, Kandjak, au gouvernement de la Syrie. Kandjak trahit sur le champ Gazan au profit de son ancien maître le sultan d'Egypte. L'Arméno-Cilicie était de nouveau prise en tenailles. Les Mamelouks la rançonnaient; les Mongols lui faisaient payer leur aide. Malik Adel-Ketbogha, l'ancien sultan, et l'émir Badr ed-Din Bektach Fakhri, revinrent piller la Cilicie (*1302*). Le 20 avril 1303 Arméniens et Tartares furent vaincus près de Damas. Héthoum II dut se réfugier à Mossoul (*Ninive*)[602]. Le Khan fit cracher au visage de ses généraux vaincus par les soldats de sa garde et mit à la disposition de Héthoum II, le général Bilargou avec 500 Mongols[603].

De retour chez lui Héthoum décida de se retirer dans son monastère. En 1305 il fit sacrer roi, par le catholicos Grégoire VII, son neveu Léon III fils de son frère bien-aimé Thoros et de Marguerite de Lusignan[604].

Léon III, né en 1289, était un adolescent. Héthoum se donna le titre de grand baron gardant ainsi un oeil sur les affaires de l'Etat[605].

Gazan mourut en 1304; quoique musulman il était resté fidèle à ses alliés arméniens. Son frère, Oldjaytou ou Kharbendeh le Borgne (*1304-1317*), lui succéda. Sa mère, chrétienne, l'avait fait baptiser sous le nom de Nicolas mais Oldjaytou embrassa l'Islam. Il ordonna d'apostasier aux Arméniens de Grande Arménie et d'Aghouanie ainsi qu'aux Géorgiens. Ceux qui refusèrent durent payer d'énormes impôts et se vêtir d'une manière différente afin d'être soumis aux quolibets des musulmans. Les chrétiens qui résistèrent à cette différenciation vestimentaire ségrégative furent éborgnés, du même oeil que celui du Khan, circoncis de force ou émasculés[606]. Il est vrai que les missionnaires romains s'étaient montrés tout aussi incapables de convertir les Tartares au christianisme que maladroits avec les Arméniens.

Afin d'examiner les propositions de Rome, Grégoire VII avait songé à tenir un synode en 1307; il mourut la même année.

Le 19 mars 1307 Héthoum II fit élire au Siège pontifical Constantin III de Césarée (*1307-1322*). Le nouveau catholicos s'empressa de convoquer

---

[602] J. de Morgan, p. 213; F. Tournebize, p. 225-226.

[603] F. Tournebize, p. 226; N. Iorga, p. 130, parle de «*mille Mongols et de l'argent pour un second mille*».

[604] J. de Morgan, p. 214; H. Pasdermadjian, p. 217; F. Tournebize, p. 227.

[605] J. de Morgan, p. 214.

[606] F. Tournebize, p. 226-227.

le concile à Sis à la date prévue. Quelques évêques et archimandrites dociles entérinèrent les desiderata de Grégoire VII. A savoir, mêler de l'eau au vin pendant la messe, célébrer la Nativité le 25 décembre, l'Epiphanie le 6 janvier, l'Exaltation de la sainte Croix le 14 septembre. On sait ce qu'il en est pour Noël et l'Epiphanie; quant à l'Exaltation de la sainte Croix, elle a toujours été fêtée par les Arméniens le dimanche le plus proche du 14 Septembre. En ce qui concerne l'utilisation du vin pur l'Eglise arménienne se base sur les recommandations du vénéré saint Jean Chrysostome.

«*Pourquoi le Sauveur prit-il le calice immaculé et le pain azyme, pour nous les transmettre, dans cette nuit où il fut trahi, et où il nous invita à consacrer son corps et son sang en mémoire de lui ? Le bienheureux Jean Chrysostome, dont nous citons ici le témoignage, nous l'apprend dans son commentaire sur l'Evangile, au livre des Pharisiens, où il dit: «Il extirpera d'autres criminelles hérésies; c'est pourquoi après sa résurrection, il prit le calice et le pain azyme. Car il y en a, ajoute-t-il, qui, dans le saint Mystère, emploient l'eau. Or, la vigne ne produit que du vin et «pas d'eau». C'est pourquoi nous observons ce précepte qui nous a été donné. Comme deux jets coulèrent de la blessure faite à son côté, d'autres y ont mêlé de l'eau, parce que l'eau s'échappa avec le sang ... le bienheureux Jean dit que l'eau indique la mortalité parfaite, et le sang la vitalité, puisque Jésus était vivant et mort parfait. Il est donc évident que l'homme n'est pas séparé de la divinité, mais constitue avec elle un seul tout ... Ce n'est point un homme, mais un Dieu et un homme à la fois, non associé au corps seulement, et existant, comme Dieu, avant toute éternité. Dans le temps, il revêtit notre humanité pour opérer notre salut; il souffrit la Passion dans son corps, en restant impassible dans sa divinité; circonscrit dans son corps, sans bornes dans sa divinité; céleste à la fois et terrestre, visible et invisible, limité et sans limites, en sorte que celui qui est fini et infini, est en même temps homme et Dieu ... Nous croyons à une indivisible union de la divinité et de l'humanité ...*»[607].

Cette argumentation du roi Qaqig II dans la lettre qu'il écrivit à l'empereur et au patriarche de Constantinople, fut reprise par saint Nersès IV le Gracieux à Theorianos en rappelant l'Evangile: «*Je vous le déclare: je ne boirai plus désormais de ce fruit de la vigne jusqu'au jour où je le boirai, de nouveau, avec vous dans le Royaume de mon père*»[608].

Le synode de Sis ignora l'avis du peuple et de la majorité du clergé.

---

[607] Matthieu d'Edesse, trad. E. Dulaurier, Ch. XCIII, 2° part., p. 145-146.
[608] Saint Matthieu (*26, 29*).

«*Sous le pontificat de Constantin de Césarée (1307-1322), le grand baron Héthoum tint un concile (à Sis) où fut opérée la réunion avec l'Eglise de Rome et où fut détruite la discipline de notre illuminateur (saint Grégoire). On convint de célébrer la fête de Noël le 25 décembre, et les fêtes des saints aux jours où elles se rencontreraient, et de verser l'eau dans le calice de la messe*»[609].
Toutes choses qui nous semblent aujourd'hui des détails.
«*Le roi réussit à faire nommer patriarche Constantin III de Césarée et à faire adopter le programme de Grigor VII, qui, bien que rédigé dans une langue vulgaire, ce qui s'accordait mal avec l'érudition du défunt, passa pour avoir été l'oeuvre de ce dernier*»[610].
Les prélats de Grande Arménie et une bonne partie du clergé d'Arméno-Cilicie considérèrent ces décisions comme une trahison.
Lorsque le général mongol, Bilargou, assassina Héthoum II et son neveu Léon III (*1308*), les seigneurs arméniens ne manifestèrent aucune réprobation. Ils étaient écoeurés par la complaisance de leurs rois à l'égard de Rome. Ochine, un autre frère de Héthoum II, vengea la mort de celui-ci et celle de son neveu, Léon III, en chassant les Tartares de Cilicie. Dans la cathédrale de Tarse, construite par ses soins, Ochine fut sacré roi.
«*On lui doit aussi nombre de beaux édifices comme la splendide église de Tarse, qui subsiste encore, mais convertie en mosquée*»[611].
Ochine (*1308-1320*) était, lui aussi, gagné à la cause romaine.
«*Cette année (1309-1310), se rassemblèrent à Sis, capitale du royaume, une multitude de moines et de religieux, de prêtres et de diacres, ainsi que des docteurs et des évêques, et beaucoup de peuple, hommes et femmes, qui refusaient d'accepter l'usage de l'eau dans le calice à la messe, et autres innovations. Le roi Ochin, d'accord avec le patriarche et les grands, se saisit de tout ce monde, renferma les docteurs dans la forteresse, et fit mettre à mort une foule d'hommes et de femmes, et quelques religieux et diacres; puis, faisant monter les moines dans un navire, il les exila à Chypre, où la plupart moururent*»[612].
Cette répression suscita l'indignation du peuple et des religieux. En 1311 le patriarche de Jérusalem, Sarqis 1° (*1281-1313*), se déclara indépendant du siège de Sis. Par respect pour la hiérarchie il ne

---

[609] Samuel d'Ani, *Histoire des Croisades, documents arméniens*, I, p. 465; in J. de Morgan, p. 214.
[610] M. Ormanian, p. 54.
[611] H. Pasdermadjian, p. 217.
[612] Samuel d'Ani, p. 466; in J. de Morgan, p. 215.

s'autorisa pas à ordonner des évêques mais il rejeta les canons du concile de Sis[613].

Certains auteurs écrivent qu'il ne s'arrogea pas le droit d'ordonner des prêtres. Cela semble être un lapsus. Tous les évêques, a fortiori un patriarche, ont le droit d'ordonner les prêtres. Seul le chef de l'Eglise élève les prêtres à la dignité épiscopale; encore que de nombreux exemples de consécrations d'évêques par un autre évêque se rencontrent dans l'histoire des Eglises.

L'évêque arménien de la ville était patriarche de Jérusalem depuis au moins la fin du V° siècle. Son titre lui fut reconnu officiellement par Omar, en 637, quand il fit de l'Arménien, Abraham 1°, le 68° successeur de l'apôtre Jacques[614]. A ce titre, Sarqis 1° ajouta celui de patriarche, dans le sens du catholicossat: «*Ce catholicat purement nominal subsiste encore aujourd'hui*»[615].

L'acharnement d'Ochine à maintenir les liens avec Rome afin d'en obtenir des renforts militaires illusoires entretenait la détermination des Mamelouks pour rayer l'Arméno-Cilicie de la carte. Sans l'aide de l'Occident le roi aurait pu sauver son pays s'il avait su jouer des faiblesses de l'adversaire. Les Turcs seldjoukides, laminés par les Mongols, étaient très amoindris; d'autres émirs turcs les Osmanlis (*Ottomans*) se dressaient contre eux.

«*Mais en Asie Mineure, au lieu d'avoir les Seldchoukides dégénérés, ces seigneurs turcs héritiers des empereurs de jadis, qui s'étaient faits un peu à la façon de leurs voisins, à la façon des Grecs, à la façon des Latins, qui parlaient le grec, qui agissaient en chevaliers, qui avaient une Cour ... se dresse une autre Puissance turque, - car sur les ruines de ces Seldchoukides ont surgi les émirs du XIV° siècle ... il s'agit des Osmanlis de Brousse, qui arriveront à conquérir Gallipolis, Andrinople, Constantinople, à créer un nouvel Empire byzantin de religion musulmane*»[616].

Il y avait aussi les Turcs caramanides dont les armées étaient dix fois plus nombreuses que les soldats d'Ochine. De Qonya, à l'ouest, ils se dirigeaient vers l'Arméno-Cilicie. Le sud était occupé par les Mamelouks d'Egypte.

---

[613] C. Mutafian, p. 76-77; F. Tournebize, p. 311.

[614] J. de Morgan, p. 368.

[615] F. Tournebize, p. 311.

[616] N. Iorga, p. 46.

Soutenant les Seldjoukides, forgeant une alliance solide avec Chypre, l'autre puissance chrétienne, Ochine aurait pu stopper les Caramanides et isoler les forces égyptiennes de leur base grâce à la flotte chypriote. Pour cela il eût fallu que les Lusignan de Chypre pussent régler leurs différends familiaux et que le monarque arménien fût un Léon 1° ou un Héthoum 1°. Au lieu de ne compter que sur son génie et son peuple, Ochine attendait la venue hypothétique d'une Croisade.

Luttes intestines en Chypre, concile d'Adana (*1316*), tremblement de terre, papauté d'Avignon dominatrice, Léon IV

Dans la discorde entre Amaury de Lusignan, prince de Tyr, et son frère Henry II, roi de Chypre, Ochine prit fait et cause pour son beau-père Amaury. Il emprisonna Henry II dans la forteresse de Lampron. Le pape Clément V (*1305-1314*), installé à Avignon en 1309, obtint d'Ochine la libération de Henry. Amaury ayant été assassiné entre-temps, son épouse Zabel et leurs enfants se réfugièrent auprès d'Ochine. Ces intrigues favorisèrent les incursions du sultan d'Egypte.

Naçr Mohamed entra dans Mélitène en 1315. Les habitants de la ville, chrétiens et musulmans, vivaient en bonne intelligence. Le sultan emmena les Arméniens de Mélitène en esclavage[617].

Pendant que ses sujets souffraient, Ochine appelait Jean XXII (*1316-1334*) au secours. Le pape d'Avignon se contenta de faire porter 30.000 écus d'or au roi arménien [618]. En remerciement de cette aumône Ochine contraignit le catholicos Constantin III à convoquer un concile à Adana (*1316*). Un petit nombre d'évêques, quelques archimandrites et pères abbés, zélés collaborationnistes, réactivèrent les décrets du synode de Sis de 1307. Se conformant aux directives du pape notamment au sujet du Trisagion.

Comme naguère les Byzantins, les Latins reprochaient aux Arméniens de chanter le Trois fois Saint en ne précisant pas qu'il s'agit de Jésus-Christ. Prenons quelques exemples: A l'Exaltation de la Sainte-Croix et en période de Grand Carême, les clercs chantent: «*Dieu saint, saint et fort, saint et immortel **qui as été crucifié** pour nous, fais-nous miséricorde*». Pour l'Annonciation et la Theophanie (*Nativité et Epiphanie*): «*Dieu saint, ... **qui es né et t'es manifesté** pour nous ...*». A

---

[617] J. de Morgan, p. 215; F. Tournebize, p. 229-230.
[618] J. de Morgan, p. 216; F. Tournebize, p. 231.

Pâques et durant la période pascale: «*Dieu saint, ... qui es ressuscité d'entre les morts ...*», etc.

Les latins, comme les Byzantins, exigeaient qu'on y ajoutât: «*O Christ*», soit: «*Dieu saint, saint et fort, saint et immortel, ô Christ, ...*». La formulation de l'Eglise arménienne est toujours la même aujourd'hui. Elle ne changera pas tant qu'un quatrième concile oecuménique n'en aura pas débattu. Elle avait déjà été défendue par le roi Qaqig II devant les Grecs. Matthieu d'Edesse, en parlant de l'empereur, nous dit: «*Il résolut de substituer dans notre royaume sa croyance confuse et imparfaite, suggérée par le Démon, à celle qui y était établie depuis les âges anciens avec tant de solidité; car les fondements en avaient été posés sur des pierres de diamant, par les travaux des saints apôtres Thaddée et Barthélémy, et par les tourments multipliés qu'endura notre saint Grégoire, croyance qui est et qui sera inébranlable à jamais*»[619]. Qaqig II en vient aux reproches faits aux Arméniens pour le Trisagion: «*Nous voulons expliquer à Ta Majesté victorieuse ce qui a rapport à Jésus crucifié et au crucifiement dans cette invocation: «O toi qui as été crucifié pour nous,» invocation que nous répétons dans nos offices, lorsque nous rendons par trois fois grâces à Dieu pour [son Fils] crucifié en ces termes: «Dieu saint, Dieu fort, «immortel, ô toi qui as été crucifié pour nous.» Si quelqu'un s'imagine qu'il s'agit du Père ou du Saint-Esprit, ou prétend que tous les trois ont également souffert dans la Passion, que tous les trois ont été crucifiés, qu'il soit convaincu d'admettre trois Dieux. Si nous proclamons la miséricorde du Fils, c'est pour éviter l'application de cette menace de l'Evangile: «Quiconque rougira de moi et de mes paroles, le Fils de l'Homme rougira de lui, lors de son avènement*» (*Saint Luc, IX, 26*). *Ceci regarde ceux qui, en confessant Jésus-Christ, dissimulent les actions de grâces dues à Dieu. Si quelqu'un rougit du crucifiement, le Sauveur rougira de lui au dernier jour. Comment donc, par exemple, saint Grégoire, le père des Théologiens, dit-il: «Dieu crucifié, le soleil obscurci*» ? *Oserait-on désavouer le crucifiement ? Mais si quelqu'un y comprend le Père et l'Esprit-Saint qu'il soit anathème*»[620].

Les canons des conciles de Sis (*1307*) et d'Adana (*1316*) ne furent jamais entérinés par l'immense majorité du clergé. Pourtant Ochine envoya en 1317 deux délégués auprès du pape d'Avignon avec une profession de foi latine. Il s'agissait de deux religieux latins installés en Arméno-Cilicie, l'évêque Jacques d'Arles, Dominicain, et Thomas de Tolentino,

---

[619] Matthieu d'Ed., Ch. XCIII, p. 133; trad. E. Dulaurier.
[620] Matthieu d'Edesse, ch. XCIII, p. 144-145.

Franciscain. Assuré de la soumission des Arméniens, Jean XXII ordonna en 1318 au roi arménien de mettre un collège d'Ayas à la disposition des Frères Prêcheurs afin d'enseigner le latin aux enfants arméniens[621].

En 1318 un terrible tremblement de terre secoua les provinces du Chirac, du Vanand, de l'Ayrarat et de la Siounie. Autant dire la quasi-totalité de la république arménienne d'aujourd'hui et un bonne partie de l'Arménie actuellement aux mains des Turcs. Un exode massif de la population s'ensuivit vers le Vaspouragan, la Bulgarie, la Crimée, la Roumanie, l'Italie, la Pologne. Les Turcs caramanides profitèrent du désarroi du peuple pour lancer une offensive sur Tarse (1319). Le comte Ochine de Gorigos, avec ses maigres troupes, parvint à les repousser[622].

Le roi Ochine mourut le 20 juillet 1320. Piètre politique, il fut intrépide chevalier.·

«Je revois ces courageux rois arméniens chevauchant hardiment leurs beaux coursiers arabes, conduisant avec une fureur guerrière leurs vaillantes et rudes milices à l'éternel combat contre l'Infidèle, dix fois supérieur en nombre, je revois le patriarche de Sis, à la grande barbe flottante et ses prêtres belliqueux, à cheval eux aussi, agitant au-dessus de la mêlée farouche la double croix »[623] .

Le 22 septembre 1320 les Mamelouks furent boutés hors d'Ayas par les Arméniens réduits à leurs propres forces[624].

Alors que les relations avec la papauté de Rome avaient été empreintes de courtoisie celle d'Avignon durcissait le ton.

«Les documents pontificaux, adressés aux Arméniens, révèlent en cette première période des tons particulièrement déférents et amicaux ... Il n'est pas question, en tout cas, d'erreurs, d'hérésies, d'abjuration ou de conversion, comme il en sera le cas, de façon toujours plus insistante, à partir des XIII°-XIV° siècles ... Grégoire VII affirme explicitement avoir approuvé la foi de l'Eglise arménienne que le légat, le prêtre Yovhannês, envoyé certainement par le catholicos Vkayasêr [Grégoire II le Martyrophile], *lui avait proposée ... le credo dogmatique, en particulier la foi christologique, de l'Eglise arménienne ne contenait*

---

[621] F. Tournebize, p. 316; C. Mutafian, p. 74.

[622] F. Tournebize, p. 231.

[623] G. Schlumberger, *Récits de Byzance et des Croisades*, t. II, p. 170, Paris, 1922; in H. Pasdermadjian, p. 224.

[624] J. de Morgan, p. 216; F. Tournebize, p. 231.

rien de substantiellement faux ou d'«hérétique» à offenser les «pieuses oreilles»[625].

A la mort d'Ochine, son fils âgé de douze ans, Léon IV (*1320-1341*), lui succéda. La régence fut assurée par son oncle, le comte Ochine de Gorigos. La veuve d'Amaury de Lusignan, Zabel, tante de Léon IV, estima que le trône revenait à son fils. Elle fomenta des troubles avec la complicité de quelques barons arméniens. Ochine la fit jeter avec son fils Henry dans un cachot où ils moururent (*1323*).

Pendant que les Grands s'entre-déchiraient, le sultan d'Egypte, Malik en-Naçr, faisait des incursions sanglantes dans le royaume. Les Arméniens demandèrent l'aide des Mongols. Leur Khan, Abou-Saïd (*1317-1335*), leur envoya 20.000 hommes contre une forte rétribution. Ce qui fit reculer les Egyptiens. Le catholicos Constantin IV de Lampron (*1322-1326*) négocia alors à Alep un traité avec le sultan d'Egypte (*1323*). Les Mamelouks évacuèrent l'Arméno-Cilicie moyennant un tribut de 50.000 florins, le montant de la moitié des droits de douane du port d'Ayas et de l'impôt sur le sel. En contrepartie, le catholicos avait pu obtenir une trêve de quinze ans[626].

Nous arrivons aux dernières années du royaume. Les informations qui les concernent proviennent d'une «*Chronique de la Petite Arménie*», écrite par un Franciscain d'Etampes, Jean Dardel. Elle a été découverte en 1880 dans la bibliothèque de Dole (*Jura*) et publiée en 1907. Ce moine fut le secrétaire du dernier roi d'Arménie, Léon V, qu'il rencontra en Egypte, en 1377, au cours de sa captivité. Dardel nous restitue l'amertume et les ressentiments de son maître. Il ressort de tout ceci que Léon V de Lusignan était un monarque vénal, envieux et mû par de vivaces ressentiments. Cette chronique est partiale et rancunière mais relate des faits historiques inconnus jusqu'alors. On pourra y faire référence avec un esprit synthétique et critique.

Ayant atteint la majorité, Léon IV décida de prendre le contrôle de son Etat. Il fit assassiner le régent, son oncle Ochine, et le frère de ce dernier le généralissime Constantin (*26 janvier 1329*). Il privait ainsi l'armée de chefs valeureux. Pour se concilier les bonnes grâces de ses ennemis, il envoya la tête d'Ochine au sultan d'Egypte, Malik en-Naçr, et celle du second au Khan de Perse, Abou-Saïd.

Il accusa son épouse, qui était la fille du régent, d'adultère, sans doute à tort, et l'étrangla de ses mains. Devenu veuf, il épousa Constance-

---

[625] T.R.P. B.-L. ZEKIYAN, *Les disputes religieuses du XIV° siècle, préludes des divisions et du statut ecclésiologique postérieur de l'Eglise arménienne*, p. 306-307, colloque de Poitiers, 1993.

[626] J. de Morgan, p. 216; C. Mutafian, p. 80-81; F. Tournebize, p. 232-233.

Eléonore en 1333. Elle était la fille du roi Frédéric II de Sicile et veuve de Henry II roi de Chypre. Dardel nous fait savoir que Léon IV aurait épousé Constance-Eléonore pour les revenus annuels que son époux lui avait laissés soit 70.000 besants blancs de Chypre[627]. La nouvelle reine fit de la cour d'Arménie une cour catholique latine. Elle obtint du roi tous les privilèges pour ses compatriotes siciliens, les faisant mettre sur un pied d'égalité avec les Marseillais et les Montpelliérains. Malgré toute cette bonne volonté des souverains arméniens, le pape ne put former une nouvelle croisade; la mode en était passée. Les Vénitiens et les Génois firent valoir leurs intérêts commerciaux qui primaient leurs engagements de chrétiens et leur obéissance au chef de leur Eglise.

«Les Génois lui représentèrent comme imminente la ruine de leur commerce, et, si l'on excepte les armes, le fer et le bois pour les constructions navales, ils obtinrent de porter leurs marchandises à Laodicée [Lattaqié], accessible au sultan d'Egypte, et où ils entraient en relations avec les Perses, les Tatars, les Indiens (1326)»[628].

L'Arméno-Cilicie se trouvait abandonnée aux Mongols qui vivaient sur le pays sous prétexte de le défendre, aux exactions quotidiennes des Mamelouks, aux harcèlements frontaliers des Turcs caramanides. Les pirates croisaient au large de ses côtes. Ce malheureux royaume était isolé, cerné de toutes parts.

Les Frères Unitors, les *«19 accusations»* et les *«117 erreurs»*, les Lusignan à la tête de l'Arménie, mercantilisme européen, Clément VI et Mkhitar 1°

Les religieux latins s'acharnaient sur ce corps moribond voulant lui imposer la discipline et la liturgie de leur Eglise. Ils poursuivirent les Arméniens jusqu'en Perse, en Grande Arménie, en Crimée, en Moldavie, en Valachie, en Pologne. Ils provoquèrent des divisions entre frères et compatriotes, achevant d'épuiser les forces vives d'une nation qui avait plus que jamais besoin d'union. Cette oeuvre néfaste allait faire disparaître tout Etat chrétien et, en certains endroits, toute trace de christianisme en Orient.

---

[627] N. Iorga, p. 139; J. de Morgan, p. 217; C. Mutafian, p. 83; F. Tournebize, p. 231-235 et 650. Ce dernier situe le mariage en 1333, à la p. 234, et en 1331, à la p. 650, en se basant sur la chronique de Dardel, découverte entretemps. F. Tournebize, n. 2, p. 650 nous donne le poids en or du besant blanc: 3 gr. 87 et l'évalue à 4 fr. 80 (*or, sans doute*).
[628] F. Tournebize, p. 317.

A la mort du catholicos Constantin IV de Lampron, Hagop II (*Jacques*) de Tarse accède au pontificat (*1327*). Neveu de Grégoire VII, Jacques II est aussi latinophile que son oncle. Les outrances des Frères Unitors le conduiront à réviser ses sympathies pour la papauté d'Avignon.

En Perse, Arpa avait succédé à Abou-Saïd mort en 1335. Ali padischah Noyn assassina Arpa au bout de six mois, et entama une politique résolument anti-chrétienne. Il ordonna de raser les églises. Le catholicos d'Aghtamar Zakaria 1° Sefedinian (*1301-1336*) accourut à la cour mongole. Il obtint du padischah la révocation de son édit.

En 1337 Léon IV avait juré sur les Evangiles devant le sultan d'Egypte qu'il ne correspondrait plus avec les princes d'Occident. Ce qu'il continua à faire en secret. Le pape Benoît XII (*1334-1342*) le délia de son serment lui affirmant qu'il était nul puisqu'extorqué par la violence. Le patriarche Jacques II, lui, reprocha au roi son parjure. Léon IV le fit déposer (*1341*) et remplacer par Mkhitar 1° de Grner (*1341-1355*)[629].

Le prosélytisme latin continuait ses machinations en Arménie. Le pape d'Avignon Jean XXII en avait chargé le dominicain Barthélémy le Petit de Bologne en le nommant évêque de Maragha dans la partie du Vaspouragan dominée par les Perses. Barthélémy ne s'occupa point des Mongols, païens en majorité, pas davantage des Perses musulmans. Il concentra son action sur les Arméniens chrétiens pour leur imposer le point de vue de l'Eglise latine. Barthélémy fit, en 1328, un adepte en la personne de Hovhannes (*Jean*) supérieur d'un monastère du Nakhitchevan. Pendant un an Jean apprit le latin et enseigna l'arménien à Barthélémy et à ses dominicains aux frais du prince Kévork ou Georg (*Georges*) son oncle. Des moines arméniens quittèrent leur Eglise pour entrer dans celle de Barthélémy. Jean XXII s'empressa de reconnaître leur Ordre qu'il assimila aux Dominicains. En 1330 la congrégation des Frères Unitors était née[630]. Comme tous les néophytes ils furent sectaires. Comme tous les fanatiques ils furent maladroits. Il s'empressèrent d'inventer «*19 accusations*» contre l'Eglise arménienne dont l'énoncé ferait sourire aujourd'hui tout théologien averti ou même le moindre chrétien connaissant son catéchisme. Leurs partisans eux-mêmes ne cautionnent pas leurs outrances.

«*Il est fâcheux que les Frères-Unis n'aient pas suffisamment compris que l'unité religieuse, l'accord dans les dogmes et la subordination*

---

[629] J. de Morgan, p. 217, 366; F. Tournebize, p. 333-337.
[630] F. Tournebize, p. 320-327.

hiérarchique, n'excluent pas la variété dans la liturgie et la discipline»[631].

En 1334 Jean XXII disparut; son antipape, Nicolas V, l'avait précédé en 1330. Benoît XII occupa le Siège d'Avignon. Il fut encore plus intraitable que son prédécesseur. Ajoutons à sa décharge que son intransigeance trouvait sa source dans les rapports défavorables rédigés par des ecclésiastiques arméniens.

Deux Frères Unitors, Nersès Baliantz et Simeon Peck, s'étaient tellement mal conduits, notamment, en rebaptisant des Arméniens que les catholicos Jacques II puis Mkhitar 1°, eux-mêmes sympathisants de l'Eglise latine, les avaient chassés du pays. Les deux proscrits se réfugièrent à Avignon. Mus par un sentiment non-chrétien de vengeance, ils présentèrent à Benoît XII un mémoire contenant «*117 accusations*» contre l'Eglise arménienne. Enumération tout aussi calomnieuse que celle des 19 prétendues erreurs.

A cette époque un Frère Unitor, Daniel, et un seigneur arménien, Thoros Mkhaylentz, envoyés du roi arménien, étaient venus demander l'envoi de renforts à Benoît XII. Les Mamelouks mettaient le royaume à feu et à sang. Le pape d'Avignon refusa toute aide aux Arméniens tant qu'ils n'auraient pas extirpé les «*117 erreurs*» d'Arménie. Il renvoya les ambassadeurs avec une lettre au catholicos et une autre au roi en les chargeant d'entreprendre sans tarder cette «*correction*» (*1° août 1341*)[632]. Il n'est même pas utile d'encombrer ces lignes par l'énumération de ce fatras de mensonges. S'appuyant sur ces calomnies, Benoît XII conditionnait son assistance hypothétique, à un pays exsangue, à la soumission à son autorité.

«*Des 117 griefs qu'il contient, plusieurs n'ont aucune portée doctrinale. Presque tous, comme il ressortira de la réponse des Pères arméniens, ne s'appliquent en réalité qu'aux erreurs de quelque parti plus ou moins en révolte contre l'Eglise arménienne, ou à des pratiques et à des superstitions populaires et locales»*[633].

Cette mise en cause injustifiée de la discipline et de la liturgie de l'Eglise arménienne indigna le patriarche de Sis et le roi arménien. Ils envoyèrent auprès de Benoît XII le Frère Mineur Daniel avec mission de réfuter toutes les calomnies du Libellus. Ce que fit Daniel. Il était vicaire de l'Ordre dominicain des Frères Unitors et théologien réputé. Tout en sachant bien que les «*117 erreurs*» n'étaient qu'un ramassis de ragots,

---

631 F. Tournebize, p. 330.

632 C. Mutafian, p. 85; F. Tournebize, p. 347-349.

633 F. Tournebize, p. 349.

Benoît XII trouvait l'occasion trop belle pour accentuer sa tutelle sur l'Eglise arménienne en la contraignant à les récuser. Non pas par l'entremise d'un dominicain, fut-il catholique latin, mais par celle d'un concile[634].
Le roi Léon IV mourut en 1341, sans doute assassiné. Malgré ses deux mariages il ne laissait pas d'héritier. Par testament il léguait le trône à son cousin Guy de Lusignan, fils d'Amaury de Tyr et de Zabel soeur des rois Héthoum II, Thoros, Sembat, Constantin et Ochine.
Au mois de mai 1342 le nouveau pape d'Avignon, Clément VI, écrivait à la reine Constance-Eléonore, veuve de Léon IV, et à Guy pour leur faire part du décès de Benoît XII et de sa propre accession au trône pontifical. Guy de Lusignan, de père français et de mère arménienne, avait résidé à Constantinople auprès de l'impératrice Xenê sa tante, la soeur aînée de Héthoum II. Elle lui avait fait donner un poste de gouverneur en Macédoine. Guy vivait heureux dans cette fonction lucrative, au milieu des intrigues, traînant derrière lui une réputation de cruauté, selon Dardel. Il n'avait pas envie de se retrouver à la tête d'un royaume déchiré par des luttes intestines, contraint de payer de lourds tributs à ses voisins. Il proposa à son frère Jean de le remplacer; celui-ci accepta la régence pour un an. Guy finit par être couronné en octobre 1342[635]. Il aurait pris alors le nom de Constantin II[636]. En ce qui concerne ce changement d'identité toutes les sources ne sont pas concordantes. C. Mutafian cite l'historien arabe Aboulfeda qui écrivit, après l'assassinat de Guy en 1344: «*Les Arméniens tuèrent leur roi franc Constantin, qui se montra incapable de gérer les affaires et ne défendait pas le pays, d'où les ravages causés par les musulmans*»[637].
N. Iorga rappelle une description de V. Langlois d'une monnaie de l'époque portant l'inscription: «*Gui thakavor Haïotz*», ce qui signifie: «*Guy, roi des Arméniens*»[638].
«*Du mariage d'Amaury de Lusignan avec la princesse arménienne Isabelle ou Zabel sont nés quatre fils, dont deux ont été tués, les deux autres ont été rappelés par le roi d'Arménie dans le pays de leur mère. L'un d'eux s'appelait Jean, l'autre Bohémond ... Ni Jean ni Bohémond n'ont eu la succession au trône. Cette succession était réservée à un autre, Guy de Lusignan, ancien auxiliaire des luttes intérieures de*

---

[634] F. Tournebize, p. 365.
[635] N. Iorga, p. 141; F. Tournebize, p. 665.
[636] J. de Morgan, p. 219; C. Mutafian, p. 87.
[637] C. Mutafian, p. 87.
[638] V. Langlois, *Numismatique de l'Arm. au moyen âge*, p. 88, Paris, 1855; in N. Iorga, p. 49.

Byzance en Europe, ce Guy qu'on a confondu avec un Constantin. Rien ne prouve qu'il y ait une identité entre lui et entre celui qu'on appelait Constantin II. Il a conservé son nom latin; on n'avait aucune raison pour lui faire changer de nom»[639].
Mais le successeur de Guy s'appellera Constantin III. Entre lui et Guy il n'y a pas de Constantin II. Il faut constater que Guy est ce Constantin II. Guy entra en Arméno-Cilicie accompagné d'une forte troupe. Lorsque les Turcs et les Mamelouks lui réclamèrent leur tribut: «*Il leur répondit, raconte Dardel, que ni le «soudan», ni «autres mécréants» n'obtiendraient de lui ni dons, ni présents, «ni autres trievaiges», s'ils ne restituaient au préalable les possessions dont ils s'étaient emparés (Ch. XXVIII). Le chroniqueur ajoute que Guy tint parole ...»*[640].
Dardel affirme, écrivant sous la dictée de Léon V, que: «*le roi Guy était vrai catholique et obéissant à notre mère, la sainte Eglise de Rome*»[641].
Pour Nicéphore Grégoras, Guy avait conservé la religion arménienne de sa mère[642].
En maintenant son royaume en état de guerre permanent, croyant que le pape à Avignon réussirait à lui envoyer une croisade, Guy faisait preuve du manque de clairvoyance politique habituel des Lusignan. Le port d'Ayas, pris par les Turcomans, avait été cédé par ceux-ci aux Egyptiens. Excédés par l'incapacité de Guy, les seigneurs arméniens l'assassinèrent en même temps que son frère Bohémond, comte de Gorigos, et leurs barons français (*17 novembre 1344*), rapporte Dardel qui ne perd pas une occasion pour noircir les Arméniens. Les corps furent enterrés à Adana[643].
Constantin de Neguir devint roi d'Arménie sous le nom de Constantin III (*1344-1363*). Il était le beau-frère de Bohémond de Lusignan comte de Gorigos exécuté avec le roi Guy-Constantin II. Constantin III n'était pas de la lignée directe mais il était apparenté aux Héthoumiens. Il aurait poursuivi de sa vindicte, toujours selon Dardel, l'épouse et les deux enfants du connétable Jean de Lusignan en tentant de les faire assassiner. Nous savons que Jean de Lusignan fut régent pendant les hésitations de son frère Guy-Constantin II. Jean était mort à Sis le 17 août 1343. Sa

---

[639] N. Iorga, p. 49.

[640] F. Tournebize, p. 665-666.

[641] DARDEL, *Chroniques de la Petite Arménie, Rec. des Hist. des Crois.*, Ch. XXXIII; in F. Tournebize, p. 667; C. Mutafian, p. 86-87.

[642] Nicéphore GREGORAS, Hist. Byzant., L. XII, 15, p. 623, Bonn, 1839-1845; in F. Tournebize, p. 666-667.

[643] Alishan, *Hayabadoum (Histoire des Arméniens)*, t. II, p. 545, Venise, 1901; in F. Tournebize, p. 669-670; N. Iorga, p. 142-143; C. Mutafian, p. 87.

famille parvint à se réfugier en Chypre auprès de Hughes IV de Lusignan. Les deux enfants étaient âgés de cinq ans (*Bohémond*) et de deux ans (*Léon, le futur Léon V*)[644].

Si on s'en remet à la numismatique, Constantin III dut siéger à Tarse au début de son règne. Son père, Baudoin seigneur de Neguir, Djegher et Partzerperth était mort dans les geôles de l'émir d'Alep (*1336*). Il avait fait construire l'église des saints Apôtres à Tarse[645].

Pour complaire au pape, le catholicos Mkhitar 1° et le roi Constantin III réunirent un synode à Sis qui rassembla quelques prélats connus pour leur docilité (*1344-1345*). Ceux-ci s'empressèrent d'assurer le pape d'Avignon qu'ils corrigeraient les 117 prétendues erreurs. Il fallait faire vite car Constantin avait besoin de renforts. Mais Clément VI, quand il apprit le meurtre du roi Guy-Constantin II et de sa suite, fut très mécontent[646]. Il expédia une commission d'enquête pour vérifier si les promesses du concile de Sis avaient été tenues. A l'arrivée des légats le roi fit exhumer les cadavres de Guy et de Bohémond et les exposa dans l'église de la Sainte-Vierge à Tarse. Les envoyés, l'archevêque Jean et l'évêque Antoine, furent très bien reçus. Ils soumirent à Mkhitar 1° les instructions de Clément VI, qui s'adressait au patriarche comme à un subalterne dont il était mécontent. Mkhitar 1° en fut blessé et refusa de se plier aux exigences du Siège d'Avignon[647]. Mais il accepta l'installation de nouveaux évêchés et de monastères latins.

Aux ravages de la guerre se joignirent les méfaits de la peste à Sis (*1347-1348*); alors le pape envoya de l'argent à l'Arméno-Cilicie[648]. C'est tout ce qu'il pouvait faire.

Clément VI proposa à Philippe VI de Valois (*1328-1350*), le roi de France, et à Edouard III d'Angleterre (*1327-1377*) de former une nouvelle Croisade. Il profitait de la trêve de deux ans entre la France et l'Angleterre. Il espérait que les deux rois entreprendraient une nouvelle Croisade afin de mettre fin au conflit. Les finances de la France, écrasée par l'Angleterre à Crécy (*1346*), étaient dans un état désastreux. Edouard III guignait sur Calais et d'autres places fortes; n'ayant cure des Arméniens il ne répondit même pas au pape[649]. Celui-ci se tourna alors

---

[644] J. de Morgan, p. 220-221; F. Tournebize, p. 671.

[645] Alishan, *Le Sissouan*, p. 247, 454, 455, 494; in F. Tournebize, p. 672.

[646] J. de Morgan, p. 220; F. Tournebize, p. 672.

[647] F. Tournebize, p. 679, 682-683.

[648] N. Iorga, p. 144.

[649] J. de Morgan, p. 221; C. Mutafian, p. 86-87; F. Tournebize, p. 664-667.

vers le doge de Venise, André Dandolo. Tablant sur l'esprit mercantile de la république il fit ressortir l'importance du port d'Ayas pour le commerce avec l'Orient. Mais Venise était en très bons termes avec les Egyptiens. Le doge refusa la proposition du pape. Les Egyptiens retiraient de substantiels revenus de leur négoce avec la Sérénissime. Ce qui leur permettait de payer leurs campagnes contre les chrétiens de Chypre et d'Arménie.

Avec l'aide des Chypriotes et des Chevaliers de Rhodes, Guy put reprendre Ayas (*1347*). Victoire de courte durée. Quelques mois plus tard les Mamelouks entraient à nouveau dans Ayas, et les Turcs de Qonya s'emparaient du fort de Babéron qui défendait Tarse au nord-est. Les chevaliers de Rhodes abandonnèrent les Arméniens et firent la paix avec les Turcs. Ils préféraient les biens matériels à la défense du christianisme. Les Vénitiens choisirent de se battre contre les Génois pour le monopole du commerce avec les Musulmans[650].

Le roi de France Philippe VI mourut en 1350, et, malgré la trêve avec l'Angleterre, les maigres espoirs de Croisade s'envolèrent.

En 1350 Clément VI promit 12.000 besants d'or par an et 1.000 cavaliers si le catholicos, le roi et le peuple reconnaissaient son entière autorité. Nersès Baliantz, le douteux personnage auteur des 117 calomnies, reçut la confiance du pape pour apporter l'or aux Arméniens[651]. En compagnie du chevalier Constant il fut envoyé en Chypre (*1351*) pour y recevoir du collecteur d'impôts pontifical, l'évêque de Paphos, les besants d'or destinés aux Arméniens. En Chypre, Constant et Baliantz se disputèrent pour des questions de préséance. Constant abandonna sa mission et vogua vers l'Arméno-Cilicie. Baliantz se prélassa dans l'île sans recueillir le moindre écu pour ses compatriotes dans la détresse[652]. Ce qui en dit long sur ce personnage qui contribua, à cause de sa mauvaise foi et de sa vanité, à la mésentente entre les deux Eglises. Clément VI chargea l'évêque de Paphos et l'archevêque de Nicosie de reprendre les négociations avec Mkhitar 1°. On recherchait un interprète latin-arménien; on ne put en dénicher en Chypre. Innocent VI (*1352-1362*), qui venait de succéder à Clément VI, écrivit au patriarche arménien et au roi (*1° octobre 1353*). Il appelait Mkhitar «*consolator*» (*traduction*

---

[650] C. GAY, *Le pape Clément VI et les Affaires d'Orient*, p. 61, Paris, 1904; BOSIO, *Storia della sacra Relig. di S. Giovanni Geros.*, L. II, p. 75-81, Roma, 1629; HEYD, *Hist. du commerce du Levant au M.-A.*, trad. Furcy Raynaud, II, p. 91, Leipzig et Paris, 1885; P. Alishan, *Léon le Magnifique*, p. 377; in F. Tournebize, p. 676-678. J. de Morgan, p. 221.

[651] Alishan, *Léon le Magnifique*, p. 377; in F. Tournebize, p. 668-669. N. Iorga, p. 141. C. Mutafian, p. 87. F. Tournebize, p. 678.

[652] Dardel, Ch. XXXVIII; in F. Tournebize, p. 681.

latine de l'arménien mkhitar) et le roi Constantin III, «*son très cher fils dans le Christ*». Ceux-ci firent valoir à Innocent VI qu'ils étaient prêts à prendre en considération les propositions de feu Clément VI dès qu'un interprète leur serait dépêché[653].

Un homme se proposa pour cette mission, le Frère Unitor Nersès Baliantz. L'archevêque de Nicosie et l'évêque de Paphos se défiaient de ce perturbateur; il avait fait capoter la mission que Clément VI lui avait confiée. Le pape Innocent VI fit le même mauvais choix que son prédécesseur en chargeant Baliantz de traduire au catholicos et au roi les missives de Clément VI. Mkhitar 1° et Constantin III reçurent très mal Baliantz et ne l'écoutèrent point[654].

A la mort de Mkhitar 1° (*1355*), son prédécesseur Jacques II reprit le Siège apostolique qu'il occupera jusqu'à sa mort en 1359.

En 1356 Innocent VI donna aux Frères Unitors le statut de l'Ordre de saint Augustin et les fusionna avec les Dominicains. En 1360 ils étaient 700, répandus dans cinquante couvents en la seule Arménie[655].

En 1359 Mesrob 1° d'Ardaze (*1359-1372*) succédait à Jacques II.

En 1359 le sultan d'Egypte Malik en-Naçr prenait Sis, Adana, Tarse et toute la côte sauf Gorigos. Ce dernier port fut attaqué par les Turcs caramanides mais ils reculèrent devant l'offensive de Pierre 1° de Lusignan, roi de Chypre qui s'installa à Gorigos[656]. Les deux Etats chrétiens du Levant étaient réduits à leurs propres forces; elles n'étaient pas suffisantes. Pierre 1° partit en Europe pour obtenir une aide militaire. Il emmenait avec lui Bohémond afin de le faire couronner roi d'Arménie par le pape. Bohémond mourut à Venise il était âgé de 24 ans. Bohémond était le fils aîné de Jean de Lusignan et le neveu du roi Guy-Constantin II. Pierre 1° aurait pu obtenir la couronne pour lui-même. Peut-être avait-il cette intention quand il rencontra le roi de France Jean le Bon à Avignon. D'autant que le pape Urbain V (*1362-1370*) avait réussi à convaincre ce dernier (*20 mars 1363*) à prendre la direction d'une nouvelle Croisade. Mais le roi de France mourut l'année suivante en Angleterre[657].

---

[653] F. Tournebize, p. 694-695.
[654] C. Mutafian, p. 87; F. Tournebize, p. 695-696.
[655] C. Mutafian, p. 87; F. Tournebize, p. 320-327.
[656] Alishan, *Le Sissouan*, p. 89; in N. Iorga, p. 145-146.
[657] J. de Morgan, p. 221-222; C. Mutafian, p. 88; F. Tournebize, p. 689, 700.

En 1363 Constantin III était déjà décédé, laissant vacant le trône d'Arméno-Cilicie; ses fils, Ochine et Léon, l'ayant précédé dans la tombe[658].

Pierre 1° revint en Chypre avec une lettre d'Urbain V datée du 3 avril 1365. Elle recommandait aux Arméniens de choisir pour monarque Léon de Lusignan, le frère de feu Bohémond, moyennant quoi ils recevraient de l'argent. Le roi de Chypre ne communiqua pas ce message aux barons arméniens. Il espérait sans doute monter un jour sur le trône d'Arménie. Les barons, ignorant la recommandation du pape, choisirent pour roi Constantin IV (*1365-1373*). Il y avait eu deux ans de vacance à la tête de l'Etat dans l'attente sans doute des directives d'Avignon. Constantin IV était le fils du chambellan du royaume Héthoum, frère du maréchal Baudouin. Le nouveau souverain était donc le cousin germain du monarque défunt[659].

Si les papes latins mirent comme préalable à leur aide la soumission de l'Eglise arménienne à leur autorité, ils firent, en cette fin de moyen-âge, tout ce qui était en leur pouvoir pour secourir Chypriotes et Arméniens. L'appât du lucre caractérisant les Occidentaux les rendaient insensibles aux malheurs des chrétiens et sourds aux appels de leur propre pape.

«*Mais vainement Urbain V avait-il renouvelé la défense de commercer avec les infidèles. L'excommunication lancée par le carme Pierre Thomas, patriarche de Constantinople, contre les transgresseurs de cet ordre du pape, n'arrêtait pas l'avidité des peuples marchands. Ils se souciaient peu que l'Eglise fulminât contre eux, que la Cilicie fût de nouveau mise à feu et à sang, et que ses habitants fussent contraints d'émigrer alors par milliers en Grèce, à Mitylène, à Rhodes, etc.., - Vénitiens, Génois, Aragonais ne songeaient qu'à tirer profit du commerce d'aromates et passaient des contrats particuliers avec les sultans d'Egypte*»[660].

Les Vénitiens étaient prêts à tout quand il s'agissait de s'enrichir. Ils en avaient donné l'exemple, au siècle précédent, en détournant la IV° Croisade (*1202-1204*) vers le sac de la Constantinople chrétienne. L'Empire latin (*1206-1261*), qui tenta de se substituer à l'Empire byzantin, fut fondé pour servir les intérêts mercantiles de la république de Venise. Il s'était constitué sous prétexte de ramener les Byzantins, prétendus schismatiques, sous la férule de Rome. La véritable raison de

---

[658] Alishan, *Le Sissouan*, p. 494; Doc. arm., t. 1, p. 707; in F. Tournebize, p. 700; J. de Morgan, p. 222.
[659] J. de Morgan, p. 222; C. Mutafian, p. 88; F. Tournebize, p. 700.
[660] F. Tournebize, p. 701.

ce pillage était le souci des Vénitiens de se faire rembourser les frais de transport des Croisés[661].

«La fondation de l'empire latin intéresse surtout l'histoire économique, comme manifestation de l'impérialisme vénitien»[662].

Ne devant compter que sur lui-même Pierre 1° réussit à maintenir son escadre à flot. Il fut réduit à enrôler des mercenaires, individus peu recommandables, 10.000 fantassins et 1.000 cavaliers, avec lesquels il prit Alexandrie (*1365*). Ces soudards, sans foi ni loi, se livrèrent à un pillage éhonté. Ce qui entraîna une réaction des Mamelouks qui les chassèrent d'Egypte. Le roi de Chypre remonta la rive orientale de la Méditerranée, passa par Tripoli et la Syrie pour tomber sur les Mamelouks à Ayas (*1367*). N'ayant pu garder le port il le détruisit et se replia sur Gorigos. Là, les Arméniens lui offrirent la couronne d'Arméno-Cilicie avec l'accord du roi Constantin IV relate Dardel. Il l'accepta puisqu'il figure sur une monnaie de l'époque, gravée en arménien, en roi chevalier[663]. Il rentra en Chypre le 28 septembre 1368 pour y mettre ses affaires en ordre avant de prendre possession de son nouveau royaume. Il y fut assassiné par ses propres barons (*13 janvier 1369*)[664]. Une nouvelle chance de survie pour l'Arméno-Cilicie venait de disparaître.

Les Génois rançonnent Chypre, Léon de Lusignan, Sénéchal de Jérusalem puis roi d'Arménie, exil doré de Léon V

Livré à lui-même le peuple arménien tenta de se défendre (*1369*). Cette résistance est symbolisée par un héroïque montagnard Libarid. Il fut le bouclier de Sis contre les attaques conjointes des émirs d'Alep et de Tarse. Libarid, courant repousser l'ennemi, confia la défense du pont sur la rivière Antzmentsoug au roi Constantin IV. Le monarque fut incapable de résister et ne songea même pas à détruire l'ouvrage d'art menant à sa capitale. Quand Libarid revint, les Turcomans étaient aux portes de la ville. Ils tuèrent le héros, entrèrent dans Sis, s'y livrèrent à un carnage durant vingt jours puis incendièrent la riche capitale de l'Arméno-Cilicie[665].

---

661 R. Grousset, *Les Croisades*, p. 98-101.

662 R. Grousset, p. 105.

663 Alishan, *Le Sissouan*, p. 470; V. Langlois, *Numismatique de l'Arménie au moyen-âge*, p. 96-97, pl. VI, n. 9; in F. Tournebize, p. 702-703. J. de Morgan, p. 223.

664 J. de Morgan, p. 223, C. Mutafian, p. 88; F. Tournebize, p. 702.

665 Alishan, *Le Sissouan*, p. 242, 259; in F. Tournebize, p. 703.

En ce qui concerne Constantin IV nous devons nous fier au témoignage contestable de Dardel. Il nous dit que le roi aurait laissé le pouvoir à la veuve de son prédécesseur, la reine Marie, fille d'Ochine de Gorigos. Le pape d'Avignon Grégoire XI (*1370-1378*) aurait voulu la marier à Othon de Brunswick en 1372 afin d'intéresser les princes européens à la cause des chrétiens d'Orient. Othon préféra épouser Jeanne reine de Naples. Le pape aurait demandé à celle-ci de secourir les Arméniens.

Les Chypriotes, de leur côté, comptant sur l'aide des Vénitiens leur donnèrent la préférence plutôt qu'aux Génois. Alors les troupes de Gênes investirent l'île et lui imposèrent un tribut de 40.000 écus d'or[666].

En 1372 Pierre II fut couronné roi de Chypre et de Jérusalem. Il nomma Léon de Lusignan sénéchal de Jérusalem. En mai 1369 Léon avait épousé Marguerite de Soissons, fille du bailli de Famagouste et veuve de Humphroy de Scandelion[667].

En avril 1373 Constantin IV fut assassiné. On lui reprochait d'avoir entamé des négociations avec les Egyptiens. On pourrait penser qu'il avait du sens politique s'il ne fut pas un preux chevalier.

Avec un Occident indifférent, des Génois et des Vénitiens âpres au gain, persécutant les chrétiens pour leurs intérêts commerciaux, un royaume de Chypre exsangue, le roi arménien n'avait pas d'autre moyen pour sauver les débris de son royaume. La reine Marie fut nommée régente[668]. Dans cette atmosphère délétère, le catholicos Constantin V de Sis (*1372-1374*), la régente et les barons offrirent le trône au sénéchal de Jérusalem, Léon de Lusignan.

Le roi de Chypre, Pierre II dit Pétrin, et le régent Jean s'opposèrent au départ de Léon qu'ils avaient privé de son riche fief d'Aradippo. En réalité Léon aurait préféré récupérer Aradippo plutôt que de se charger d'un royaume en pleine déconfiture[669].

En attendant il dut se battre contre les Génois. Ceux-ci, ayant pris Famagouste, emprisonnèrent les défenseurs dont Léon. Ils exigèrent des Chypriotes la somme astronomique de 2.560.000 ducats au taux de 60% pour leurs frais de guerre. Les Génois imposèrent Léon de Lusignan d'une taxe évaluée à 280 livres d'or, lui enlevèrent sa vaisselle d'argent, sa couronne et sa garde-robe qu'ils lui rendirent contre 300 ducats. L'amiral de la flotte génoise, Pierre de Campo Fregoso frère du doge

---

[666] J. de Morgan, p. 224; F. Tournebize, p. 705.

[667] C. Mutafian, *Léon V de Lusignan, un preux chevalier et/ou un piètre monarque*, p. 203, Coll. de Poitiers, 1993. F. Tournebize, p. 705-706.

[668] J. de Morgan, p. 224; C. Mutafian, *le Royaume arménien de Cilicie*, p. 89.

[669] J. de Morgan, p. 226; F. Tournebize, p. 705-706.

Dominique, s'empara du plus beau rubis de la couronne royale promettant de le restituer contre 10.000 florins[670].

Il ne restait plus à Léon qu'à accepter le trône d'Arméno-Cilicie. Après des péripéties rocambolesques il s'enfuit de Famagouste et débarqua à Gorigos le 2 avril 1374. Le 26 juillet il parvint à pénétrer dans Sis cernée par les Turcs. S'il s'était résigné à régner sur l'Arménie c'était pour payer ses dettes de guerre. Avant même d'être couronné il exigea un «*audit*» des finances du royaume. Il avait évalué le trésor d'Arméno-Cilicie à 100.000 ducats. Or, nous dit Dardel, il était vide à l'exception d'une couronne. On lui fit valoir que les campagnes et les tributs payés aux occupants avaient absorbé tous les revenus. Léon refusa ces explications et fit emprisonner la régente Marie.

Alors que le royaume avait besoin d'unité pour trouver l'énergie nécessaire à sa survie, Léon, qui se conduisait en étranger indifférent au sort de ses sujets, refusa d'être couronné selon le rite arménien. Etant catholique romain il lui fallait l'onction d'un prélat latin. Il illustrait par là le manque total et héréditaire de psychologie et de sens politique des Lusignan. Le peuple fut choqué par cette prétention de son nouveau souverain. Léon dut se résoudre à être couronné selon les deux manières. Pour l'occasion il libéra la reine Marie.

Le 14 septembre 1374 en la cathédrale de Sis, dans une capitale assiégée, Léon V et son épouse enceinte, Marguerite de Soissons, furent sacrés roi et reine d'Arménie[671].

Le nouveau monarque s'empressa de faire battre monnaie à son effigie avec la formule: «*Léon roi de tous les Arméniens*»[672]. L'arrogance et l'avidité d'un roi qui ne s'était pas identifié à son peuple, ne s'entourant que de ses gens, indisposèrent les seigneurs arméniens qui l'abandonnèrent face à l'émir d'Alep.

Le 16 avril 1375 Sis tomba. Dardel nous fait l'éloge du courage de son maître; nous le croyons aisément, l'intrépidité au combat étant une qualité des Lusignan. Léon V fut capturé par les Egyptiens avec son épouse, son écuyer Sohier de Doulçart, le catholicos Boghos 1° (*Paul*) (*1374-1377*), la reine Marie et de nombreux chevaliers et combattants arméniens[673].

---

[670] J. de Morgan, p. 226-227.
[671] J. de Morgan, p. 230-231; C. Mutafian, p. 205, Coll. de Poitiers, 1993.
[672] C. Mutafian, *Le Royaume arménien de Cilicie*, p. 89. Vartan MANTHEOSSIAN, *A propos des monnaies*, Basmavep, n° 148 (*1-2*), p. 234-237, Venise, 1990; in C. Mutafian, p. 205 Coll. de Poitiers, 1993.
[673] N. Iorga, p. 150; J. de Morgan, p. 235.

Le sultan Malik Achraf libéra le patriarche arménien qui rentra à Sis, la reine Marie et Sohier Doulçart qui se réfugièrent à Jérusalem. Léon V et la reine Marguerite restèrent prisonniers au Caire. Ils y furent bien traités. Marguerite y mourut[674]. Leur fils y décéda sans doute aussi puisque Dardel ne nous en parle pas. Le roi de Castille, Jean 1°, paya la rançon de Léon V qui s'empressa de quitter le Caire le 7 octobre 1382[675]. Alors commença un exil doré pour le dernier roi d'Arménie qui n'avait régné que sept mois. Les rois de France, d'Aragon, de Castille soutenaient Clément VII (*1378-1394*) d'Avignon contre Urbain VI (*1378-1389*) de Rome. Toujours opportuniste, Léon V se rangea dans le camp du pape d'Avignon, ce qui lui valut d'être choyé par tous.

Le prince héritier d'Aragon, Don Juan, le couvrit de présents. Devenu Juan 1° d'Aragon, il lui donna les villes de Madrid, d'Andujar, de Villareal et leurs revenus (*14 septembre 1383*). Le roi de Navarre et le comte de Foix firent, à leur tour, assaut de libéralités à son égard. Le roi de France, Charles VI le Fou, lui offrit un palais et une rente (*30 juin 1384*). Afin de tenter une réconciliation entre Charles VI et Richard II, Léon V se rendit à Londres. Le roi d'Angleterre le reçut comme un prince régnant et lui accorda une rente de 1.000 livres par an. Léon rentra en France sans avoir, bien sûr, obtenu la paix.

Il aurait bien essayé de reconquérir son royaume. Pour cela il réclamait à ses protecteurs une trop puissante armée et une forte escadre. Il savait bien que les Occidentaux ne feraient pas le moindre effort en ce sens, s'étant contenté de se donner bonne conscience en le couvrant, lui, le roi déchu d'Arménie, de fortes prébendes. Le 30 juillet 1391 Léon V fit son testament léguant une partie de sa grande fortune à son fils naturel Guyot. Il avait fait établir ce dernier archidiacre de Brie et chanoine de Soissons. Il entreprit un dernier voyage en Angleterre où il soumit son testament au roi Richard II et revint à Paris pour y mourir le 29 novembre 1393. Il fut inhumé aux Célestins.

Après la révolution française son tombeau fut transféré à Saint-Denis. Le roi d'Arménie est le seul souverain étranger à reposer dans la nécropole royale française[676].

«Le mercenaire, qui n'est pas vraiment un berger et à qui les brebis n'appartiennent pas, voit-il venir le loup, il abandonne les brebis et

---

[674] N. Iorga, p. 151.

[675] C. Mutafian, p. 205, Colloque de Poitiers, 1993.

[676] *Hist. arm. des Crois.*, I, p. 724-728, 731; V. Langlois, *Numis. de l'Arm. au M.-A.*, p. 210-211; in N. Iorga, p. 152-153. C. Mutafian, p. 206-207, Coll. de Poitiers, 1993; F. Tournebize, p. 744-751.

prend la fuite; et le loup s'en empare et les disperse. C'est qu'il est mercenaire et peu lui importent les brebis»[677].

Le titre de roi d'Arménie passa à Jacques 1° de Lusignan, roi de Chypre. La veuve de Jacques III, Catherine Cornaro, allait vendre Chypre aux Vénitiens contre le fief d'Asolo en Vénétie (*1489*). Venise s'attribua la propriété virtuelle de l'Arméno-Cilicie. Pourtant une reine de Chypre, Charlotte de Lusignan, épousera un duc de Savoie (*1458*) et donnera Chypre à son neveu Charles de Savoie (*1487*). De ce fait les rois du Piémont revendiqueront la royauté d'Arménie[678].

La dernière place-forte, le port de Gorigos, fut livrée par Jean de Bologne au sultan turcoman de Qonya, Caraman Ibrahim-Bey. Les Turcs Ottomans à leur tour envahissaient les Etats des Caramanides, supplantant les Turcomans et les Mamelouks. Les émirs caramanides, soumis aux nouveaux maîtres, ne seront plus que des beys aux ordres des pachas osmanlis[679].

«*Des Arméniens réfugiés vers Hadchin et surtout Zeïtoun y maintiendront, à force d'activité et d'héroïsme, d'anciens privilèges, comme l'épave d'un grand naufrage, arrachée à la fureur des flots. Mais, autour et au-dessous de ces régions montagneuses, une main barbare a bien accompli son oeuvre. De tant d'églises, de tant de monastères, de tant de châteaux et de villes florissantes, bâties par la munificence des princes arméno-ciliciens, il ne reste guère que des ruines, au milieu desquelles on découvre çà et là quelques monnaies ou quelques inscriptions à demi-effacées*»[680].

---

[677] Saint Jean, 10, 12-13.

[678] C. Mutafian, *Le Royaume arménien de Cilicie*, p. 92; F. Tournebize, p. 752.

[679] F. Tournebize, p. 752-753.

[680] F. Tournebize, p. 753.

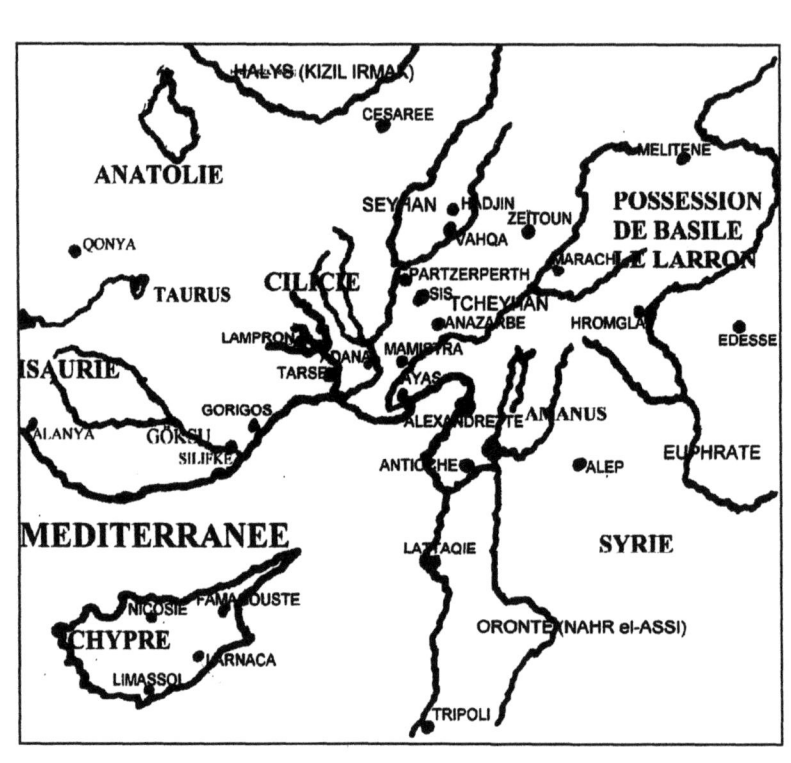

... que tous soient un comme toi, Père, tu es en moi et que je suis en toi, qu'ils soient en nous eux aussi, afin que le monde croie que tu m'as envoyé; et moi, je leur ai donné la gloire que tu m'as donnée, pour qu'ils soient un comme nous sommes un, moi en eux comme toi en moi, pour qu'ils parviennent à l'unité parfaite et qu'ainsi le monde puisse connaître que c'est toi qui m'as envoyé et que tu les as aimés comme tu m'as aimé.(Saint Jean 17, 21-23)

CHAPITRE VI

Une Eglise méconnue

La chute du royaume d'Arméno-Cilicie, le catholicossat d'Albanie Caspienne, le concile de Florence

L'Arméno-Cilicie avait sombré corps et biens depuis la désertion de son dernier roi Léon V. Les Occidentaux s'empressèrent d'enfouir ce poste avancé de la chrétienté dans les oubliettes de leur mauvaise conscience. A partir du XV° siècle commença pour l'Arménie méditerranéenne et l'Arménie orientale une nouvelle période de persécutions et de massacres. Dans les montagnes du Taurus et de l'Amanus des principautés arméniennes parviendront à se maintenir jusqu'en 1920[681]. Les Mamelouks d'Egypte, après avoir libéré le catholicos Paul 1° (*1374-1377*), lui permirent de réintégrer son Siège dans l'ancienne capitale Sis. Les Turcs, de toutes origines, parvinrent à supplanter les Mamelouks. Ils augmentèrent la répression et les impôts sur les Arméniens des villes puisqu'ils ne pouvaient pas se mesurer à ceux de la montagne. Ceux de Zeïtoun et ceux de Hadjin conservèrent leur autonomie face à tous les régimes turcs, à un contre cinquante, jusqu'au génocide de 1915[682].

Les patriarches qui succédèrent à Paul 1° ne furent pas tous d'une piété exemplaire. Ce furent Theodoros II de Cilicie (*1377-1392*), Garabed 1° de Qeghy, surnommé Pobig (*Pieds Nus*) (*1393-1408*), Hagop III (*Jacques*) de Sis (*1408-1411*), Grégoire VIII (*1411-1416*), Boghos II (*Paul*) de Garni (*1416-1429*), Constant VI de Vahqa (*1429-1439*).

---

[681] C. Mutafian, *Le Royaume arménien de Cilicie*, p. 96; M. Ormanian, p. 56.
[682] Anatolio LATINO, *Gli Armeni e Zeitun*; AGASSI, *Zeïtoun*, trad. de l'arménien par Archag Tchobanian; in J. de Morgan, p. 254-255.

Les temps étaient terribles. Il y eut cependant un point positif: l'officialisation de la réconciliation entre les sièges de Sis et d'Aghtamar en 1409. Entre Jacques III de Sis et David III (*1395-1433*) d'Aghtamar[683]. Ce fut grâce au saint vartabed Grégoire de Tathev.
Si les montagnards arméniens de Cilicie résistaient, il en était de même pour ceux de Grande Arménie dans le Sassoun, la Siounie et le Karabagh[684]. Ce dernier demeura inexpugnable jusqu'au XVIII° siècle sous le gouvernement de ses cinq princes (*Meliks*). Il s'agissait des familles Beglarian, Israëlian, Hassandjalaliantz, Chahnazarian, Avanian. Un Chahnazarian sera ambassadeur de Perse à la cour de Napoléon.
La dynastie afghane qui régnait alors en Iran eut la sagesse de laisser au Karabagh une large autonomie. Les shahs prisaient fort les conseils d'hommes d'Etat arméniens, pour leur modération, entre les deux tendances de l'Islam, sunnite pour les dirigeants, chiite pour le peuple. Grâce à quoi les Meliks dirigèrent le Karabagh dans une semi-indépendance. Pendant la guerre turco-persane le Karabagh accéda à l'indépendance totale (*1722-1730*). Les Turcs eurent toutes les peines du monde à entrer au Karabagh, courageusement défendu par le héros national arménien, David Peck, avec une poignée de combattants face à l'immense armée de Sari Mustapha.
Lorsque Tahmas Kouli Khan prit le pouvoir en Perse, il s'allia aux Arméniens pour chasser les Turcs du Karabagh (*1735*). Au moment de son couronnement il se fit ceindre le sabre impérial par un évêque arménien (*1736*)[685]. Il prit alors le nom de Nadir Shah.
Cette paix relative permit aux catholicos d'Albanie Caspienne de gérer leurs diocèses en toute quiétude. Au XIV° siècle ils avaient 30 évêques sous leur juridiction[686]. Le premier patriarche d'Aghouanie fut ordonné en 302 par saint Grégoire l'Illuminateur, - l'Histoire n'a pas conservé son nom -, il siégea jusqu'en 325. Les persécutions païennes empêchèrent toute nouvelle nomination pendant quinze ans. En 340 le patriarche Vrtanès 1° consacra son propre fils, Krikoris 1° (*340-343*), catholicos des Ibères (*Géorgiens*) et des Albano-Caspiens (*Aghouans*). Le premier catholicossat fut installé dans les montagnes de l'Outiq, à Kis, au sud de Bardav. Il migra par la suite dans la capitale du Daguestan (*Derbend*)

---

[683] M. Ormanian, p. 56.
[684] A. TCHOBANIAN, *Le peuple arménien, son passé, sa culture, son avenir*, p. 23, Paris, 1913; in J. de Morgan, p. 255.
[685] H. Pasdermadjian, p. 249-251.
[686] F. Tournebize, p. 661.

pour s'établir définitivement, au XII° siècle, dans le monastère de Gantsatzar (*le Mont du Trésor*)[687].

Les persécutions païennes dans l'Antiquité, mongoles et turques plus tard imposèrent ce nomadisme. Il fut préjudiciable à l'évangélisation totale du pays qui est devenu actuellement l'Azerbaïdjan ex-soviétique. Bien que les catholicos d'Aghouanie aient toujours cédé le pas aux catholicos de tous les Arméniens, ils en reçurent le droit d'ordonner les évêques. Les deux patriarches effectuant même des consécrations croisées en cas de nécessité.

En 1815, lorsque la Russie prit pied au Karabagh, le tsar supprima le Siège catholicossal. Le dernier patriarche aghouan fut Sarqis II Hassandjalaliantz (*1794-1815*) décédé en 1828. Il était membre d'une des cinq familles princières du Karabagh.

A l'ouest, ne cherchant pas du tout à convertir les non-chrétiens, les Ordres mendiants continuaient leur prosélytisme en milieu arménien jusqu'en Crimée, sous domination génoise au XV° siècle. Les Génois suscitèrent parmi les Arméniens un courant favorable à Rome et poussèrent leurs ecclésiastiques à participer au concile de Florence. Celui-ci avait pour but essentiel de confirmer la prééminence du pape de Rome sur les conciles.

«... *Florence, un concile auquel viennent des prélats grecs avec leur empereur, qui signent le 6 juillet 1439 un texte d'union. C'est la victoire de la papauté sur le conciliarisme, mais des idées favorables au concile demeureront actives jusqu'à Trente*»[688].

Se voulant oecuménique le concile de Florence dressera, en réalité, un obstacle quasi-infranchissable devant la ré - union des Eglises.

Le pape de Rome, Martin V (*1437-1431*), avait convoqué un concile à Bâle (*1431-1449*) afin de résoudre des questions d'hérésies, et, surtout, pour entériner la suprématie papale. Son successeur, Eugène IV (*1431-1447*), entra en conflit avec les évêques à ce sujet. Ces derniers, à Bâle, refusèrent, dans leur immense majorité, le transfert de l'autorité des conciles sur la personne du pape. Ils choisirent un antipape (*1439*), le duc Amédée VIII de Savoie, qui devint Félix V (*1439-1449*), et continuèrent leurs travaux à Bâle. Eugène IV décida de transférer le concile à Ferrare puis à Florence (*1439*). Pour marquer sa supériorité et affirmer le rayonnement de son Eglise hors du cadre romain il convoqua à Florence des représentants des Eglises orientales gagnés à sa cause.

---

[687] Alishan, *Grande Arménie*, p. 90; in F. Tournebize, n. 1, p. 380. Le Karabagh est la Sacasène de Tigrane le Grand, devenue l'Outiq et l'Artsakh sous les rois d'Arménie.
[688] Y. CONGAR, Dictionnaire des Religions, p. 302.

Des évêques grecs y vinrent avec l'empereur Jean VIII Paléologue (*1425-1448*) mais pas le patriarche de Constantinople. Des prélats arméniens de Crimée furent à Florence mais pas le patriarche de Sis. Des ecclésiastiques égyptiens firent le déplacement mais pas le pape d'Alexandrie.

Jean VIII, l'avant-dernier basileus, était en fâcheuse posture. Les Turcs démantelaient les débris de son empire. Il avait besoin de l'aide de l'Occident. Il était prêt à toutes les concessions. Il signa, avec ses prélats, la formule d'union. Hélas! son allégeance à la papauté romaine ne lui valut pas de secours efficaces. L'exemple des derniers souverains catholico-romains d'Arméno-Cilicie, abandonnés par les chrétiens européens, aurait dû lui montrer l'inanité de sa manoeuvre.

Les évêques coptes présents à Florence acceptèrent (*4 février 1442*) un texte commun avec l'Eglise latine dont la majorité des définitions reprenait les principes entérinés par toutes les Eglises depuis Nicée[689]. Ce qui ne signifiait pas que le pape d'Alexandrie se soumettait au pape de Rome. Quant à l'accord avec les Arméniens de Crimée il n'engageait en rien l'Eglise arménienne puisque ces évêques de Crimée étaient déjà assujettis à l'Eglise romaine.

En 1442 le concile se déplaça de Florence à Rome. Il fut fermé par le pape Nicolas V (*1447-1455*) en 1449.

Non seulement le concile de Florence ne favorisa pas l'union des Eglises mais il fut à l'origine de bouleversements à l'intérieur même de l'Eglise romaine. Après la dissidence des évêques réunis à Bâle et la démission de l'antipape Félix V, les bourgeois de Bâle se tourneront, au siècle suivant, vers le mouvement de la Réforme. Cela n'empêchera pas, quatre siècles plus tard, le concile de Vatican I (*1869-1870*) d'ériger en dogme la doctrine de «*l'infaillibilité pontificale*».

«*Les églises anciennes ont recouru à l'autorité des conciles oecuméniques, toutes les fois qu'il s'est agi de trancher une difficulté soulevée à propos d'un dogme. Cette règle n'a jamais cessé d'être rigoureusement observée depuis les premiers siècles jusqu'à nos jours. Seule l'église romaine a cru devoir, dans la seconde moitié du XIX° siècle, enlever cette prérogative aux conciles, pour l'attacher à la personne du pape. Mais, pour arriver à justifier cette usurpation, elle n'a pu faire moins que de recourir à cette même autorité, qu'elle dépouillait, l'obligeant ainsi à un suicide moral*»[690].

---

[689] C. Tresmontant, p. 475-477.
[690] M. Ormanian, p. 77.

Retour à Edchmiadzin, Tamerlan, le catholicos d'Aghtamar, rétablissement du Siège de Sis

Les manoeuvres du concile de Florence étaient bien éloignées des préoccupations du patriarcat arménien. Les échanges avec l'Eglise romaine restèrent superficiels quant à la masse des fidèles Arméniens. *«Les rapports entre les deux Eglises restèrent formels, ne touchant qu'une classe du clergé et du peuple arméniens de Cilicie ... Ils ne touchèrent pas le peuple ... C'était, dans le sens strict du mot, des rapports interecclésiastiques plutôt que des relations englobant l'ecclesia ...*
Ces relations restèrent bien loin des limites et de l'esprit du dialogue, d'une ouverture mutuelle, d'un effort approfondi et sincère pour se connaître, pour voir l'unité de l'Eglise dans une perspective panchrétienne et dans une approche fondée sur les données communes de l'Evangile»[691].
Depuis la fin du XIV° siècle les dévastations s'abattaient sur la malheureuse Arménie. Tamerlan (*Lenq Timour=Timour le Boiteux*) l'avait conquise (*1387*). De Gandja à Kharpout, en passant par Nakhitchevan, Erevan, Edchmiadzin, Ani, Kars, Van, Mouch, Erzeroum, Erzindjan, ... l'Arménie baigna une fois de plus dans le sang de ses enfants.
«A Van, tous les habitants furent précipités du haut des falaises; à Sivas la population tout entière fut égorgée, on enterra vivants 4.000 soldats, et les chevaux des vainqueurs piétinèrent les enfants. Ce furent d'effroyables horreurs qui se poursuivirent jusqu'à la mort de Tamerlan. Alors l'Arménie devint la proie des tribus turkomanes du Mouton noir d'abord, ensuite du Mouton blanc dont le chef, Ouzoun Hassan, se proclama sultan de Perse (1468)»[692].
La Cilicie était aux mains des Turcs seldjoukides et caramanides. Le Siège catholicossal n'avait plus de raison d'être à Sis. Il devait revenir à son point de départ dans l'Ayrarat. Les Persans occupaient Edchmiadzin. Comparée à la domination tartare ou turque celle des Iraniens était plus douce. Héritiers d'une antique et brillante civilisation, ils connaissaient bien leurs cousins de race, les Arméniens, avec lesquels ils avaient une vieille histoire commune quoique belliqueuse. Il leur restait de leur splendeur passée des moeurs plus policées que celles de Touraniens. Leur

---
[691] Karékine 1°, catholicos de tous les Arméniens, quand il était Karékine II, catholicos de la Grande Maison de Cilicie, *L'Eglise arménienne*, in *le Royaume arménien de Cilicie*, p. 151.
[692] J. de Morgan, p. 244-245.

pratique de l'Islam était dominée par une largeur de vue inconnue des Tartares et des Turcomans.

Le clergé voulut revenir à Edchmiadzin. Le catholicos Grégoire IX Moussapeckian (*1439-1441*) convoqua un synode pour prendre une décision. Sept cents évêques, archimandrites, prêtres, moines et seigneurs y assistèrent. La majorité se prononça pour le transfert du Siège de Sis à Edchmiadzin. Grégoire IX, étant personnellement opposé à ce changement, démissionna.

Plusieurs candidats à la succession se présentèrent:
- Zakaria III, catholicos d'Aghtamar (*1434-1464*);
- Grégoire Djelalpeckian, archevêque d'Ardaze;
- Zakaria de Havoutztar, archimandrite, Supérieur de l'Institut théologique de Siounie.

Si l'un de ces deux derniers était élu le risque était grand de voir apparaître un anticatholicos. Si Zakaria III était choisi les évêques craignaient que le Siège suprême ne fût transféré à Aghtamar.

Le catholicossat d'Aghtamar avait gardé les lois de l'Eglise et maintenu le cap de l'orthodoxie à l'heure où les patriarches de Sis dérivaient sans gouvernail. De l'île d'Aghtamar, sur le lac de Van, le catholicos dirigeait quatorze diocèses[693]. Le prestigieux monastère de Varac fournissait des ecclésiastiques et des théologiens de haut niveau dans la lignée de saint Grégoire de Narègue. L'influence d'Aghtamar s'étendait jusqu'au vénérable couvent de Tathev, dans les montagnes de Siounie.

«*Les patriarches d'Aghtamar, en présence de la ruine du siège de Sis, soucieux de la pureté de la doctrine et de la tradition, voulurent réagir. Il faut ajouter qu'il y avait là également l'intention de rehausser le prestige de leur siège. L'institut théologique de Sunik, qui jouissait depuis des siècles d'une réputation justement méritée, avait dans les derniers temps gagné un regain de vitalité sous la direction des saints docteurs, Hovhannès d'Orotn (+ 1388), Maghakia de Khrim (+ 1384), et Grigor de Tathev (1410). Un nombre considérable de leurs élèves, déplorant l'état lamentable de leur église, avaient voulu y porter remède*»[694].

Pour couper court aux intrigues, on tira un saint moine de sa cellule; il devint le patriarche Guiragos 1° de Virap (*1441-1443*). Il reçut du Siège

---

[693] F. Tournebize, p. 661.
Le patriarcat d'Aghtamar disparaîtra en 1895, à l'époque des massacres d'Arméniens perpétrés par le sultan Abd ul-Hamid II, surnommé le **grand assassin** par Gladstone et le **sultan rouge** par Clémenceau.
[694] M. Ormanian, p. 56-57.

de Sis le Saint-Bras-Droit (*Sourp Atch*) de saint Grégoire l'Illuminateur et s'installa à Edchmiadzin. La relique de l'Illuminateur servait à la consécration du Saint-Chrême. Elle était le symbole suprême de la dignité patriarcale. Homme de prière et de méditation, Guiragos 1° manquait de la fermeté et de l'autorité nécessaires à un chef d'Eglise. Il démissionna en 1443 et se retira dans son monastère.

Pour lui succéder on dut choisir parmi les trois candidats précédents; ce fut l'archevêque d'Ardaze Grégoire X Djelalpeckian.

Entre-temps Zakaria d'Aghtamar s'était autoproclamé patriarche suprême, et le Bras Droit se trouvait du côté d'Aghtamar d'où l'évêque d'Odzop, Vrtanès, l'enleva pour le rapporter à Edchmiadzin (*1447*). Profitant des pérégrinations du Sourp Atch l'évêque de Toqat, Garabed, affirma qu'il détenait la Sainte Relique; moyennant quoi il se déclara patriarche suprême. Il fixa son Siège à Sis en Cilicie où il se fit consacrer catholicos Garabed 1° (*1446-1477*).

En 1448 les évêques nommèrent Aristakès II coadjuteur de Grégoire X. L'Arménie était déchirée, une partie de sa population dispersée, les Sièges catholicossaux subissaient les menaces des groupes de pression soutenus, tour à tour et au plus offrant, par les gouverneurs persans. Ils n'hésitaient pas à torturer les patriarches qui refusaient de les soudoyer. Zakaria d'Aghtamar exploita cette situation pour s'emparer du Siège d'Edchmiadzin avec le soutien et la complicité du Khan persan (*1461*). Les tenants de la légitimité parvinrent à l'évincer l'année suivante et à rétablir Grégoire X sur le trône pontifical.

Grégoire X nomma alors son second coadjuteur, Sarqis II Atchatar (*1462*)[695].

«*Grigor X revenait au pouvoir, et ceux qui l'avaient aidé à réintégrer le siège étaient élevés aux honneurs du patriarcat comme coadjuteurs avec pleins titres et pleins pouvoirs ... C'est à partir de ce moment, et durant deux siècles, que prévalut à Etchmiadzine le système d'agréger au siège patriarcal des coadjuteurs avec titres et attributions de patriarche ... La seule conséquence heureuse qui découla de cet état de choses, fut de faciliter l'ordre de succession par l'intronisation immédiate du coadjuteur doyen*»[696].

A la mort de Grégoire X (*1466*) ce fut en effet le coadjuteur le plus ancien, Aristakès II Atoragal (*1466-1470*), qui monta sur le Siège de saint Thaddée.

---

[695] M. Ormanian, p. 57-59.
[696] M. Ormanian, p. 57-58.

Les Ottomans en Europe, prise de Constantinople, la «*nation fidèle*», les patriarcats de Constantinople

Une nouvelle entité turque allait occuper le devant de la scène, les Ottomans. Nous savons que Turcs seldjoukides, Turcs caramanides, Turcomans, Tartares ou Mongols font partie des peuples touraniens, originaires d'Asie Centrale. Une dernière vague de cette ethnie atteignit le sultanat de Roum (*Qonya*), au XIII° siècle, sous la conduite d'Ertoghrul. Cavaliers de valeur, ils se mirent au service du sultan d'Iconium et campèrent face aux cités byzantines de Brousse (*Bursa*), Nicée (*Iznik*), Nicomédie (*Izmit*). Ils n'étaient pas encore musulmans mais polythéistes. Enfin Othman 1° ou Osman (*1281-1326*) s'imposa à la tête de ces mercenaires (*1288*) et embrassa l'Islam.

Il est vrai que Dominicains et Franciscains ne cherchaient point alors à les convertir au christianisme mais s'attachaient à soumettre les chrétiens arméniens à l'Eglise romaine.

Ces nouveaux musulmans formèrent la nation ottomane ou osmanli (*du nom de leur chef*). Osman profita du déclin des Caramanides de Qonya pour prendre son indépendance (*1307*). La supériorité militaire des Ottomans leur permit d'enlever Brousse aux Byzantins (*1326*). La même année, Orkhan 1° (*1326-1359*) succédait à Othman 1°. Orkhan fonda le sultanat ottoman, installa une administration et frappa monnaie. Sa force résidait dans une armée toujours en état de combattre, basée sur une sorte de conscription. Elle était constituée d'une infanterie, les Janissaires et d'une cavalerie légère et virevoltante, les spahis (*du persan sipahi= cavaliers*). Les Janissaires ou Yenitcheri (*Nouvelle Milice*) se composaient d'esclaves chrétiens et d'une relève d'enfants chrétiens enlevés à leurs familles et convertis à l'Islam. Avec cette force nouvelle Orkhan 1° ne fit qu'une bouchée de l'armée byzantine; il prit les deux autres villes convoitées Nicomédie (*1328*) et Nicée (*1335*). Brousse devint la capitale des Ottomans.

Dès leur arrivée en Grande Arménie les Turcs ottomans avaient tissé des liens avec les Arméniens. Osman 1° les aimait beaucoup. Au XIV° siècle Arméniens et Osmanlis s'allièrent pour combattre les Mongols, Turcomans et Seldjoukides en Anatolie. De leur côté les Arméniens estimaient que les Ottomans, par leur sens de l'administration et leur organisation militaire, étaient de loin supérieurs aux autres Touraniens[697]. Le fils d'Orkhan 1°, Soliman, put conquérir Gallipoli (*1357*) à cause de l'incapacité politique des Occidentaux.

---

[697] M. Ormanian, p. 60; H. Pasdermadjian, p. 243.

«*Ce fut l'inconscience des Grecs et la politique purement commerciale, c'est-à-dire à très courtes vues de Gênes et de Venise qui prépara le chemin de l'expansion des Ottomans. Déchirée par les luttes intestines, en guerre avec les peuples slaves des Balkans, Byzance appela à son aide les Turcs Ottomans. Ceux-ci une fois en Europe occupèrent la presqu'île de Gallipoli qu'ils gardèrent en leur possession*»[698].

Ce n'est pas Soliman mais Mourad 1° (*1359-1389*) qui devint sultan à la mort d'Orkhan 1°. Il transporta sa capitale à Andrinople (*Edirneh*) (*1362*). Son successeur Bayazid 1° (*Bajazet*) (*1389-1402*) écrasa les Européens au Kosovo (*1389*). A Nicopolis (*Nikopol en Bulgarie*) il mit en déroute l'armée hongroise de Sigismond de Luxembourg (*1396*). Désormais la Bulgarie, une grande partie de la Grèce avec Athènes et le Kosovo étaient sous domination ottomane. L'Empire byzantin était réduit à la ville de Constantinople.

A partir de leurs bases occidentales les Osmanlis se lancèrent à la conquête de l'Orient. En 1402 Bayazid 1° rencontra Tamerlan devant Ankara. Les Mongols touraniens infligèrent un désastre aux Ottomans touraniens. Bayazid 1° fut fait prisonnier, et son empire démembré au profit des Seldjoukides touraniens, nouveaux protégés de Tamerlan. Ce qui retarda la prise de Constantinople d'un demi-siècle. Répit que les basileus ne surent pas mettre à profit pour tisser des alliances, organiser leurs armées et reprendre des territoires perdus.

Tamerlan mourut enfin et ses possessions se disloquèrent. Pendant les vingt années suivantes les fils de Bayazid se disputèrent l'héritage paternel. Enfin Mehemet 1° parvint à se débarrasser de ses trois frères et à réunifier les conquêtes de ses prédécesseurs (*1421*). Mourad II (*1421-1451*) rétablit définitivement le pouvoir du sultan.

Le bouclier arménien était tombé sous les coups des Mamelouks et des Seldjoukides, l'Europe s'ouvrait devant les Ottomans. L'Occident avait perdu la Thrace, la Serbie, la Bulgarie. Inquiets de cette progression les Européens rassemblèrent des troupes disparates face à la formidable armée ottomane. Les Hongrois furent défaits à Varna (*1444*) puis à la seconde bataille du Kosovo (*1448*). Seule l'Albanie résista quelques temps. Après la victoire turque de Varna l'empereur byzantin Jean VIII Paléologue dut accepter d'être le vassal de Mourad II.

Mehemet II (*1451-1481*) accéda au trône en faisant assassiner son frère avec le soutien des Janissaires qu'il acheta. Tous les sultans, par la suite, devront payer une prime aux Janissaires à leur prise de pouvoir. Cette

---

[698] H. Pasdermadjian, p. 241.

troupe d'élite va se dégrader au cours du temps jusqu'à ce que le sultan Mahmoud II (*1808-1839*) la fasse éliminer (*1826*).

Pour l'instant les Osmanlis contemplaient Constantinople à partir d'Andrinople. Le dernier empereur byzantin, Constantin XI Dragasès Paléologue (*1449-1453*), sentant se resserrer l'étau ottoman, tenta un ultime recours auprès de l'Europe. Pour en obtenir l'aide il ne suffisait pas d'être chrétien, l'Arménie en avait fait la triste expérience, mais il fallait reconnaître l'autorité du pape de Rome. Comme son prédécesseur Jean VIII, Constantin XI accepta l'union de l'Eglise byzantine avec l'Eglise latine. Jean VIII était allé au concile de Florence un peu comme l'empereur Henri IV à Canossa. Constantin XI s'humiliait à Constantinople devant le légat du pape de Rome. Le peuple grec se rebella contre un acte sous-entendant la prééminence de Rome sur Constantinople. L'Occident abandonna donc Constantin XI Dragasès. Mehemet II avait mobilisé une formidable force de 200.000 hommes pour assiéger Constantinople. Constantin XI, avec seulement 10.000 combattants, parvint à résister 54 jours. A la veille de la chute de la Rome d'Orient, l'empereur et son peuple assistèrent à la dernière messe célébrée dans la cathédrale Sainte-Sophie, communièrent et reçurent les derniers sacrements[699]. Il n'y a plus jamais eu d'autre célébration du Saint-Sacrifice depuis à Sainte-Sophie. Le lendemain, 29 mai 1453, un ultime assaut des Turcs enlevait la capitale byzantine. Le dernier basileus, au terme d'une héroïque résistance, tombait avec panache sous les coups des envahisseurs.

«*Jusqu'en 1453 Byzance avait été un boulevard de l'Europe face à l'Asie. A partir de cette date elle devint un poste avancé de l'Asie établi en Europe*»[700].

Une fois établi dans la prestigieuse capitale, Mehemet II devait adapter son administration en fonction des données nouvelles. Fallait-il éliminer l'entière population de l'ancienne capitale byzantine ? Comme le firent ses frères Seldjoukides quand ils massacrèrent les habitants de la capitale de l'Arménie Ani ? En souverain éclairé, qui avait besoin de tout le monde pour assurer la prospérité de son empire, Mehemet II sut ménager et préserver ses nouveaux sujets.

L'Anatolie attendait d'être conquise sur les Turcs seldjoukides et autres Touraniens; les Persans et les Arabes étaient l'objectif suivant. Les Ottomans devaient assurer leurs arrières et leurs approvisionnements,

---

[699] H. Pasdermadjian, p. 242 et n. 1, p. 242.

[700] CROMER, *Political and Literary Essays*, III, p. 76, London, 1926; in H. Pasdermadjian, n. 2, p. 242.

fruits du labeur des chrétiens et des juifs. Il n'était pas question de convertir les chrétiens à l'Islam par la force. Tout chez les Turcs étant régi par la religion, Mehemet II calqua l'administration des chrétiens sur son propre système théocratique. Le chef de l'Eglise byzantine, le patriarche Gennadius, était toujours là. L'intérêt du nouvel Etat consistait à lui témoigner sa bienveillance. Il se conciliait ainsi les membres de son Eglise dans les Balkans, en Crimée et, même, en Ukraine et en Russie. A l'imitation des Perses, des Arabes et des Turcs seldjoukides, qui avaient favorisé l'indépendance de l'Eglise arménienne face à sa soeur grecque, les Ottomans estimaient qu'en protégeant l'Eglise byzantine il la couperaient de l'Eglise latine, partant de l'Occident.

«*Ainsi toutes les affaires concernant la vie familiale, comme le mariage, l'instruction publique, la bienfaisance, le culte et ses ministres, l'administration cultuelle, etc.., furent abandonnés à la juridiction des chefs religieux. C'est ainsi que le patriarche se trouve revêtu d'une espèce de juridiction civile ou patriciat impérial (1453)*»[701].

Mais le sultan Mehemet II se méfiait des Grecs. Il les regroupa au centre de Constantinople. Dans les quartiers périphériques il lui fallait des gens sûrs. Il fit venir des Arméniens et les installa près des portes de la ville, sachant que des Turcs eux-mêmes pourraient le trahir mais jamais les Arméniens. Les Osmanlis appelleront les Arméniens: **milleti sadaqa** (*la nation fidèle*). Ne voulant pas faire la part trop belle à l'Eglise grecque, Mehemet II créa le patriarcat arménien de Constantinople (*1461*). Il nomma à ce Siège l'évêque de Brousse, Hovaghim (*Joachim*), le mettant sur un pied d'égalité absolue avec son homologue grec.

Le sultan rassembla tous les chrétiens de l'Empire dans les deux Eglises:
- l'Eglise orthodoxe chalcédonienne, sous l'autorité du patriarche grec, regroupa les Albanais, Arabes, Bulgares, Caramaniens, Croates, Grecs, Melkites, Moldaves, Ruthènes, Serbes et Valaques;
- l'Eglise orthodoxe non-chalcédonienne, sous l'autorité du patriarche arménien, réunit les Arméniens, Chaldéens, Coptes, Ethiopiens, Géorgiens et Syriens.

Les Géorgiens quittèrent l'Eglise arménienne au VII° siècle pour se soumettre à la byzantine. En les ramenant dans le giron de leur Eglise d'origine, le sultan Mehemet II montrait sa profonde connaissance de l'Histoire de l'Eglise tout en donnant une marque supplémentaire d'estime aux Arméniens.

Les membres de l'Eglise romaine, vivant dans l'Empire ottoman, furent englobés sous le terme de Levantins et durent passer, pour les actes

---

[701] M. Ormanian, p. 60.

cultuels et administratifs, par l'intermédiaire de l'un ou l'autre patriarcats selon la nation à laquelle ils appartenaient. En 1830 seulement la Sublime Porte permettra l'établissement d'un patriarcat catholique[702].

«*Si l'on tient compte du fait qu'à cette époque l'Empire Ottoman n'englobait pas encore l'Arménie, on peut dire que les Turcs Ottomans accordèrent aux Arméniens, soit par calcul politique, soit en reconnaissance des services rendus, une place que leur nombre dans l'Empire ne devait justifier que plus tard, lorsque l'Arménie proprement dite et la Cilicie furent englobées dans ses frontières*»[703].

Au fur et à mesure de leur progression vers l'est et le sud, les Osmanlis rattachèrent au patriarche arménien de Constantinople les diocèses d'Arménie anatolienne, de Cilicie, de Syrie, de Palestine, etc... Au point que les Sièges de Sis, d'Aghtamar et le patriarcat de Jérusalem furent soumis à l'administration civile du patriarche arménien de Constantinople[704]. Pourtant les catholicos de Sis et d'Aghtamar venaient dans l'ordre de la préséance avant le patriarche de Constantinople

«*On sait que sous l'influence de leur principe théocratique, les Turcs ne changèrent presque rien à la condition des peuples qu'ils soumirent. Ils se bornèrent à leur imposer la prescription du Coran qui commande aux croyants de laisser aux vaincus leurs biens à la condition de payer l'impôt de capitation* (Kharadj). *Mettant à profit ces dispositions, les chrétiens s'organisèrent de leur mieux et vécurent de leur vie propre tout en restant soumis à la domination à laquelle ils étaient incorporés. Le patriarche, qui recevait l'investiture de la Porte, devint le chef légal de la nation* (Millet bachi). *Chef responsable vis à vis du Pouvoir, il veillait à la perception des impôts qui s'opérait par l'intermédiaire de ses agents et sous sa garantie. Devant son tribunal étaient portées des affaires litigieuses, civiles ou criminelles, celles qui ont rapport au mariage et à l'état civil. Les Grecs étaient soumis à un régime analogue. D'ailleurs Mahomed II n'avait fait qu'appliquer aux Arméniens les capitulations qu'il avait octroyées au patriarche Gennadius*»[705].

Avant le génocide de 1915, il y avait 2.228 églises arméniennes, parfois plusieurs par commune, dont de nombreux sanctuaires datant des premiers siècles du christianisme, réparties dans 51 diocèses dépendant directement du patriarcat de Constantinople, 15 diocèses sous la

---

[702] M. Ormanian, p. 60-61.

[703] H. Pasdermadjian, p. 244.

[704] M. Ormanian, p. 62.

[705] Bertrand BAREILLES, *Préface de l'Eglise arménienne* de Malachia Ormanian, p. VI et VII.

juridiction du catholicos de Cilicie, 2 diocèses sous l'autorité du catholicos d'Aghtamar, 4 diocèses rattachés au patriarcat de Jérusalem. Ce qui faisait, dans l'Empire ottoman, 72 diocèses ou thèmes sous la direction administrative du patriarcat arménien de Constantinople. De ces milliers d'églises ne subsistent que des ruines sur le territoire de la Turquie, hormis une ou deux ouvertes au culte à Istanbul.

«*Sahmanadrutyun*», le patriarche Malachia Ormanian

Pendant des siècles les Arméniens furent la sève, le ferment de richesse de l'Empire ottoman. La loyauté, l'industrie, l'intelligence de ce peuple se mirent au service des Turcs. Les Arméniens modernisèrent les vieilles structures ottomanes. Les ministres et fonctionnaires arméniens de l'état turc luttèrent contre la corruption, la politique des bakchichs, la prévarication, courantes dans le personnel administratif turc et tentèrent de hisser le pays à la hauteur des nations occidentales.

«*On trouve un grand nombre de maîtres arméniens dans les écoles et collèges turcs où ils enseignaient principalement les sciences et les langues. L'Ecole de Médecine de Constantinople qui fut longtemps avec l'Ecole militaire, le seul établissement supérieur d'instruction sur le modèle européen que possédait la Turquie, fut fondée en 1838 par le sultan Mahmoud II sur la suggestion de son médecin arménien Chachian et elle compta, parmi son corps enseignant, un grand nombre de professeurs arméniens*»[706].

Le sultan Mahmoud II s'appuya sur les Arméniens pour mener à bien sa politique de réformes. Voulant faire évoluer la Turquie vers la laïcité, il donna une certaine liberté aux chrétiens par le Hatt-i-Chérif (*Fait du Prince*) (*1839*)[707]. Les laïques arméniens en profitèrent pour établir de nouvelles règles consistant à amoindrir le pouvoir du patriarche (*1857*). Ils formèrent deux conseils: le premier, composé d'ecclésiastiques, se consacrait aux seules affaires spirituelles; le second, réunissant des laïques, gérait les questions matérielles et veillait aux actes administratifs. Le sultan, cependant, ne reconnaissait que le patriarche en tant que porte-parole de la nation.

Parce qu'ils subventionnaient les structures du patriarcat, les laïques s'estimèrent en droit de rédiger une constitution (*Sahmanadrutyun*) qui entérina l'existence des deux conseils. Le texte confirmait le statut de chef de la nation et de l'Eglise du patriarche dans l'Empire ottoman. Il le

---

[706] H. Pasdermadjian, p. 287.
[707] B. Bareilles, p. VII.

rendait responsable de ses actes devant une assemblée générale composée de religieux pour 1/7 et de laïques pour 6/7 (*1863*)[708].

Malgré cet aspect quelque peu matérialiste, le «*Sahmanadrutyun*» permit d'élaborer des lois sociales, d'organiser une instruction publique et gratuite pour les enfants des deux sexes dans toutes les paroisses arméniennes de l'Empire ottoman. Ainsi le peuple arménien captif, écrasé de contributions et de taxes trouvait encore la ressource de financer un enseignement gratuit et obligatoire avec vingt ans d'avance sur la France de la III° République[709].

Pour que cette politique pût s'épanouir il fallait un régime libéral. Ce fut celui d'un sultan aux idées d'avant-garde, Abd ul-Aziz (*1861-1876*), que les forces de réaction turques obligeront à se retirer. Cinq jours après son abdication on le trouva mort. La Turquie avait choisi de ne pas quitter le moyen âge. Pourtant Abd ul-Aziz aurait pu mettre l'Empire ottoman au rang des grandes puissances européennes.

Dans chaque paroisse arménienne de l'Empire osmanli se mit en place un conseil d'administration ou éphorie. Il était constitué de laïques s'occupant des affaires courantes en dehors de la liturgie et de la distribution des sacrements. Il organisait l'enseignement religieux et profane, les oeuvres de bienfaisance, sans que l'Etat turc n'ait à débourser le moindre centime pour la prise en charge sociale de la nation arménienne ou la scolarisation de ses enfants. Ce qui n'empêchait pas les Ottomans de prélever d'énormes impôts sur les Arméniens.

Elues par l'assemblée générale des fidèles, les éphories étaient propriétaires de l'église, de ses dépendances, responsables de l'entretien des prêtres. Elles répondaient de leur gestion devant cette même assemblée générale. Les conseils d'administration des paroisses élisaient, à leur tour, les conseils diocésains. Chaque éphorie pouvait proposer à l'évêque la candidature du curé de la paroisse. Chaque conseil diocésain pouvait émettre son voeu, auprès du catholicos, quant au choix de l'évêque.

Non seulement les Arméniens ne coûtaient rien à la Turquie mais ils l'enrichissaient; seuls des sultans éclairés pouvaient comprendre cela. Cette propagation de l'instruction et de la culture déplut aux Vieux-Turcs et, aussi, aux Jeunes-Turcs. Pourtant, par effet de rebond, les bienfaits de cette ouverture au monde se firent aussi sentir sur le peuple turc.

---

[708] G. Guaïta, *Karékine 1°*, p. 185.
[709] B. Bareilles, p. VIII-IX; H. Lynch, *Armenia*, II, p. 97, London, 1901; in H. Pasdermadjian, p. 272.

Grâce au «*Sahmanadrutyun*», dès 1869, l'antique monastère de Varac, dans les montagnes du Vaspouragan, modernisa son enseignement religieux et profane. Conformément à la tradition arménienne les monastères, centres de culture et de foi, dispensaient aussi l'instruction aux laïques. Parmi quelques prestigieux établissements on pourra citer le collège d'Erzeroum (*1881*), l'ancienne Garin des rois d'Arménie, dans laquelle subsistaient 89 églises, l'Ecole Centrale de Constantinople (*1887*), l'Ecole Normale de Van, etc...[710]. Des écoles françaises et américaines s'ouvrirent à travers le pays, attirées par les Arméniens. Les établissements français étaient dirigés par les Dominicains, les Jésuites ou les Assomptionnistes. Les collèges américains étaient le Robert College, l'American College for women à Constantinople, Aïntab, Tarse, Kharpout, etc...[711].

L'une des congrégations les plus remarquables fut le monastère d'Armache. Ce village est situé près d'Ismidt (*Nicomédie*). Le couvent dut y être fondé entre le XV° et le XVI° siècle. Comme il fut souvent incendié et saccagé au cours des pogroms ou des périodes d'instabilité à l'intérieur de l'Empire ottoman les archives les plus anciennes ont disparu. On ne retrouve de traces qu'à partir de 1610.

Au gré des vicissitudes, Armache parvint à fournir son lot d'ecclésiastiques. A la fin du XIX° siècle, alors que les menaces se précisaient, un grand prélat, Malachia Ormanian, en prit la direction (*1889*). Il fit du monastère d'Armache le phare de la foi, l'un des centres théologiques et culturels les plus importants et une pépinière de prélats de haut niveau de l'Eglise arménienne.

«C'est ce séminaire qui forma des religieux d'une haute valeur intellectuelle et morale qui allaient diriger les diocèses dans les coins les plus perdus de l'Arménie, rompant ainsi avec le régime où le désir des ecclésiastiques était de briguer des sièges de tout repos à Constantinople»[712].

Quand Ormanian fut élevé à la dignité de patriarche de Constantinople il confia la direction du monastère à Eghiché (*Elisée*) Tourian qui continua l'oeuvre de son illustre prédécesseur. Savant distingué, théologien, linguiste, historien, poète, Elisée Tourian fut aussi patriarche de

---

[710] T. DEYROLLE, *Voyage dans le Lazistan et l'Arménie, Le Tour du Monde*, p. 388, Paris, 1876; van E. CHANTRE, *De Beyrouth à Tiflis, Le Tour du Monde*, p. 284, Paris, 1889; H. Lynch, II, p. 213; in H. Pasdermadjian, p. 272-273.
[711] H. Pasdermadjian, p. 273.
[712] H. Pasdermadjian, p. 273.

Constantinople puis de Jérusalem. Son frère Bedros (*Pierre*) Tourian fut un poète illustre.

L'immense majorité des prélats, issus d'Armache, allait être déportée et mourir dans les déserts de Mésopotamie, à partir de 1915. Un des rares rescapés fut le premier évêque de Marseille, Krikoris Balakian, qui construisit, avec les survivants du génocide, les huit églises arméniennes de Marseille dont la cathédrale située sur une des artères principales de la ville phocéenne.

Puisque nous en sommes au patriarcat de Constantinople, il nous faut évoquer la figure de l'un de ses plus éminents titulaires: Malachia Ormanian. Boghos (*Paul*) Ormanian naquit en 1841 à Constantinople dans une famille catholico-romaine. A l'âge de dix ans l'enfant choisit de se consacrer à Dieu et entra au séminaire des Antonins à Rome. A 24 ans il soutint une thèse en théologie (*atto publico*). Ordonné prêtre il reçut le nom de Malachia et devint membre de l'Académie théologique de Rome (*1865*). C'était l'époque de la préparation du concile de Vatican I (*1869-1870*); le jeune abbé y participa. Mais il ne put se résoudre à accepter la transformation en dogme de la doctrine de l'«*infaillibilité pontificale*». Son opposition fut active. Il donna des conférences, écrivit dans les journaux en vue jetant toute son ardeur dans le combat. Il gêna tellement la Curie qu'elle le fit expulser de Rome et d'Italie. Il continua la bataille en France puis à Constantinople. Quand le dogme de l'infaillibilité fut proclamé Malachia Ormanian se trouva devant un cruel cas de conscience. Homme de foi, théologien éclairé, ecclésiastique intègre ayant pour ambition l'union, la ré - union des Eglises il ne pouvait accepter un dogme qui transférait sur les épaules d'un seul chef d'Eglise, héritier des apôtres comme tous les autres chefs d'Eglise, le pouvoir conféré par l'Esprit Saint et détenu par les conciles oecuméniques. Ormanian avait toujours dit et écrit qu'un fidèle s'il refusait ne serait-ce qu'un seul dogme de son Eglise devait la quitter. Ce n'est sans doute pas sans affres et sans nuits blanches qu'il prit cette pénible décision.

«Je ne vivrais pas cinq minutes hors de l'Eglise et, si l'on m'en chassait, j'y rentrerais aussitôt, pieds nus et en chemise»[713].

Malachia Ormanian ne pouvait exister hors de l'Eglise. Aussi sachant la rigueur dogmatique et le libéralisme doctrinal de l'Eglise de ses ancêtres, il rentra dans son giron. En 1879 Malachia Ormanian et un grand nombre d'Arméniens catholiques réintégrèrent leur Eglise. Le patriarche de Constantinople, Nersès II Varjabedian (*1874-1884*), reçut Ormanian avec le grade d'archimandrite suprême. Celui-ci se mit immédiatement

---

[713] G. Bernanos, cité par le cardinal Roger ETCHEGARAY, *J'avance comme un âne*, p. 129, Paris, 1984.

au travail. Travail de mission, d'évangélisation, de formation de cadres pour l'Eglise. Ordonné évêque, nommé supérieur du monastère d'Armache il en fit ce que nous savons. Le 15 octobre 1896 il fut élu patriarche de Constantinople. Les massacres d'Abd ul-Hamid II ensanglantaient l'Arménie. Malachia Ormanian réussit à tempérer la fureur sanguinaire du sultan grâce à sa diplomatie, à sa connaissance de l'Islam. Afin de rappeler que les deux religions monothéistes se devaient respect et compréhension mutuels, il fit édifier autant de mosquées que d'églises. Il finit par faire cesser le bain de sang et réussit à établir une relative et courte période de paix. Certains exaltés arméniens ne comprirent pas cette circonspection, cette sagesse dans les relations avec la Sublime Porte et contraignirent Ormanian à démissionner (*1908*). Le «*ci-devant patriarche*», comme il se nommait lui-même, se réfugia dans ses études. Il publia «*une Histoire de l'Eglise et de la nation arméniennes*» en trois volumes de plusieurs milliers de pages. Il écrivit, en français, l'«*Eglise arménienne*». Il produisit de nombreux ouvrages, théologiques, historiques, ainsi qu'une remarquable exégèse biblique. Déporté avec ses compatriotes, ses fidèles, pendant le génocide, il parvint en très mauvaise santé à Damas puis à Jérusalem (*1917*). A la fin de la Grande Guerre il put rentrer à Constantinople où il s'éteignit des suites de son calvaire (*1918*)[714].

Il aurait pu, comme le firent sans doute quelques-uns de ses condisciples, se soumettre contre son gré aux canons de Vatican I. Une voie cardinale se serait ouverte devant lui. La profondeur de sa pensée, l'étendue de ses connaissances, sa vitalité lui auraient fait gravir les échelons de la hiérarchie de l'Eglise latine. Son ambition n'était pas la gloire d'ici-bas, mais l'amour de la Vérité.

«*Heureux ceux qui sont persécutés pour la justice: le royaume des cieux est à eux*»[715].

Cette enjambée dans le temps nous a permis de situer l'existence du patriarcat de Constantinople et d'évoquer les côtés positifs du «*Sahmanadrutyun*». Cet aménagement s'est répercuté dans toute la dispersion provoquée par les génocides de 1895-1896 et 1915. A l'exception des diocèses et paroisses inclus dans l'Empire tsariste puis de son héritière, l'Union Soviétique.

---

[714] Chahé vartabed, actuellement l'archevêque Chahé ADJEMIAN Supérieur de l'Institut Théologique d'Erevan, Préface de la 2ᵉ édition de l'*Eglise arménienne*, de Malachia Ormanian, imprimerie du catholicossat de la Grande Maison de Cilicie, Antelias, 1954.
[715] Evangile de saint Matthieu, 5, 10.

Dans les pays occidentaux les Arméniens se sont intégrés et même assimilés; ils sont devenus de loyaux citoyens à part entière. Les éphories ne sont plus investies de la responsabilité d'organiser l'enseignement ou l'état civil mais d'apprendre aux enfants le catéchisme et la langue de l'Eglise. Aussi, certains conseils d'administration, qui gèrent les paroisses, auraient tendance à avantager le côté matériel, les manifestations mondaines ou de représentations au détriment de la catéchèse et de la propagation de la foi parmi les fidèles. Soumis au bon plaisir des laïques pour sa subsistance, à leur contrôle jusque dans certains actes liturgiques, le clergé voit sa marge de manoeuvre réduite. Il arrive même que l'éphorie d'une paroisse se permette de se rebeller contre l'autorité de l'évêque si ses décisions ne lui conviennent pas.

La langue arménienne, utilisée pendant les cérémonies religieuses, n'est pas traduite. Ce qui en empêche la compréhension par l'immense majorité des générations nées en Occident provoquant la désertification des églises. Il est hors de doute que l'arménien doit être conservé dans la liturgie mais rien n'empêche une traduction simultanée refusée par les membres les plus conservateurs des éphories. Ce serait pourtant un moyen pour amener les jeunes et moins jeunes générations à participer à la vie paroissiale et à ressentir le désir d'apprendre la langue de leurs pères. L'incommunicabilité devient parfois tellement opaque que des prêtres ou des diacres, qui seraient peu scrupuleux, pourraient escamoter des passages entiers de la messe ou la lecture des Prophètes ou des Epîtres sans que nul ne s'en aperçût.

Mis à part les Etats-Unis d'Amérique, où les éphories laissent aux ecclésiastiques davantage de pouvoir et savent utiliser l'anglais en même temps que l'arménien, l'application d'un «*Sahmanadrutyun*», obsolète depuis 1915, se conformant désormais à la lettre plutôt qu'à l'esprit dresse un obstacle à la propagation de la Parole du Seigneur.

Malgré les guerres turco-persanes les catholicos renforcent l'Eglise, le shah Abbas déporte les Arméniens, réconciliation des Sièges d'Edchmiadzin et de Sis

Au XV° siècle, et même au début du XVI°, l'Eglise arménienne fut en butte aux intrigues et aux tourments. L'Eglise romaine, il suffit de faire référence aux Borgia, avait aussi ses difficultés; mais elle n'était pas, elle, persécutée par de cruels envahisseurs.

Depuis le moyen âge, la terrible Inquisition sévissait en Occident; c'était une grave récession de la conscience chrétienne, et que rien, surtout pas l'Evangile, ne pouvait justifier.

L'Eglise arménienne, bien qu'une partie de sa haute hiérarchie ait été sujette à l'époque à des discordes indignes du christianisme, ne prêcha jamais quelque chose d'analogue à l'Inquisition ou à l'intolérance.

«*Avant de porter un jugement sévère sur les chrétiens d'Orient, on doit se représenter les ruines et la désolation semées par les hordes venues de l'est et du sud, ainsi que les persécutions dont ils ne cessaient d'être victimes de la part des vainqueurs. Qu'on songe aux ténèbres intellectuelles que ces derniers se plaisaient à entretenir chez les peuples qu'ils soumettaient; à l'absence totale de tous moyens, moral et matériel, pour les dissiper; enfin aux énormes sacrifices, auxquels ils durent se soumettre pour conserver même leur existence matérielle.*

Et, cependant, c'est encore à la nation arménienne que revient le mérite, la première en Orient, d'avoir donné le signal de la résurrection, par les efforts accomplis pour échapper à cette pénible situation qu'aucune amélioration sociale ne vint jamais atténuer spontanément; désespérément elle n'a cessé de tendre les mains partout où elle a vu luire un espoir de salut»[716].

Le promoteur de ce salut fut le patriarche Miqaël 1° de Sébaste (*1564-1570*). Alors que la Renaissance éclairait l'Europe la chape d'usure de l'obscurantisme, plaquée par les envahisseurs, tentait de s'appesantir sur l'Arménie. Miqaël 1° réussit à imposer sa prééminence sur le catholicos d'Aghtamar, Krikoris II le Jeune (*1542-1612*), et sur le catholicos d'Aghouanie, Grégoire II (1556-1573). Miqaël 1° avait été le coadjuteur de son prédécesseur (*1542*) le patriarche Stepanos V (*Etienne*) de Salmasd (*1542-1564*); il connaissait bien l'administration de l'Eglise. Réduisant le pays à la misère, Turcs et Persans se battaient sur le sol et pour le partage de l'Arménie. Comme naguère Romains et Parthes puis Byzantins et Perses et Arabes et Byzantins.

«*La conquête de l'Orient par les Touraniens a transformé en un pays pauvre et à moitié désertique, une vaste région qui pendant l'antiquité et le moyen âge était l'une des plus riches du monde*»[717].

A Edchmiadzin, le palais patriarcal et le monastère servaient de cantonnements à la soldatesque persane. La première basilique de la chrétienté était devenue un entrepôt de fourrage. Il était impossible dans ces conditions de produire et de diffuser les saintes Ecritures dans le pays. La formation des ecclésiastiques se faisait clandestinement. Miqaël 1° choisit un de ses archimandrites, parmi les plus pieux, Abgar de Toqat, et l'envoya en Italie afin d'y imprimer les oeuvres interdites en

---

[716] M. Ormanian, p. 62.
[717] H. Pasdermadjian, p. 252.

Arménie (*1565*). Il y avait de bonnes raisons pour le choix de ce pays. Une imprimerie arménienne existait déjà à Venise depuis 1512 qui avait produit des ouvrages mineurs. Un demi-siècle après l'invention de Gutenberg, malgré les drames et l'isolement, les Arméniens s'étaient intéressés au progrès[718].

Le patriarche arménien escomptait aussi l'appui de son homologue romain pour répandre la Parole du Seigneur en Arménie. Hélas! Abgar de Toqat se heurta à l'indifférence du pape Pie IV (*1559-1565*). On peut dire à l'opposition papale pour éditer les Ecritures en arménien.

«*La condition indispensable, pour obtenir aide et appui, était la soumission à la papauté, suprême arbitre de l'époque. Ceux qui érigeaient les autodafé, pouvaient-ils raisonnablement se porter au secours des églises d'Orient ? Peut-on oublier que les disciples de François d'Assise, de Dominique Guzman et d'Ignace de Loyola, employaient leur zèle apostolique à la conversion des anciens chrétiens d'Orient au christianisme nouveau de l'Occident ? Sans répit, ils s'efforçaient d'imposer aux dépositaires des dogmes de l'église primitive, les innovations de la scolastique latine*»[719].

Il y eut d'autres imprimeries arméniennes en Europe, partout où se trouvait une forte communauté ayant fui les exactions depuis la fin de la Grande Arménie, puis de l'Arméno-Cilicie. A Lvov, à Rome, à Livourne, à Milan, à Paris furent imprimées, de la fin du XVI° au début du XVII° siècle, des oeuvres en arménien mais elles ne concernaient pas la vie religieuse[720].

Les guerres entre Ottomans et Persans tournèrent à l'avantage des premiers. Les Turcs enlevèrent à l'Iran l'Arménie orientale et l'Atropatène (*Azerbaïdjan iranien*) avec sa capitale Tabriz (*1585*)[721].

Les brimades, les prélèvements d'impôts exorbitants s'abattirent sur les Arméniens au point qu'ils envoyèrent une délégation auprès du souverain persan, Abbas 1° (*1585-1628*), pour obtenir son intervention. Le shah Abbas se mit en campagne et reprit l'Azerbaïdjan et l'Ayrarat aux Turcs. Le sultan osmanli, Ahmed 1° (*1603-1617*), ne s'avoua pas vaincu; il expédia une armée considérable sur le front qui triompha des Iraniens. Abbas 1°, dans sa retraite, résolut d'emmener avec lui la population arménienne de l'Ayrarat et du Nakhitchevan. Cette politique de la terre brûlée fut exécutée avec sauvagerie par l'armée persane en déroute. Les

---

[718] F. Macler, *Quatre conférences sur l'Arménie*, p. 259; M. Ormanian, p. 59; H. Pasdermadjian, p. 271.

[719] M. Ormanian, p. 63.

[720] F. Macler, p. 259.

[721] Kévork ASLAN, *L'Arménie et les Arméniens*, Ch. VI et VII, 1914; in de Morgan, p. 245.

villes, les villages, les monastères, les églises, les champs furent livrés aux flammes. Ceux qui refusaient de quitter leurs foyers étaient torturés puis massacrés. Lorsque la misérable multitude atteignit les berges de l'Araxe, frontière entre l'Arménie et l'Iran, les soldats poussèrent les déportés à l'eau. Ils durent traverser le fleuve glacé à la nage. Une foule de malheureux périt noyée, emportée par le courant[722].

«*Le grand Chah Abbas, voulant ôter aux Turcs le moyen d'entretenir de grosses armées sur les frontières, transporta presque tous les Arméniens hors de leur pays et envoya plus de vingt mille familles dans la province de Guilan, qui périrent presque toutes en très peu de temps*»[723].
Le premier mouvement avait été de les exterminer.

«*Après que le Cha-Abas eut étendu ses conquêtes bien avant dans l'Arménie, et que pour ôter le moyen aux Turcs de le venir plus inquiéter de ce côté-là, il eut rendu toute la province comme déserte en faisant passer en Perse tous les Arméniens, tant de Zulfa que de Nacsivan et des environs de Kars et d'Erivan jusqu'à Erzerom, il envoya ceux qu'il avait tiré de Zulfa, à Ispahan et aux lieux circonvoisins, et la plupart des autres furent menés dans le Mazandran pour cultiver le pays, dont le mauvais air, comme je l'ai dit ailleurs, les a fait presque tous périr, de sorte que de vingt-quatre mille qu'on y fît passer, à peine y en a-t-il aujourd'hui cinq à six mille de reste*»[724].

Les habitants de Djoulfa (*Zulfa*), dans le Nakhitchevan, furent donc installés à Ispahan afin d'embellir la capitale du shah. Le quartier s'appela Nouvelle-Djoulfa (*1605*). Le shah leur permit de vivre à leur guise et leur laissa la liberté de religion. Dans la Nouvelle-Djoulfa s'édifia un monastère. Les moines y fabriquèrent, par leurs propres moyens, une presse, de l'encre, du papier, creusèrent des caractères arméniens dans le bois, - ils manquaient de métal -, afin d'y imprimer les livres saints. Ce couvent et l'église avaient été édifiés grâce à l'aide des marchands arméniens qui étaient parvenus à s'enrichir en Iran. L'un d'eux, Khodja Bedros (*Seigneur Pierre*), fut l'un des plus grands donateurs. Khodja signifie seigneur en persan.

«*Cotgia Petrus était fort estimé parmi les Arméniens, tant pour les aumônes qu'il faisait que pour la grande église qu'il avait fait bâtir, qui est une espèce de couvent où il y a un évêque avec des moines*»[725].

---

[722] J. de Morgan, p. 246.
[723] MONTESQUIEU, *Lettres Persanes*, Lettre CXXI.
[724] Jean-Baptiste TAVERNIER, *Voyages en Perse*, p. 71-72, Cercle du Bibliophile, Edito-Service, Genève.
[725] J.-B. Tavernier, p. 78.

Le shah voulait s'ouvrir vers l'Europe et y envoyer ses soies mais les marchands persans ne surent pas s'y prendre.

«Cha-Abas, jugeant par ces deux envoyés en Espagne et à Venise, et par quelques autres marques, du peu de génie des Persans pour le négoce, et que naturellement ils aimaient le faste et la dépense, ce qui n'est pas le fait d'un marchand qui doit user d'épargne et d'économie, jeta les yeux sur les Arméniens, avec lesquels il crut trouver mieux son compte. Il reconnut que c'étaient des gens robustes et de fatigue pour entreprendre de longs voyages, qu'ils étaient fort sobres de la bouche et grands ménagers, et que comme ils étaient chrétiens ils pouvaient négocier plus aisément par toute la chrétienté»[726].

Abbas 1° apprécia tellement les Arméniens, qui firent de sa capitale la *«rose de l'Orient»*, qu'il finit par assister aux cérémonies religieuses dans les églises arméniennes. En musulman, émule d'un Omar conquérant de Jérusalem, respectueux de la foi de ses sujets. Il poussa les Arméniens à s'installer aussi à l'est, à Bombay, Calcutta, Madras, Ceylan, où ils fondèrent une compagnie arménienne des Indes dont Français puis Britanniques utiliseront les structures[727]. Des traces de la présence arménienne en Inde se décèlent à partir de 1497.

En Arménie, un homme providentiel avait pris en mains les destinées de l'Eglise et du peuple, le catholicos Movses III (*Moïse*) de Tathev (*1629-1632*). Il était issu de cet austère monastère de Tathev en Siounie, rempart de l'orthodoxie. Il inspirait un tel respect à l'occupant iranien qu'il parvint à faire évacuer Edchmiadzin par les soldats du shah et en obtint l'exonération totale d'impôts pour les églises et congrégations religieuses. Alors le catholicos put commander des travaux de nettoyage, de réfection et de restauration de la basilique et des bâtiments du patriarcat. Le monastère fut réaménagé et put se destiner à nouveau à la formation des prêtres et des prélats. Moïse III fit réparer et rénover les superstructures de la cathédrale, reconstruire le dôme. Il mit un terme à la simonie et au détournement des dons des fidèles par certains religieux à des fins personnelles. En l'espace de son court pontificat, trois ans, il redressa la barre de l'Eglise et la rendit à son oeuvre de mission.

Pilippos 1° (*Philippe*) d'Aghbac (*1633-1655*) poursuivit avec bonheur le travail en profondeur de son prédécesseur. Un conflit avait éclaté entre les patriarcats de Constantinople et de Jérusalem en matière de prééminence, Philippe 1° réconcilia ses subordonnés et leur imposa

---

[726] J.-B. Tavernier, p. 76.
[727] N. et H. BUXTON, *Travels and Politics in Armenia*, p. 194; in J. de Morgan, p. 294; M. Ormanian, p. 165.

l'égalité dans leurs attributions. Le patriarche Philippe 1° était un pontife aimant la concorde et la paix. Il ne pouvait supporter la scission virtuelle entre les Sièges d'Edchmiadzin et de Sis. Il convoqua un synode à Jérusalem pour débattre de la question. Là, le patriarche suprême et catholicos de tous les Arméniens, Pilippos 1°, et le patriarche particulier et catholicos de la Grande Maison de Cilicie, Thoros II (*1643-1658*), tombèrent d'accord quant à l'unicité de l'Eglise et scellèrent l'union de leurs Sièges respectifs par une solennelle réconciliation (*1651*).
Depuis le catholicos de la Grande Maison de Cilicie considère le catholicos de tous les Arméniens comme le «*primus inter pares*». Le premier a transféré son Siège de Sis, après le génocide de 1915, à Antelias au Liban. Le second est à Edchmiadzin en Arménie.
Ayant mis de l'ordre dans la hiérarchie de l'Eglise, Philippe 1° s'inquiéta aussi de ses besoins matériels. Soucieux de procurer son indépendance économique à Edchmiadzin, il créa des structures agricoles dans les terres du catholicossat et inventa un très astucieux système d'irrigation afin de les rendre fertiles[728]. Il sut utiliser les aptitudes de ses moines et les spécialiser, selon leurs capacités ou leurs aspirations, dans les travaux des champs, de la construction ou les oeuvres intellectuelles. Il chercha à tisser des liens avec l'Occident.

Richelieu, Colbert, les Echelles du Levant, l'imprimerie arménienne en Europe

Lorsque Richelieu arriva au pouvoir il ne put que constater la décadence du port de Marseille, conséquence de la rapacité et de l'étroitesse d'esprit des échevins et de la chambre de commerce de la ville, ainsi que de l'intolérance du Parlement de Provence. L'Eminence grise du cardinal, le Père Joseph, lui suggéra de faciliter aux marchands arméniens de Perse et de Turquie l'accès du port de Marseille. Joseph connaissait bien les Arméniens à travers les rapports des Ordres mendiants. Homme d'Etat et homme d'Eglise, Richelieu saisit immédiatement tout le parti qu'il pouvait tirer de cette proposition. Il estimait les Arméniens. Les considérant comme schismatiques il pensait que son devoir était de les rattacher à Rome. Il aurait ainsi l'avantage d'utiliser leurs capacités de négociants tout en les faisant l'instrument de sa politique en Orient. Il fit imprimer une grammaire et un lexique français-arménien (*1633*), et en imposa l'apprentissage aux missionnaires et aux commerçants français qui désireraient travailler avec la Perse et la Turquie. Enfin il octroya

---

[728] M. Ormanian, p. 64.

aux Arméniens une entière liberté pour le commerce de la soie et de toutes denrées à Marseille (*édit de 1635*). Louis XIII leur garantit la sécurité des personnes et des biens sur les routes de France afin que les Arméniens aillent livrer eux-mêmes leurs soies à Lyon[729]. Marseille retrouva sa prospérité, et avec elle la France, jusqu'au décès du cardinal suivi de près par celui de Louis XIII.

La Fronde empêcha Mazarin de s'intéresser à Marseille. Aussi la chambre de commerce de la ville et le Parlement de Provence dépouillèrent-ils les Arméniens, les poussant à quitter la France. Venise, Gênes, Livourne, Barcelone, Amsterdam, Londres les accueillirent avec de nombreux avantages. Et Marseille sombra dans la décadence. Lorsque Colbert arriva aux affaires il s'aperçut que la cupidité des Marseillais avait ruiné le port. Les Provençaux payaient bien mal en retour les privilèges que les rois d'Arméno-Cilicie leur avaient accordés.

Les Echelles du Levant, toutes dans l'Empire ottoman, étaient une création des Arméniens. Il s'agissait de Constantinople, Smyrne, Salonique, Beyrouth, Tripoli, Alexandrie. Les droits d'entrée et de sortie de ces ports s'appelaient **ermin** (*du turc Ermeni=Arménien*).

Colbert aurait aimé que ces Arméniens établissent des échanges entre les Echelles et Marseille plutôt qu'avec l'Italie, l'Espagne, l'Angleterre et la Hollande. Il fit signer à Louis XIV l'édit d'affranchissement du port de Marseille (*1669*). Pragmatique et avisé, Colbert allait plus loin que Richelieu en accordant la nationalité française à tout étranger ayant acheté un logement à Marseille, s'étant marié avec une fille du lieu ou se contentant tout simplement d'y commercer sans même y habiter ou épouser une Provençale.

«*On ne peut s'empêcher d'admirer dans ces passages même de l'édit d'affranchissement, qui fut aussi le statut nouveau des étrangers, quelles largeur et hardiesse de vues montre le grand ministre de Louis XIV. En face de ce qu'il appelle l'étroitesse d'esprit des échevins marseillais, une des causes principales de la ruine du port, il ouvre lui toutes grandes les portes de Marseille, c'est-à-dire de l'Orient, aussi bien dans l'intérêt de Marseille que du royaume*»[730].

En réalité, le ministre du roi de France ne faisait qu'imiter les privilèges que Livourne, Venise, Pise, Gênes, Barcelone, Londres, Amsterdam accordaient déjà depuis longtemps aux Arméniens. C'est pourquoi Colbert fut très vigilant à cet égard. Il insistait encore, le 16 octobre 1671, auprès du président du Parlement de Provence, le baron d'Oppède:

---

[729] C.-D. Tékéian, p. 16.
[730] C.-D. Tékéian, p. 22.

«C'est un grand avantage que vous trouviez que les Arméniens abandonnent Livourne et apportent leurs soyes à Marseille. Je vous prie de leur donner toute la protection que l'autorité de votre charge vous permettra et de les garantir contre les chicanes des habitans de la dite ville qui ne connaissent pas en quoi consistait leurs avantages»[731].

C'est en Hollande, à Amsterdam, que le catholicos Philippe 1° avait envoyé son secrétaire, le vartabed Mattheos Dzaghetsi, pour y installer une imprimerie. Mattheos était un moine enlumineur particulièrement habile dans la représentation des fleurs d'où son nom. Il mit des années pour trouver des fonds et le local afin d'y installer son entreprise. Il y parvint en 1660; Philippe 1° était décédé depuis cinq ans. Son successeur était Hagop IV (*Jacques*) de Djoulfa (*1655-1680*). Mattheos dut faire fondre des caractères arméniens.

«Il commanda au célèbre graveur-fondeur hollandais Christoffel van Dijck (ou Dyck) ... 170 poinçons et 240 matrices, en corps grand, moyen et petit. Il n'en avait encore reçu qu'une cinquantaine environ, qu'il s'empressa d'imprimer son premier et unique livre, le Hisous Ordi *de* Chenorhali ... *Le manque de fonds et le peu d'encouragement de la part de ses compatriotes finirent par ébranler sa santé, et, peu de temps avant sa mort, il céda l'imprimerie à un négociant arménien nommé Avétis, à la condition qu'elle devienne ultérieurement la propriété d'Etchmiadzin et du monastère de saint Sargis. Ce premier livre imprimé était dédié au prince Guillaume d'Orange»*[732].

Dès le début de son pontificat Jacques IV fut confronté aux complications suscitées par les latins à Constantinople. Dirigés par le Père Clément Galano, ceux-ci voulurent faire passer le patriarcat arménien de la ville sous le contrôle de Rome. Quelques Arméniens se joignirent à leur conspiration. L'un d'eux, Thomas d'Alep, se fit proclamer patriarche de Constantinople. Les fidèles le chassèrent. Ces intrigues donnèrent des idées d'indépendance à Eghiazar (*Eleazar*) évêque d'Aïntab puis patriarche de Constantinople et de Jérusalem. Il se proclama patriarche suprême et catholicos de tous les Arméniens sous le nom d'Eleazar 1°. Le catholicos Jacques IV dut se rendre en personne à Constantinople pour mettre un terme aux agissements de l'antipatriarche. Il lui fallut trois ans (*1664-1667*) pour imposer son autorité[733].

Avant cette agitation Jacques IV avait voulu reprendre en Europe l'oeuvre de Mattheos Dzaghetsi. Il voulait que l'imprimerie pût

---

[731] DEPPING, *Corresp. Adm.*, p. 470; in C.-D. Tékéian, p. 23.
[732] F. Macler, *Quatre conférences* .., p. 260.
[733] M. Ormanian, p. 64-65.

fonctionner en pays latin. Il tenait, malgré tout, à se persuader que Rome marquerait sa sollicitude envers les frères chrétiens d'Arménie. Il chargea l'un de ses archimandrites, qu'il venait d'ordonner évêque, Oscan (*ou Voscan*) d'Erevan, de cette mission. Avant de l'envoyer en Italie il l'éleva au rang d'archevêque.

En 1662 Oscan arriva à Rome. Il y fut cordialement reçu par le pape Alexandre VII (*1655-1667*). Oscan séjourna quinze mois à Rome; il y apprit le latin, l'italien, le français et se familiarisa avec le rite romain. Son but était d'installer une imprimerie en Italie afin d'expédier par mer puis par des caravanes de négociants arméniens les pieux écrits en Arménie. Certains vaisseaux avaient des capitaines arméniens. Oscan ne demandait aucune subvention; les riches marchands arméniens de Livourne étaient prêts à prendre en charge tous les frais. Le duc de Toscane voyait l'entreprise d'un oeil favorable. Manquait l'accord de la papauté. La toute-puissante Curie romaine refusa tout imprimatur à l'archevêque arménien à moins que son Eglise ne se soumette au pape de Rome. Il est vrai qu'Alexandre VII n'était pas disposé à la tolérance. N'avait-il pas entériné la condamnation du Jansénisme prononcée par Innocent X et mis «*Les Provinciales*» de Pascal à l'index (*1657*) ?

Oscan dut quitter l'Italie pour la Hollande (*1664*). Son frère Avedis, qui avait acheté l'imprimerie d'Amsterdam, avait formé avec ses compatriotes, Minas d'Amasia, Chahriman de Djoulfa et Hovhannes Mirzentz, une sorte de groupement d'intérêts. Ils avaient épongé les dettes de l'établissement et, en hommes d'affaires avisés, l'avaient doté d'une trésorerie. Avant même l'arrivée de l'archevêque ils avaient fait appel au prêtre de la communauté arménienne de Hollande, le vartabed Garabed élève d'Oscan, afin de commencer l'impression d'un hymnaire[734]. A Amsterdam Oscan d'Erevan se retrouva en pays de connaissance.

Nulle part ailleurs que dans cette Hollande protestante et libérale les Arméniens ne bénéficièrent d'autant de bienveillance et de sollicitude. «*Si les prêtres arméniens catholiques ne pouvaient pas s'établir en Hollande sans une autorisation spéciale, les Arméniens orthodoxes avaient toute liberté d'y avoir leur prêtre*»[735].

Le premier de ces prêtres fut Marcos Abrahamian. Une chapelle fut bâtie à Amsterdam (*1663*), dédiée à sourp Garabed (*saint Précurseur = saint Jean Baptiste*). La chapelle s'avéra vite trop exiguë. Les Arméniens décidèrent de construire une grande église (*1713*).

---

[734] F. Macler, p. 260-261.
[735] F. Macler, p. 276.

Un riche Arménien, propriétaire de la plus importante maison de commerce de Marseille, ayant aussi une succursale à Venise, Babadjan Soultanoum, en fut l'un des promoteurs. Auparavant il avait voulu édifier une église arménienne à Marseille mais il avait dû quitter la ville pour s'installer à Amsterdam à cause de l'avidité des échevins marseillais qui taxaient les marchandises arméniennes entrées à Marseille à 20%. On lui avait interdit de faire construire une église arménienne à Marseille. Babadjan Soultanoum et son compatriote Nigoghos (*Nicolas*) Theodoros achetèrent un entrepôt rue de Boomslot au centre d'Amsterdam. Ils le démolirent pour y élever une église. La première pierre fut posée en présence du bourgmestre. Le sanctuaire fut ouvert au culte en 1714.

Peu à peu les Arméniens de Hollande, en épousant des filles du pays, finirent par se fondre parmi les Hollandais. D'autres partirent dans le sillage des navires bataves vers Java et Sumatra, et l'église d'Amsterdam fut fermée en 1806 faute de fidèles. De 1856 à 1874 elle appartint aux luthériens puis passa à une congrégation religieuse féminine qui la transforma en école de filles. Les religieuses conservèrent les inscriptions arméniennes sur les murs[736].

Revenons à l'imprimerie où, en ce XVII° siècle, l'archevêque Oscan d'Erevan et l'archimandrite Garabed travaillaient d'arrache-pied. Ils terminèrent l'impression de l'hymnaire (*charagan*) et y ajoutèrent celle d'un lectionnaire (*machtots*) (*1664-1666*). En 1666 ils parvinrent, en un temps record, et sans faute ou coquille, à imprimer l'Ancien Testament, que les Arméniens appellent le «*Souffle de Dieu*», avec des illustrations. Jusqu'en 1669 Oscan produisit de nombreux ouvrages dont une grammaire arménienne, un catéchisme, un missel, un bréviaire, un catéchisme arméno-latin, un livre de prières, des textes de Moïse de Khorène. Il livra une édition originale, dans tous les sens du mot, du Nouveau Testament dans un format réduit afin qu'il puisse tenir au creux de la main et échapper aux fouilles des autorités d'occupation de l'Arménie.

«*Toutes ces éditions sont d'une impression nette et de bonne qualité*»[737].
L'éloignement d'Amsterdam rendait les transports longs, coûteux et aléatoires. La moindre perte pouvait mettre l'imprimerie au bord de la faillite. C'est ce qui arriva lorsqu'un des bateaux sombra.

Ceci incita l'archevêque Oscan à vouloir s'établir en France. Il avait trois appuis à la cour de Louis XIV: le théologien, professeur à la Sorbonne, Richard Simon, le Père Pidou, missionnaire théatin au Levant, et le

---

[736] F. Macler, p. 277-279; C.-D. Tékéian, p. 60.
[737] F. Macler, p. 262.

chevalier d'Arvieux, ami de Colbert, orientaliste distingué ayant fait des séjours en Orient et parlant l'arménien, le persan, l'arabe, le turc. Ce dernier obtint une entrevue pour le prélat avec le Roi-Soleil (*1669*). Louis XIV s'intéressait beaucoup aux Arméniens qu'il considérait, à l'instar de Richelieu naguère, comme des schismatiques qu'il fallait rallier à l'Eglise romaine. Parfaitement informé par son ministre plénipotentiaire auprès du sultan de Constantinople, le marquis de Nointel, qui entretenait d'excellentes relations avec les prélats arméniens de Turquie, le roi comptait utiliser les Arméniens installés dans les Echelles du Levant au profit de sa politique en Orient.

Oscan fut très bien reçu par le monarque auquel il offrit un exemplaire de sa Bible en arménien. Louis XIV lui fit donner une gratification et lui octroya un privilège royal daté du 11 Août 1669 de Saint-Germain-en-Laye. Il autorisait l'archevêque Oscan d'Erevan: «*d'ouvrir une imprimerie à Marseille ou à Lyon ou telle autre ville du royaume pour y faire imprimer toutes sortes de livres en langue arménienne, estant d'une grande utilité au public et qui pouvaient apporter beaucoup de facilités à la connaissance des langues orientales*». *Ce privilège lui fut remis de la part du chancelier Séguier par Richard Simon, le savant docteur exégète, qui devait par la suite devenir un des protecteurs les plus fidèles de l'Imprimerie arménienne*»[738].

Oscan décida de se fixer à Marseille où vivait une forte colonie arménienne. Colbert chargea l'intendant Arnoult de trouver un logement dans la ville pour l'archevêque (*18 octobre 1669*) et écrivit au responsable de la communauté arménienne de Marseille, Melchion de Nazard, afin qu'elle prenne en charge les frais d'installation de l'imprimerie[739]. Celle-ci s'intitula comme à Amsterdam: «*Sainte-Edchmiadzin et Saint-Serge*», et commença à fonctionner fin 1672. L'équipe comprenait un prêtre d'Erevan Thaddée, le neveu de l'archevêque Salomon de Léon (*Soghomon Levonian*) et le typographe Mattheos Hovhanessian (*Matthieu de Joanis*).

C'était la première fois qu'une imprimerie s'ouvrait à Marseille, - l'esprit mercantile de ses échevins n'avait jamais éprouvé le besoin d'un tel établissement -, raison pour laquelle Louis XIV, conseillé par Colbert, avait favorisé son implantation. Il faut rappeler ce point historique qui souligne l'apport important, sur le plan culturel entre autres, des Arméniens à la cité phocéenne. Le ministre du roi espérait qu'elle

---

[738] C.-D. Tékéian, p. 41.

[739] CLEMENT, *Lettres de Colbert*, I, II, p. 179; *Lettre de Colbert à Rouillé*, 15 sept. 1673; in C.-D. Tékéian, p. 41.

attirerait à Marseille les négociants arméniens d'Italie, d'Espagne, d'Angleterre, de Hollande. C'est ce qui se produisit et enrichit la ville.
Le Vatican fit surveiller l'imprimerie par l'évêque de Marseille, Forbin de Janson, et le prévôt Philippe de Bausset. Oscan avait fourni, à la demande de la Curie, un engagement solennel, qu'il avait rédigé en arménien et en latin, de ne rien produire qui fût contraire aux dogmes de l'Eglise romaine. Humiliation imposée au prélat arménien eu égard à la similitude des dogmes essentiels dans les deux Eglises; ce que les théologiens romains savaient parfaitement. Malgré cela on lui refusa le droit d'imprimer la Bible. On n'autorisa que des productions mineures[740].
Il faut se garder de faire porter à l'évêque de Marseille l'entière responsabilité des vexations imposées à Oscan d'Erevan. Forbin de Janson ignorait l'arménien. Il devait se fier aux rapports défavorables des prêtres catholiques arméniens installés à Marseille par la Curie romaine. Jaloux de la faveur dont l'archevêque arménien jouissait auprès de Louis XIV et de Colbert, désireux de faire du zèle auprès du Vatican ou voulant mettre la main sur l'imprimerie à des fins vénales, ils accusaient Oscan de publier des livres peu conformes à l'orthodoxie. L'un des plus acharnés fut le prêtre-docteur arménien, envoyé du Vatican, Thomas Herabied (*Hayrabed*).
Le théologien Richard Simon fit part de son indignation car il ne décelait rien d'hérétique dans la traduction arménienne de la Bible. Le Père Pidou confirma les assertions de Richard Simon. Le Père Pidou savait l'arménien, avait pratiqué les Arméniens en Orient et connaissait les doctrines de leur Eglise. On ne voulut pas les entendre à Rome.
Il y avait pire pour le malheureux Oscan: la trahison de l'un des membres de son propre clergé et de sa propre équipe, le prêtre Thaddée. Il sabotait le travail d'impression, retardait les tirages, s'étant entendu avec Herabied pour ruiner l'entreprise et s'en partager les restes.
Les Arméniens de Smyrne, qui finançaient en grande partie l'imprimerie, considéraient ce Thaddée non seulement comme indigne de la fonction de prêtre mais même du simple nom de chrétien[741]. Couvert de dettes, ayant été jusqu'au bout de ses forces pour accomplir la mission que lui avait confiée le catholicos, Oscan d'Erevan mourut le 14 février 1674. Il fut enterré le 16 en la cathédrale de Marseille en présence de Forbin de Janson et de tout son clergé[742].

---

[740] F. Macler, *Quatre conférences*, p. 263-264; F. Macler, *Mosaïque orientale*, p. 39 et suiv., Paris, 1907; C.-D. Tékéian, p. 42.
[741] BONIFACE, *Recueil du clergé de France*, p. 412; in C.-D. Tékéian, p. 42-43.
[742] *Registres de la cathédrale de la Major de Marseille*; in C.-D. Tékéian, p. 43.

L'évêque de Marseille avait donc fini par apprécier la droiture et la piété d'Oscan, et même bien avant sa mort puisqu'il lui avait permis de célébrer la messe à Notre-Dame de la Garde.

Le neveu d'Oscan, Salomon Levonian, qui avait épousé la Marseillaise Marguerite Chave, demanda justice au roi. Faute de trésorerie il ferma l'imprimerie et retourna à Amsterdam (*1676*). Les Arméniens de Marseille informèrent le catholicos Jacques IV de la fermeture de l'établissement. Le patriarche protesta auprès de Louis XIV (*1682*). Le roi constitua une commission d'enquête et ordonna à l'Intendant de Justice de Provence, Morant, d'emprisonner, si besoin, Thomas Herabied en tant qu'Inquisiteur.

La fermeture de l'imprimerie arménienne de Marseille avait fait mauvaise impression auprès des Turcs et des Persans. Ils ne comprenaient pas que des chrétiens pussent persécuter leurs frères. Ils risquaient de ne plus permettre aux Arméniens de commercer avec le port de Marseille.

Le nouvel évêque de Marseille, Monseigneur d'Etampes, exigea des explications du prévôt, Philippe de Bausset, protecteur de Herabied. C'était l'époque du Gallicanisme, le clergé français se montrait libéral envers ses homologues arméniens mais c'était trop tard[743].

En 1970, au cours de la visite que le patriarche suprême et catholicos de tous les Arméniens, Vazken 1°, faisait à ses fidèles de Marseille, l'archevêque de Marseille, le regretté Mgr Jacquot, organisa une cérémonie en la mémoire d'Oscan d'Erevan. Les restes du prélat ne purent être identifiés. Ils avaient été entassés et emmêlés avec les ossements des victimes de la peste de Marseille (*1720*).

En présence du chef de l'Eglise arménienne, Mgr Jacquot célébra un Office de Requiem en la mémoire d'Oscan dans la Vieille Major. Puis il remit au patriarche une pierre consacrée (*Vem Gar*) ayant appartenu à Oscan d'Erevan.

Les religieux arméniens ne célèbrent la messe que si l'autel possède une pierre consacrée. Ils peuvent se déplacer avec et la disposer sur une simple table, - s'il n'y a pas de sanctuaire -, qui devient un autel. Tradition due sans doute aux exils et aux déportations dont souffrit ce peuple.

La «*vem gar*» d'Oscan, gravée en caractères arméniens, était restée à Notre-Dame de la Garde dans une armoire de la sacristie jusqu'en 1856, puis était passée au musée de la ville pour terminer son périple au musée

---

[743] C.-D. Tékéian, p. 47-48; BORY, *Origines de l'imprimerie*, p. 500; in Tékéian, p. 47.

Borély de Marseille. Elle est actuellement sur l'autel de la cathédrale arménienne, les Saints-Traducteurs, de Marseille.

Jacques IV croit possible l'union avec Rome, le mauvais coup des Jésuites de Pologne, la Russie entre en scène

Malgré les déconvenues, les échecs des négociations depuis l'époque de l'Arméno-Cilicie, malgré l'intolérance des Dominicains, Franciscains et Jésuites, le catholicos Jacques IV croyait encore possible l'union avec l'Eglise romaine. Il convoqua, en grand secret, un synode à Edchmiadzin. Une douzaine de nobles vinrent se joindre à quelques prélats pour envisager l'entente avec Rome (*1678*). Ces grands seigneurs n'étaient plus que l'ombre de leurs illustres aïeux. Certains proposaient d'accepter la suprématie du pape de Rome. Ils décidèrent de s'adresser à Innocent XI (*1676-1689*). Ils espéraient ainsi bénéficier de l'appui des monarchies catholiques pour obtenir l'indépendance de l'Arménie[744]. Toujours la vieille illusion, l'antique utopie d'un Occident soucieux de ses frères d'Orient. Pourtant les manoeuvres des Jésuites de Pologne auraient dû confirmer à leurs yeux l'intolérance de l'Eglise romaine en ce XVII° siècle.

Dès la chute du royaume de Grande Arménie et du Vaspouragan, 40.000 Arméniens s'étaient établis en Pologne. En 1183 à Lvov il y avait une église arménienne en bois. Casimir III (*1333-1370*) leur permit de posséder leur propre conseil, de s'auto-administrer selon les lois de leur pays, de posséder des juges de leur nation et de rédiger tous les actes en arménien. L'église en bois de Lvov fut remplacée par un sanctuaire en pierre (*1363*). A Lvov fut établie la résidence des évêques arméniens de Pologne et de Moldavie. Les Arméniens furent, dit Adolf Novatchinsky, «*le sel de la terre de Pologne*». Ils enrichirent la ville de Lvov, s'illustrèrent dans les arts, l'architecture, l'armée. Ils s'appelèrent: Augustinovics, Abgarovics, Agopsovics, Apakanovics, Malakovski, Missasowicz, Piramovics, Baroutch, Pernatovics, Yakhovicz, Mrozianovsky, Grigorovicz, Theodorovicz, etc...[745].

Par vagues successives les Arméniens arrivèrent en Pologne jusqu'à atteindre le chiffre de 200.000; les autorités et le peuple les accueillirent à bras ouverts. Le roi Sigismond 1° (*1507-1548*) les autorisa à installer leur propre tribunal dans le plus beau quartier de Lvov (*1516*). Du XI° au XVII° siècle les Arméniens jouirent en Pologne de privilèges qui

---

[744] J. de Morgan, p. 247.
[745] Adolf NOVATCHINSKY, *Kurger-Poranny*, Varsovie; in J. de Morgan, p. 291-192.

pouvaient se comparer aux libertés dont ils bénéficiaient en Hollande. Tout était paisible et serein dans cette prospère communauté qui enrichissait la Pologne. Ce ne fut pas du goût des Jésuites.

Selon le droit canon de l'Eglise arménienne, les fidèles peuvent soumettre à l'approbation du catholicos la candidature de l'évêque du diocèse. Si le patriarche refuse d'entériner le choix de ses ouailles il proposera un autre candidat. S'il y a désaccord, il y aura conflit.

Les Jésuites avaient trouvé la faille qui leur permettrait de s'accaparer l'Eglise arménienne de Pologne. Ils dénichèrent un Arménien, fils de famille oisif et ambitieux, Nicol Thorossowitch. Ils fabriquèrent une faction autour de lui qui s'érigea en porte-parole de la communauté et proposa Nicol comme évêque des Arméniens de Pologne au catholicos David IV de Vagharchapat (*1587-1629*).

Le coadjuteur du patriarche, Melchisedech 1° (*1593-1628*), chargé des nominations épiscopales comprit, après enquête, le but de cette requête. Il refusa de nommer Thorossowitch à la tête du diocèse. Passant outre Nicol Thorossowitch se fit consacrer évêque, sans doute, par les Jésuites. La majorité des fidèles se dressa contre lui et porta l'affaire devant le catholicos Moïse III. Le patriarche envoya un légat auprès du pape Urbain VIII (*1623-1644*) et du roi de Pologne pour leur demander leur appui. Le pape de Rome se désintéressa de la question. Quant à la Pologne elle était dans un tel état d'anarchie que son souverain s'avérait incapable de résoudre la moindre difficulté. Les Jésuites avaient choisi le moment opportun.

Nicol se déclara chef de l'Eglise arménienne de Pologne, s'attribua tous les biens de l'Eglise et de la communauté dans le pays et passa à l'Eglise romaine. Les Arméniens quittèrent Lvov; de 50.000 dans la ville la colonie tomba à 5.000[746]. Ceux qui restèrent se virent refuser l'accès à leur propre église, on ne baptisa plus leurs enfants, on refusa à leurs morts une sépulture chrétienne.

On sait combien le baptême est important dans l'Eglise arménienne car il est l'occasion de donner quatre sacrements au nourrisson: **baptême, confirmation, communion et onction du Saint-Chrême. Ainsi chaque enfant baptisé peut-il recevoir l'Eucharistie quel que soit son âge.**

Le successeur de Nicol, Vartan Hovnanian, réussit à faire passer grâce à ce stratagème tous les Arméniens résidant en Pologne dans l'Eglise catholico-romaine (*1683*).

Malgré les événements de Pologne, le catholicos Jacques IV entreprit le voyage vers Rome pour s'entendre avec le pape (*1679*). Arrivé à

---

[746] J. de Morgan, p. 292-293.

Constantinople il tomba malade, il avait 82 ans, et y mourut (*1680*)[747]. La vacance du siège dura deux ans pendant lesquels le patriarche de Constantinople, Eleazar, reprit ses intrigues pour succéder au catholicos défunt. Nous savons qu'Eleazar s'était érigé antipatriarche (*1663*) avant de rentrer dans le rang. Les évêques, plutôt que de se trouver confrontés à de nouvelles difficultés, le mirent à la tête de l'Eglise. Eleazar 1° (*1682-1691*) fut un bon patriarche.

«*Comme ni les bonnes intentions, ni la capacité, ne lui faisaient défaut, une fois son ambition satisfaite, il dirigea tous ses efforts vers le bien. Aussi a-t-il laissé une mémoire justement honorée dans la série des patriarches suprêmes de l'église arménienne*»[748].

Les dix patriarches qui suivirent concentrèrent tous leurs efforts sur l'administration de l'Eglise et la diffusion de la foi.

L'un des plus grands fut Siméon 1° d'Erevan (*1763-1780*). Il fit cadastrer les propriétés d'Edchmiadzin, revivifia le monastère, éleva le niveau intellectuel et spirituel du clergé, créa une fabrique de papier et une fonderie au service de l'imprimerie du catholicossat, ordonna la refonte du calendrier[749]. Musicien et poète, il introduisit dans la messe un chant liturgique de supplication: «*Der Voghormia*» (*Kyrie Eleison*) qui se chante pendant que l'officiant prépare les Saintes-Espèces pour la communion derrière la tenture fermée séparant l'autel de la nef.

Le XVIII° siècle fut une période de prosélytisme romain accentué parmi les Arméniens de Turquie, favorisé par les ambassadeurs de France auprès de la Sublime Porte. Cette partie de L'Histoire de l'Eglise est assez connue et encore proche pour ne pas raviver des plaies, espérons-le, en voie de cicatrisation.

Ecrasés par les taxes et les exactions des petits chefs persans, les Arméniens recherchèrent l'aide de la grande soeur chrétienne du nord: la Russie. Pierre le Grand (*1682-1725*) avait déjà projeté de prendre sous sa protection l'Arménie et la Géorgie; elles lui auraient servi de base pour ses opérations contre les Ottomans et les Iraniens.

«*La Russie était d'abord poussée vers les rives du Bosphore et de la Mer Noire par des motifs historiques. Héritière de l'Empire byzantin elle se sentait appelée à délivrer de la domination turque les lieux qui furent le berceau de sa culture. Que l'on s'imagine l'état d'esprit des Etats catholiques si Rome, le foyer de leur foi, était aux mains des Turcs*»[750].

---

[747] J. de Morgan, p. 247; M. Ormanian, p. 65.
[748] M. Ormanian, p. 65.
[749] M. Ormanian, p. 68.
[750] H. Pasdermadjian, p. 293.

Catherine II (*1762-1796*) reçut l'assurance des Arméniens, par leur porte-parole l'archevêque Hovsep (*Joseph*) Argoutian, qu'elle aurait leur soutien si elle intervenait dans le Caucase. Forte de cette promesse elle se porta à la défense de la Géorgie attaquée par le shah de Perse. Catherine demanda au feld-maréchal Souvorov d'aider à la libération de l'Arménie et d'installer son favori Potemkine sur le trône des Bagratouni. Mais le projet ne put aboutir. Les seuls qui retirèrent un avantage de la part de Catherine II et de son fils Paul 1° (*1796-1801*) furent l'archevêque Argoutian et sa famille, élevés au rang de princes par les souverains russes[751]. Le XIX° siècle se signala par l'intolérance tsariste s'abattant sur l'Arménie. De 1803 à 1827 la Russie enleva la Géorgie et l'Arménie à l'Iran grâce aux généraux arméniens de l'armée du tsar dont le général Madatian originaire du Karabagh. Sans les montagnards arméniens, commandés par l'archevêque Nersès d'Achtaraq (*1828*), homme d'Eglise et combattant de la foi, dans la lignée des grands prélats de l'Eglise, la Russie n'aurait jamais pu mener ses conquêtes à leur terme.

«A cette occasion, l'empereur Nicolas I (1825-1855) se prodigua en promesses, au point de faire luire à leurs yeux l'espoir d'une autonomie politique. Comme gage de ses bonnes intentions, il avait même donné spontanément le nom d'Arménie *à ses nouvelles provinces. Mais ce ne fut là qu'une simple manoeuvre imaginée dans le but de faciliter ses projets de domination. Une fois le pays soumis, le gouvernement du czar chercha même à soumettre le spirituel»*[752].

Le tsar Nicolas 1° ordonna la fermeture de la plupart des écoles en Arménie, s'acharnant à faire disparaître la langue, la culture, et à fondre l'Eglise arménienne dans la russe[753]. Le tsar lui imposa la **Pologenia** (*1836*). Il en faisait autant avec l'Eglise russe imitant en cela les empereurs de Byzance qui voulurent toujours soumettre l'Eglise à leur pouvoir. Dans l'Eglise arménienne, depuis toujours, un collège de laïques et de religieux élisait le patriarche suprême. Le tsar ne changea rien à cette procédure mais s'arrogea le droit de choisir le catholicos parmi les deux prélats arrivés en tête de l'élection et de désigner celui qui arriverait en seconde position[754]. Rien ne put réduire l'Eglise arménienne à

---

[751] M. Ormanian, p. 71. Basmadjian, *Histoire moderne des Arméniens*, p. 54, Paris, 1922; J. Burtt, *The People of Ararat*, op. cité, p. 41; N. et H. Buxton, *Travels and Politics in Armenia*, p. 202-203, London, 1914; in H. Pasdermadjian, p. 306.

[752] M. Ormanian, p. 71-72.

[753] F. Nansen; *Gjennem Armenia*, p. 214, Oslo, 1927; in H. Pasdermadjian, p. 313.

[754] Actuellement le catholicos est élu par une assemblée constituée, pour deux tiers, de laïques et, pour un tiers, d'ecclésiastiques. Les laïques sont élus dans chaque diocèse au prorata du nombre des fidèles. Les religieux sont les patriarches et évêques du monde entier.

l'obéissance au pouvoir temporel. Le patriarche Georg IV (*1866-1882*) parvint même à fonder un séminaire arménien à Tiflis (*Tbilissi*) et une Académie arménienne à Edchmiadzin (*1874*), établissement supérieur, conservatoire de la foi et de la culture de la nation[755].

La répression s'accentua sous Alexandre II (*1855-1881*) et Alexandre III (*1881-1894*) à cause de la politique préconisée par le procureur du saint synode Pobiedonostsev (*1827-1907*) qui décida d'englober par la force l'Eglise arménienne dans la russe (*1890*)[756].

L'expansion de la Russie ne plaisait pas trop aux Puissances occidentales. Elles préparèrent à cet effet un congrès qui se tiendrait à Berlin. Les Arméniens y furent invités. Un évêque arménien, supérieur du couvent de Varac, Mgrditch Khrimian, conduisit la délégation. Mgrditch Khrimian décida de passer par Rome, Paris et Londres avant de se rendre à Berlin. Il sera le futur catholicos Mgrditch 1° (*Baptiste 1°*) (*1892-1907*) que les Arméniens surnommeront Hayrig (*père de la patrie*).

A Londres il reçut l'accueil sympathique de l'ancien premier ministre, William Ewart Gladstone, défenseur de la cause arménienne.

Des tractations secrètes (*Convention de Chypre le 4 juin 1878*) contraignirent la Russie à évacuer l'Arménie turque au profit du sultan qui céda Chypre en contrepartie à la Grande Bretagne. Alors s'ouvrit le Congrès de Berlin (*13 juin 1878*), qui devait remodeler le monde de l'époque au profit des riches. Bismarck, conseiller et protecteur du sultan, fit entériner en quelque sorte l'accord de Chypre[757].

Le sultan Abd ul-Hamid II, le tsar Nicolas II, pogroms et génocides, la fin du XX° siècle

Malgré le soutien que les représentants britannique et français apportèrent, en apparence, à l'évêque Khrimian, le Congrès de Berlin refusa d'accorder l'indépendance à l'Arménie. Pas même une autonomie interne. Bismarck, grand ami de l'Empire ottoman, conseiller du sultan, en convoitait les richesses et rêvait d'en faire une colonie germanique. Il fut le promoteur des décisions du Congrès défavorables aux Arméniens. Le sultan Abd ul-Hamid II savait désormais que les gouvernements européens ne s'opposeraient pas à l'épuration ethnique qu'il préparait. Les Jeunes Turcs amplifieront ce projet en éliminant définitivement tous les Arméniens de l'Empire ottoman afin que la question de

---

[755] H. Pasdermadjian, p. 274.
[756] H. Lynch, *Armenia*, I, p. 314; in H. Pasdermadjian, p. 313.
[757] J. de Morgan, p. 257.

l'indépendance ne se pose plus. De 1895 à 1896 Abd ul-Hamid II fit disparaître 400.000 Arméniens de Trabzon à Ourfa, du nord au sud, et de Constantinople à Van, d'est en ouest. Ce que l'on peut considérer déjà comme un premier génocide. La seule phrase de Gladstone résumera le drame: «*the powers of language hardly suffice to describe what has been done and exaggeration is almost beyond power*»[758].

La Russie ne fut pas en reste en ce qui concernait la partie de l'Arménie en son pouvoir. Le tsar Nicolas II (*1894-1917*) ordonna la confiscation des biens de l'Eglise arménienne.

«*C'était un vol manifeste et un vol international si l'on peut dire. Appartenant à l'Eglise arménienne du monde entier et non pas de Russie seulement, ces biens avaient été acquis au long des siècles, mais surtout durant le XIXe, par les legs et les fondations, non seulement des Arméniens de Russie, mais ceux de Turquie, de Perse, d'Europe, d'Amérique. Ces biens ne devaient servir qu'à l'entretien du culte et de l'enseignement arméniens*»[759].

Le catholicos Mgrditch 1° Khrimian s'éleva contre cette spoliation et demanda une entrevue au ministre de l'Intérieur russe, Venceslas Constantinovitch von Plehve. Plehve, fort grossièrement, éconduisit le chef de la première Eglise de la chrétienté. Touché dans son esprit, traité comme une sous-race, le peuple arménien se rebella. Alors la police et l'armée du tsar déclenchèrent les pogroms. Elles mirent le siège devant le catholicossat et réclamèrent avec brutalité les clés du trésor de la cathédrale. Mgrditch 1° refusa. Les soudards russes enfoncèrent les portes de la basilique et la mirent à sac[760].

En Arménie, sous domination ottomane, après avoir ensanglanté la Grande Arménie, le sultan Abd ul-Hamid II s'attaqua à l'Arméno-Cilicie. En 1909 il fit disparaître la quasi-totalité de la population arménienne d'Adana (*20.000 âmes*) égorgée, éventrée, brûlée vive dans les églises. La majorité des Arméniens d'Adana appartenait à l'Eglise catholico-romaine. Pour la plupart, depuis l'époque du royaume d'Arméno-Cilicie. Nul, parmi les Puissances religieuses ou civiles, ne crut devoir élever de protestations. Pas davantage lorsque fut commis le génocide de 1915; perpétré sur ordre de Talaat, Djemal et Enver, il fit disparaître 1.500.000 Arméniens sur les 2.000.000 vivant sur leurs terres ancestrales. Le seul plénipotentiaire occidental qui, sans relâche, s'éleva contre ce génocide auprès des dirigeants turcs fut l'ambassadeur des Etats-Unis Morgenthau.

---

[758] H. Pasdermadjian, p. 349-350.
[759] Victor BERARD, *L'Empire russe et le Tzarisme*, p. 256-257, Paris 1905; in H. Pasdermadjian, p. 387-388.
[760] N. et H. Buxton, p. 75; in H. Pasdermadjian, p. 388.

En 1965 Mgr Jean Rupp alors évêque de Monaco écrivait dans son ouvrage «*dédié aux martyrs d'Arménie*»: «*... je songe au génocide accompli il y a cinquante ans avec la complicité de certains chrétiens et le silence des autres. Ceux qui ont été dans le camp des massacreurs ont perdu la guerre. Il semble que certaines horreurs (songeons aux nazis et à leurs pogroms), reçoivent un châtiment dès ici-bas. Mais les chrétiens non complices ont été indifférents à l'injustice. Ce péché d'omission est si grave qu'il doit nous associer aux remords, à la pénitence de nos frères aux mains tâchées de sang. Les massacres de 1915, l'injustice qui demeure sont une honte pour le «nom chrétien». Il n'y a pas d'oecuménisme sans solidarité*»[761].

En détruisant «*la nation fidèle*», la Turquie s'automutila. Depuis, elle n'a pas pu se relever de l'extermination de la partie la plus civilisée, la plus laborieuse, la plus loyale de ses habitants. Le chrétien arménien n'éprouve pas de haine, il n'est pas mû par des sentiments de vengeance, il ne demande que la justice, et fait confiance au Tribunal de Dieu. Malgré les drames qui s'abattirent avec une fréquence inouïe sur ce peuple depuis qu'il se donna à Jésus-Christ, l'Eglise arménienne est restée le refuge dans les moments douloureux mais aussi le moteur de l'évolution des esprits et de leur adaptation aux nouveaux modes de vie imposés par la dispersion.

Au lendemain de la première guerre mondiale, le président des Etats-Unis, Thomas Woodrow Wilson (*1912-1920*), voulut rendre à l'Arménie ses frontières naturelles. Lui qui était historien savait quel rôle d'Etat tampon avait joué ce pays depuis la plus haute Antiquité, et toujours au bénéfice de l'Occident. Mais il eut contre lui la France et l'Angleterre, soucieuses de ménager la Turquie qui leur devait tant de francs-or et de livres sterling. On se mit tout de même d'accord pour la création d'une république arménienne (*1920*) plus grande que l'actuelle. Elle fut aussitôt la cible de la Turquie et de la Russie soviétique.

Lénine offrit à la Turquie, le Chirac, capitale Ani, et le Vanand, capitale Kars, et ville principale, Ardahan (*1921*). A cette même époque Staline dépeçait ce qui restait. Il arracha à l'Arménie sa province la plus riche, l'Akhalkalak, pour la rattacher à sa Géorgie natale; il vida le Nakhitchevan de sa population arménienne (*encore une purification ethnique*) et la remplaça par des Turcs azéris. Il ferma le monastère de Gantsatzar où siégeait l'archevêque, chassa et massacra les prêtres et la population pour donner le Karabagh à l'Azerbaïdjan. Le tsar de toutes les

---

[761] Jean RUPP, *Explorations oecuméniques*, p. 178, Pastorelly, Monte-Carlo, 1967.

Russies, Alexandre 1° (*1801-1825*), avait supprimé le Siège catholicossal de Gantsatzar, en Aghouanie (*1815*). Ainsi la politique communiste n'était rien d'autre que la continuation de celle des tsars.

Peu à peu, grâce à la valeur et à la diplomatie des patriarches Kévork ou Georg V (*1911-1930*) Sourenian, Khorène 1° Mouradian (*1932-1938*), Georg ou Kévork VI Tcheurekdjian (*1945-1954*), et surtout Vazken 1° Baldjian (*1955-1994*), l'Eglise arriva à se maintenir et à propager la foi, diffusion semblable à celle des premiers chrétiens dans les Catacombes. Nous remarquons qu'il y eut des vacances entre les élections, - la plus longue étant entre Khorène 1° et Georg VI -, correspondant à la guerre mondiale et à des périodes de répression, dont la plus dure fut celle de Béria responsable de milliers de morts. L'Eglise souterraine parvint à baptiser et à former des prêtres dans l'unique séminaire d'Edchmiadzin, toutes les églises, tous les monastères étant fermés, sauf une chapelle dans Erevan.

Vazken 1°, qu'on a surnommé Chinogh (*le Constructeur*), fit restaurer de nombreux édifices religieux avançant des arguments archéologiques et touristiques. Il réussit à faire célébrer des mariages, des baptêmes dans l'antique église Sainte-Hripssimeh (*VII° siècle*). L'Etat communiste fermait les yeux estimant que cela attirait les devises des étrangers et devenait la vitrine du «*libéralisme*» soviétique.

Entre les Eglises russe, géorgienne, tout aussi persécutées, et arménienne, une solidarité, des échanges, renforçant l'oecuménisme, naquirent à cette époque. A l'occasion de grandes manifestations religieuses Vazken 1° invitait les frères chrétiens à y participer. L'une de celles-ci étant la bénédiction du Saint-Chrême tous les sept ans.

Jean Rupp, en 1965, nous décrit l'un de ces rassemblements oecuméniques: «*Le saint Sacrifice est célébré par le patriarche Yeghiché de Jérusalem ... Les orthodoxes ont délégué le patriarche Ephrem II de Géorgie, dont la coiffe ressemble à un casque de croisé, le métropolite de Kiew, voilé de blanc, au regard infiniment doux, l'évêque Philarète, jeune prélat de 37 ans, qui dirige l'Académie ecclésiastique de Moscou. Les «non-chalcédoniens» sont représentés par Abouna Petros, archevêque de Gondar au poing enlacé d'un chapelet et les réformés par les Révérends Aharonian et Konsulian. Nous sommes trois évêques catholiques romains, deux arméniens, le patriarche Ignace-Pierre Batanian, Mgr Mesrob Terzian de Beyrouth et un latin ... le signataire de ces lignes*»[762].

---

[762] J. Rupp, p. 177.

La même année Vazken 1° se rendait au concile d'Addis-Abeba à l'invitation de l'empereur Haïlé-Sélassié. C'était la première fois, au XX° siècle, que les Eglises orthodoxes non-chalcédoniennes se réunissaient afin de souligner leur fraternité, leur unité dogmatique et leur concordance doctrinale.

«... *les cinq Eglises orthodoxes non chalcédoniennes avaient souligné la nécessité de collaborer à la préparation de matériel pour inculquer aux enfants, aux adolescents et aux adultes les rudiments de la doctrine et de la vie chrétiennes*»[763].

Les cinq Eglises étant, par ordre alphabétique, l'arménienne, la copte, l'éthiopienne, l'indienne et la syrienne.

A Addis-Abeba, l'empereur d'Ethiopie émit le voeu que le patriarche suprême arménien coordonnât les missions des Eglises. Ce qui revenait à lui demander d'en prendre la direction. Prééminence que le catholicos Vazken 1° refusa s'appuyant sur le fait que tous les chefs d'Eglise sont égaux et que la direction de l'Eglise ne peut être que collégiale. Il n'accepta pas même une primauté d'honneur. En 1967 une nouvelle assemblée se tenait à Antelias (*Liban*) sous l'égide du catholicossat de la Grande Maison de Cilicie, réunissant les représentants des cinq Eglises non-chalcédoniennes, ceux de l'Eglise orthodoxe grecque et le Secrétaire Général du Conseil Oecuménique des Eglises de Genève[764]. En 1970 Vazken 1° rencontrait le pape Paul VI (*1963-1978*) à Rome. A la suite de l'ouverture dont Jean XXIII (*1958-1963*) avait été l'initiateur. Ce fut un grand moment. Paul VI fut sans doute le pontife le plus désireux de l'union des Eglises sur un pied d'égalité. Sa profonde piété, sa charité, son humilité chrétienne, son charisme attirèrent vers l'Eglise romaine-soeur toute la bienveillance de l'Eglise arménienne.

Depuis, la Russie a brisé les chaînes de l'oppression communiste, et, avec elle, l'Arménie. Le successeur de Vazken 1° fut le patriarche particulier catholicos de la Grande Maison de Cilicie, Karékine II Sarkissian, qui devint le patriarche suprême et catholicos de tous les Arméniens Karékine 1° (*1995-1999*). A travers son acte de candidature et son élection, Karékine 1° démontra que l'Eglise arménienne est une. Il rencontra le pape Jean-Paul II à plusieurs reprises. En décembre 1996 ils signèrent une déclaration commune soulignant la communion des deux Eglises sur l'essentiel des dogmes. En 1999 à l'occasion de l'exposition sur l'Eglise arménienne au Vatican eut lieu la dernière entrevue entre

---

[763] Revue Keghart, p. 6, Marseille février 1967, publiée par Mgr Vazken KECHICHIAN et Mgr Daron GEREJIAN, alors qu'ils étaient archimandrites (*vartabeds*).
[764] Keghart, p. 6.

Jean-Paul II et Karékine 1°. Ce dernier était déjà très éprouvé par la longue maladie qui allait le conduire à la Maison du Seigneur.

Une nouvelle ère s'ouvre devant la première Eglise de la chrétienté en la personne du catholicos de tous les Arméniens, Karékine II Nercissian, et du catholicos de la Grande Maison de Cilicie, Aram 1° Kechichian. Ainsi que celles des deux patriarches dépendant du catholicos de tous les Arméniens: le patriarche apostolique de Jérusalem, Torkom Manoogian, et le patriarche de Constantinople, Mesrob Mutafian.

Jean-Paul II et Karékine II se sont rencontrés à Rome et à Edchmiadzin. Les animosités passées semblent oubliées. L'amour fraternel est, dans les paroles de Karékine II, la condition indispensable pour se retrouver en Christ, dans l'unité mystique de l'Eglise. En ce troisième millénaire débutant les chrétiens, ayant pris la mesure des désagréments occasionnés par la désunion et même de l'animosité mutuelle, doivent redécouvrir le bonheur d'être ensemble. C'est le voeu le plus cher de l'Eglise arménienne.

Lors de la visite que Karékine II faisait à ses fidèles de Marseille, l'archevêque de la cité phocéenne, Monseigneur Bernard Panafieu, rappelait ces belles paroles que Jean-Paul II avait adressées au catholicos de tous les Arméniens:

«A présent nous devons prier et oeuvrer avec ferveur afin qu'arrive bientôt le jour où nos Sièges et les évêques seront en pleine communion une fois de plus, afin que l'on puisse célébrer ensemble sur le même autel, l'Eucharistie, signe suprême et source d'unité dans le Christ. Jusqu'à l'aube de ce jour, chacune de nos célébrations souffrira de l'absence du frère qui n'est pas encore là».

C'était le 13 décembre 2001 en l'antique abbaye marseillaise de Saint-Victor fondée par les moines orientaux.

«Petite par le nombre de ses fidèles, grande par celui de ses martyrs», selon le mot du cardinal Willebrands, l'Eglise arménienne peut jouer, à l'orée de ce troisième millénaire, un rôle de catalyseur dans la ré-union des chrétiens.

Etant bien entendu que *«ré-union»* ne veut pas dire simplification ou uniformisation. L'unité peut se faire dans le respect mutuel des diversités et l'union spirituelle des chefs de toutes les Eglises, sur un pied d'égalité. Comme à l'époque bénie des apôtres et de la pentarchie.

Un seul troupeau un seul Pasteur, Jésus-Christ.

643768 - Mars 2016
Achevé d'imprimer par